U0512697

国家社科基金后期资助项目
出版说明

后期资助项目是国家社科基金设立的一类重要项目，旨在鼓励广大社科研究者潜心治学，支持基础研究多出优秀成果。它是经过严格评审，从接近完成的科研成果中遴选立项的。为扩大后期资助项目的影响，更好地推动学术发展，促进成果转化，全国哲学社会科学工作办公室按照"统一设计、统一标识、统一版式、形成系列"的总体要求，组织出版国家社科基金后期资助项目成果。

全国哲学社会科学工作办公室

国家社科基金
GUOJIA SHEKE JIJIN HOUQI ZIZHU XIANGMU
后期资助项目

产业安全视角下中国重点农产品进口增长研究

Study on Import Growth of China's Key Agricultural Products from the Perspective of Industrial Security

杨莲娜　著

上海三联书店

序　言

　　加入 WTO 以来,中国农业生产及贸易更深程度地参与到国际分工及全球价值链体系之中,中国农业也正在实现从传统农业到现代农业的转变。随着国民经济的快速发展,中国农产品的生产和贸易方式也在发生较大的变化。中国农业参与国际分工的方式,正在从基于比较优势的产业间分工,逐步演变为基于全球价值链的产业内分工和产品内分工。当前中国农业的基础性地位不仅没有被削弱,反而正在进一步得到加强,中国农业发展正经历着深刻的变化,主要表现在:全球经济总体放缓与逆全球化趋势不断加强的大背景下,中国农业面临的外部环境呈现出更多的不确定性;农业资源环境和市场的约束逐渐增强,农业生产难以有较大的提高;保障农产品供求平衡,必须同时依赖两种资源、两个市场,农产品进口成为保障供给的重要组成部分;与此同时,重点农产品出现"三量齐增"(产量、库存量和进口量)现象,部分产品进口依存度、集中度较高,价格波动幅度大。

　　由于受到国内外农业产业政策以及重点农产品供需变化等的影响,中国重点农产品的进口在近年出现比较大的增长。而重点农产品的进口增长已成为影响(保障)中国农业产业安全的重要因素,成为农业产业可持续发展不可忽视的重要方面。本书基于产业安全视角,分析重点农产品进口增长的特点、原因及影响因素,探讨进口增长影响农业产业安全的内在机理。基于中国重点农产品的进口增长视角,判断进口增长对农业产业安全的影响,以及进口对农业产业安全的保障效果,监测进口安全状况,旨在有针对性地提出优化重点农产品进口,有效应对农产品进口冲击,促进中国农业健康发展的对策。

　　随着中国重点农产品进口量的加大,国际农产品供求对中国农业产业的影响开始显著。本书从整体上对全球的重点农产品的生产、消费、贸易状况进行了全面梳理,分析了国内重点农产品供需特点,供不应求是造成重点农产品大量进口的重要原因。通过对未来供需的预测分析,表明未来中国重点农产品的供需缺口依旧存在,并且有可能进一步扩大。

本书系统分析了 1995—2020 年中国重点农产品进口的基本情况,以及进口的结构特征、进口来源地、进口价格的变动。在此基础上探讨影响重点农产品进口增长的内在原因。影响中国农产品进口的主要因素包括农业生产能力、生产和安全成本以及供需缺口,而具体如何进口则与国家的农业贸易政策分不开,世界市场上农产品的供应状况及价格也直接影响了中国农产品进口的可得性以及进口成本与收益。

针对中国农业产业安全问题,本书首先借鉴相关学者的研究,从国内和国际两方面选取指标构建农业产业安全指标体系。主要包括:资源安全(库存、自给率);市场安全(产量波动、需求波动、国际市场价格变动);进口安全(进口波动、进口增长率、进口依存度、进口市场集中度)。根据中国农业产业安全指标体系,收集相关数据,并对数据进行转化或标准化处理,根据专家意见或模型分析,确定各分指标的得分标准及权重,计算各分指标的具体得分值,最后把各指标的得分值进行加总,得出中国农业产业安全总体得分,根据得分情况对 1995—2020 年中国农业产业安全的现状及发展趋势作出总体判断。本书进行农业产业安全评价主要采取的方法有:层次分析法(AHP)、熵权法、等权法、灰色关联度分析法等。进口增长保障了国内农产品供需的基本平衡,但使中国农业产业国际竞争力明显下降,产业控制力减弱,在一定程度上威胁到中国农业的国内主导地位。从总的测算结果来看,测算的 26 年中,中国粮食大部分年份处于安全或基本安全状态;中国大豆产业安全状况表现不佳,大部分年份处于轻度危险状况;棉花和食糖产业大部分年份的得分处于基本安全状态,少部分年份处于轻度危险状态。总体而言,中国农业产业安全的得分值处于下降趋势状态。尤其是 2001 年以后,农业产业安全得分下降的趋势比较明显。

关于进口对农业产业安全的影响,本书首先从理论机理上进行了分析,然后建立结构方程模型(SEM),分析了进口对农业产业安全的影响路径及影响效果。在此基础上,利用六种重点农产品 1995—2020 年间的面板数据,构建回归模型,实证检验了各变量对农业产业安全的影响。研究发现:对于总体重点农产品来说,进口价格、进口数量对产业安全的影响为负,生产量、库存量对农业产业安全的影响为正;分产品的回归结果显示,国际市场价格提高显著提高了三大主粮产业安全的水平,库存量提高对于保障三大主粮产业安全也是比较重要的,但进口数量降低了三大主粮产业安全的水平。国际市场价格提高显著降低了三大经济作物产业安全的水平,国内消费量的提高对三大经济作物产业安全的影响是正向的,国内生产量对三大经济作物产业安全的影响为负,但进口数量增加降低了三大经济作物产业安全的水平。尽管大量进口对农业产业安全产生一定的不利影响，但重点农产品进口已经成为保障农业产业安全的重要途径。本书利用超效率 DEA 模型，对重点农产品进口保障农业产业安全的保障水平及保障效率进行评估，探讨影响保障效率的主要因素。研究发现，进口对农业产业安全的保障效率总体不高，但研究期间大部分重点农产品进口对农业产业安全的保障效率有所提高。总的来说，进口并未对粮食、棉花和食糖的产业安全造成大的影响，但大豆的产业安全问题比较突出。导致近年中国重点农产品产业安全度下降的主要原因是：自给率下降，进口依存度较高，进口波动幅度大，且进口市场集中度较高。这些因素都导致中国重点农产品的需求过分依赖国际市场，进口增长造成国内市场的不稳定，加大了涉农企业的经营风险，从而对中国农业产业安全造成了负面的影响。

研究结果表明，未来中国重点农产品供需缺口仍然较大，中国重点农产品的产量不仅很难得到进一步的增长，而且会有所下降。未来对重点农产品的需求虽然不太可能出现大幅度的增长，但会保持相对稳定。中国需要从国外大量进口才能维持重点农产品的供需平衡，适量有序进口是保障农业产业安全的重要途径，尤其是随着农业种植结构的调整，从国外进口一定量的低价优质农产品，弥补国内在数量及品质等方面的不足，将成为提升中国相关产业国际竞争力，提高产品附加值的重要保障。从这个意义上讲，农产品进口是满足国内需求、保障农业产业安全的重要途径。但进口增长对国内农业产业安全造成了一定的影响，尤其是进口量以及价格的剧烈波动冲击着国内农产品市场，加剧了国内农产品市场不稳定的局面，最终有可能动摇国内农业产业的主导地位，威胁国家经济安全。农产品市场价格的不稳定加大了农民生产的风险，也加大了涉农企业的经营风险。进口增长和较高的进口依赖性在一定程度上影响到中国农业产业的安全。虽然如此，当前中国农业产业基本处于安全状态。

本书提出以下政策建议：(1)制定农业产业安全新战略，突出重点，有保有放。重点农产品保持合理的自给率，粮食自给率不低于现有水平，棉花、大豆、食糖的自给率保持在 60% 左右都是比较合理的；保持合理的重点农产品库存水平，合理控制库存消费比，库存消费比过低，会导致产业不安全，但库存消费比也不宜过高，粮食、棉花、食糖的库存消费比保持在 0.2 到 0.3 之间比较合适；保持供需的相对稳定，有效应对价格波动。(2)优化农产品进口，保障农业产业安全。重点农产品应保持合理有序进口，充分利用国际市场供给；重点农产品进口依存度保持在合理水平，粮食的进口依存度宜控制在 20% 以内，大豆、棉花及食糖进口依存度宜控制在

40％～50％之间,过高或过低都不好;降低进口波动幅度,确保进口的稳定性;积极应对贸易限制措施,进一步推动贸易及投资的便利化。(3)保障重要农产品的供应链安全。构建有效的进口预警机制,减少价格波动冲击;促进进口来源的多元化,积极开拓西非国家、巴西或俄罗斯、土库曼斯坦等市场;完善重点农产品储备政策。(4)完善农产品市场体制,提高农业综合生产能力。改善农业生产要素供给现状,依托乡村振兴战略的开展,吸引更多的农业人才回归农村;提高农业的规模化水平,利用农业合作组织、种粮大户、家庭农场等新型农业主体,提高农产品生产的统一化、标准化;重视农业科研的投入及推广,提高农业科研投资强度;优化重点农产品种植业的区域分布;完善重点农产品储备政策,使其成为国家一种可靠的市场调控手段。(5)完善农业的国内支持政策。部分产品的目标价格补贴政策虽然已经实施,但还存在很多有待完善之处,应注重政策制定的合理性与可行性。在实施目标价格政策时,注重保障农民的利益,避免种植水平下滑过大。但长期来看,目标价格补贴仍是一个过渡政策,不可长期大规模使用,农产品的国内支持政策应逐渐转到绿箱为主的支持。积极探索农业的金融及保险支持政策,政府应支持对农业的信贷投入,鼓励商业银行及政策性金融机构在农业项目上进行金融创新,发挥农业保险稳定生产的作用。完善信息监测体系,了解市场动态,了解农产品供需情况,有利于政府以宏观调控手段维护市场稳定。(6)支持农业种植、加工行业的对外直接投资。实施农业"走出去"战略,开发海外农业资源,是保障农业产业安全的重要途径。充分发挥涉农企业在对外直接投资中的主体作用。政府加强对企业对外直接投资的政策支持,鼓励和引导企业开拓包括印度、巴基斯坦、乌兹别克斯坦、非洲等国家和地区的市场。建立多层次合作机制和平台,依托国家"一带一路"建设的开展,加强与中亚五国(土库曼斯坦、吉尔吉斯斯坦、乌兹别克斯坦、塔吉克斯坦、哈萨克斯坦)的农业合作,进行重点农产品的种植与加工。创新中非农业合作新模式,可以采取成立合资公司、向当地派遣技术专家和建立农业生产示范中心等形式,这些方式能更好地推动当地的发展。

目　　录

第一章 绪论

改革开放以来,中国农业取得了举世瞩目的进步,农产品的生产得到较大提高,农产品供给告别了短缺,不再成为整个国民经济增长的瓶颈。农业在国民生产总值中所占的比重尽管大幅度降低,但农业在中国国民经济中的作用不仅没有削弱,其基础性地位反而进一步得到加强。本书所指的重点农产品,在中国属于大宗农产品,并在中国农业经济结构中占有较大权重。重点农产品是指生产量、消费量、贸易量、运输量等都比较大,且关系国计民生的农产品。另外,中国在加入世界贸易组织(以下简称"入世")承诺中,对玉米、小麦、稻谷、棉花、食糖等产品的进口实行关税配额制度。之所以作出这些特别安排,是因为这几种农产品在中国农业生产结构中的基础性作用,关系到十几亿中国人吃饭穿衣的安全保障问题。因此,本书的重点农产品,是指与国民经济发展密切相关,与人民生活关系重大,其在中国的生产量、消费量、贸易量都比较大,属于大宗农产品范畴,且具有基础性、准公共性和需求刚性等特征的农产品。鉴于此,本书的研究对象选定为玉米、小麦、稻谷、大豆、棉花和食糖。

第一节 研究背景及意义

一、研究背景

加入 WTO 以来,中国农业生产及贸易更深程度地参与到国际分工及全球价值链体系之中,中国农业也正在实现从传统农业到现代农业的转变。农业兴,天下安,随着国民经济的快速发展,中国农产品的生产和贸易方式也在发生较大的变化。中国农业参与国际分工的方式,正在从基于比较优势的产业间分工,逐步演变为基于全球价值链的产业内分工和产品内分工。中国初级农产品进口的增加以及农业加工品出口的扩大,正反映了

1

当前的发展趋势。中国农业发展正经历着深刻的变化,主要表现在以下几方面。

（一）农业外部环境的不确定性增强

全球经济总体放缓与逆全球化趋势不断加强的大背景下,中国农业面临的外部环境呈现出更多的不确定性。从禽流感的暴发到非洲猪瘟的蔓延,再到2019年底出现的新冠疫情,全球开始进入一个重大公共安全事件频发的时期。2020年新冠疫情开始在全球的多个国家快速蔓延,部分国家对粮食的出口采取了限制措施,国际物流与人员流动也受到了较大的不利影响,出现了限航甚至断航。与此同时,全球的金融市场和石油市场也出现了一定程度的动荡。2018年以后,中美贸易摩擦升级,中美经贸关系愈发复杂、动荡,全球贸易保护主义抬头。美国是中国农产品进口的重要来源地,中美经贸关系的不确定性使得中国农产品进口面临较大的风险,中国农业也将面临更为严峻的挑战。

中国是农业大国,也是人口大国,面对外部环境的高度不确定性,要求我们高度重视农业产业安全问题,重新审视农业的可持续发展问题。面对国内外经贸形势的新变化,中国提出了"双循环"发展战略。当前中国农产品(尤其是重点农产品),国内供给大幅度上升的可能性较小,而需求方面则同时面临着需求的持续增长与结构的不断升级,农产品"缺口型进口""结构型进口"与"价差型进口"同时存在,且有持续扩大的趋势。外部环境的这种复杂性与高度不确定性,给中国农业的发展提出了新的挑战。中国农产品的进口安全状况到底如何,中国是否能够较低成本地从国际市场获得足量而且稳定持续的粮食、棉花、食糖等农产品,是当前值得深入研究的课题,也是中国农业深化供给侧结构性改革,实现高质量发展的重要内容。

（二）农业资源环境和市场约束逐渐增强

中国农产品的生产受到资源环境及市场约束,难以有较大的提高。

首先,中国人口众多,而耕地资源非常有限,城镇化进程中对土地的需求非常强劲,工业化、城市化与农业用地的矛盾非常突出。根据第二次全国土地调查的结果,1996—2009年,全国累计减少耕地超过2.03亿亩,其中大多数属于优质耕地。自然资源部发布的《国土资源公报》显示,全国耕地面积在2015年净减少99万亩,截至2015年年末,全国耕地面积为20.25亿亩。2016年全国耕地面积略有减少,为20.24亿亩。对此中国政府划定了耕地红线,耕地数量不能低于18亿亩。近年中国耕地质量下降现象也非常明显,主要原因是土壤的严重污染和耕地的占优补劣。

其次,中国水资源贫乏,且地区及时空分布不均匀,南方多而北方少,夏秋多而冬春少。农业用水的利用效率较低,很多地区还在沿用传统的灌溉方式,浪费严重,与发达国家相比还有很大的差距。近年来农业用水量占整个用水量比重在持续下降,水资源的短缺对实现农业可持续发展的制约作用越来越突出。

再次,中国农业的基础设施薄弱,农业投入不足,影响了农业科技的创新和发展。中国农业研发强度[①]近年来虽有一定幅度的增长,但仍然远远低于发达国家的水平。中国农业的科技贡献率较低,很多地区还维持在粗放型的农业生产方式,导致农产品产出增长的难度较高。农业资源利用强度的制约以及环境污染的制约,也会影响农业产业的健康发展(倪洪兴,2014)。

最后,农业经营成本上升较快,主要原因是近年耕地的流转规模逐步扩大,土地租赁费用持续上涨,导致土地流转价格上涨。农民工工资水平上升,农业用工成本在农业生产中所占份额持续上升。农业机械替代劳动力仍然面临诸多障碍,在中国的很多地区,农业机械的大面积推广仍面临许多难题(宋洪远,2016)。

(三)保障农产品供求平衡依赖两种资源、两个市场

一方面,受资源及技术等条件的制约,中国农产品产出方面很难有较大的增长;另一方面,随着中国社会经济的迅速发展,对农产品的需求在快速增长。首先,中国人口总量继续增长。根据第七次全国人口普查的数据,2020 年末大陆地区人口总量已经达到 14.1 亿,比 10 年前增长了 7 205万,年均增速为 0.53%。尽管人口的增长速度放缓,但"十四五"时期中国人口仍然属于完全的正向增长。尤其是随着城镇化进程的加快,农业人口的比重持续下降,城镇人口的比重持续上升。其次,随着经济的发展以及生活水平的提高,对农产品的需求不仅在量上有较大的增长,而且对高质量农产品的需求进一步增加,尤其是对蔬菜、水果、肉蛋、奶制品的需求会持续上升。再次,随着中国工业化进程的加快,对农业原材料的需求将有比较大的增长,因此近年对粮食、棉花、大豆、食糖等在内的农业原材料需求大幅度提高。而且农产品加工业的发展也使得加工农产品的比重呈上升趋势,生物能源、生物化工等的快速发展也增大了对农产品的需求。

国内市场农产品供给的相对不足和对农产品需求的持续增长,导致单纯依赖国内市场保障农产品供求平衡的难度越来越大,必须依靠来自外部的农产品的供应才能保证中国农业品的供求平衡。因此业内基本达成了

---

① 农业研发强度是指农业研发投资占农业 GDP 的比例。

共识,保障农产品供求平衡,必须同时依赖国内及国际两个市场。因此,当前中国的农产品进口贸易,已经不再仅仅局限于"品种调剂"和"余缺调剂",农产品进口成了市场供求系统中的重要组成部分,是重要的供给来源。中国农产品的总量平衡不再是产需二元平衡,而是变成生产、需求和进口三元之间的平衡(倪洪兴,2019)。

(四) 重点农产品出现"三量齐增"现象

2010 年以来,中国粮食、食糖等农产品均出现了产量、库存量和进口量"三量齐增"的现象。

首先,中国主要农产品的进口都出现比较大的增长。国内市场对进口大豆完全放开后,中国大豆市场迅速被进口大豆占领,进口总量不断被刷新,由 2001 年的 1 394 万吨跃升至 2020 年历史最高的 10 033 万吨。中国大豆进口数量大约占到全球大豆贸易量的 60%。根据对未来供需发展的综合考量,中国大豆进口增长的态势,在短期内可能还将持续。当前中国大豆消费对国际市场依赖程度已经超过了 80%。然而,尽管中国大豆进口在国际上所占份额持续增加,由于大豆的生产、加工和贸易在国际上由大的跨国公司所垄断,中国在大豆的定价话语权方面仍然是缺失的。"入世"以后,随着中国棉纺织品出口的快速增长,国内对棉花的需求也一直较高,棉花作为纺织工业的原材料,是棉纺织工业发展的基础。"入世"以前中国棉花的贸易量很小,进口量每年只有几十万吨,甚至还可以出口棉花。但 2003 年以后棉花进口出现了快速增长,尤其 2012 年棉花进口量达到 541.3 万吨的历史高位。2013 年后进口数量有一定回落,但也达到了 450 万吨,棉花进口量一度占全世界棉花贸易的比例超过了 50%。2014 年启动新疆棉花目标价格改革后,棉花进口出现回落,但进口棉花对国内棉花生产和棉纺织业仍然产生较大影响。在粮食进口方面,谷物及谷物粉进口量从 2001 年的 344 万吨增长到 2015 年的 3 270 万吨,2019 年也达到了 1 785 万吨。尽管粮食进口量在中国粮食消费中所占份额并不是太高,但由于粮食的基础性地位,仍然对中国的种粮农民及相关产业造成了一定的影响。"入世"以来,食糖进口量也出现了较大增长,从 2001 年的 120 万吨增长到 2020 年的 527 万吨[①]。

其次,重点农产品的产量也屡创新高。2004 年以来粮食产量出现了连续的增长,2019 年达到 66 384 万吨,这是历史最高值。棉花产量虽然出现一定的波动,但年产量基本稳定在 600 万吨左右。与此同时,中国重点

---

① 进口数据来自联合国商品贸易统计数据库(UN Comtrade)。

农产品的库存量保持在比较高的水平,如 2019 年小麦的库存消费比高达 1.20,玉米为 0.76,稻谷也达到了 0.80。棉花的库存消费比在 2014 年曾经达到了 1.93 的超高水平,2019 年回落到 1.13,仍然偏高[①]。

出现"三量齐增"这种现象的深层次原因在于中国农业较弱的竞争力。一方面,国内农产品生产成本持续上升,粮食、食糖等产品缺乏价格和质量优势,随着国际农产品价格的下降,势必对国内市场产生较大的冲击,出现大量的进口。另一方面,在国家保护粮食、棉花生产等国内支持政策的刺激下,粮食及棉花的产量也在持续上升,在对粮食进行保护价收购的情况下,增产的粮食只能进入国储库。"三量齐增"现象也反映出中国需要调整当前的国内支持政策,减少价格支持措施的使用,发挥市场的调节机制。

(五) 重点农产品进口依存度、集中度较高,价格波动幅度大

中国是全球最大的大豆、棉花、食糖的进口国,棉花进口量一度占全世界棉花贸易的比例超过了 50%,大豆进口量占全世界大豆贸易的比例超过 60%,食糖进口量占到全球食糖贸易量的 20%。这些产品的进口对世界市场的影响非常显著。"入世"以来,中国大豆、棉花、食糖的自给率开始呈下降趋势。与此同时,进口依存度逐渐上升,大豆的进口依存度从 2001 年的 49% 上升到 2019 年的 90%。棉花的进口依存度从 2001 年的 4% 上升到 2012 年最高的 69%,2020 年则下降到 30%。食糖的进口依存度从 2001 年的 14% 上升到 2016 年最高的 38%,2020 年则下降到 28%。

同时,中国重点农产品进口的集中度非常高。以棉花为例,进口棉花主要来自美国、印度、乌兹别克斯坦、澳大利亚等国家。1995 年以来从前五大市场进口的份额超过了 70%,最近几年超过了 80%。玉米进口也是高度集中于少数国家,在 2011—2013 年美国在中国玉米进口来源中占比超过 90%,2014 年以后乌克兰的占比迅速提升,在中国玉米进口来源中占比在 80% 以上。2020 年中国玉米进口第一来源国乌克兰的占比为 55.8%,美国为 38.4%,其他国家的占比则非常小。

进入 21 世纪以来,国际农产品价格一直处于不稳定状态,价格波动比较剧烈,而且通过各种途径传导到国内市场,使得国内农产品价格出现较大波动,对整个国民经济发展造成较大影响。农产品价格波动的原因比较复杂,既有来自需求与供给方面的因素,也有能源价格波动、各国政策因素、投机、汇率变动、金融化因素等带来的影响。国际市场重点农产品的价格年度之间的起伏较大。中国作为重点农产品的进口大国,国际农产品价

---

① 产量数据来自国家统计局,消费及库存数据来自美国农业部(USDA)。

格的大起大落直接对国内的农产品市场造成较大的冲击,尤其是对处在农业产业链条两端的农民和加工企业影响巨大。

二、研究意义

从以上农业发展的背景分析中可以看出,在当前经济全球化发展受阻,农业外部环境不确定性增强的背景下,重点农产品进口已经成为中国农业产业安全重要的影响因素,中国农业的产业安全也已经受到了社会各界的广泛关注。因此,本书的研究无论从理论上还是从实践上都具有重要的现实意义。

(一) 理论意义

首先,本书丰富了农业产业安全的理论内涵。虽然当前产业安全方面的理论研究已经比较多,但有关农业产业安全的理论体系还不完善。本书对产业安全的相关理论进行梳理,在此基础上探讨农业产业安全的特征及影响因素,基于动态发展的视角,建立农业产业安全新的概念框架。这个新的农业产业安全框架体系包含三个方面的内容:资源安全、市场安全和进口安全。这个分析框架既拓展了农业产业安全的概念,又全面阐释了中国重点农产品在立足国内生产的基础上,充分利用国际市场,适度进口,保障国内市场的供需稳定,价格不出现剧烈波动。

其次,探讨重点农产品进口增长对农业产业安全的影响。本研究从理论及实证两个方面,探讨重点农产品进口对农业产业安全影响的方式及影响程度。当前中国关于农产品贸易的研究中更多偏重对出口的研究,而进口增长的效应较少涉及。当前中国提出扩大进口,建立多层次全方位的进口体系,因此完善关于农产品进口增长产生的影响的相关研究意义重大。

最后,在经济全球化发展受阻,经济环境不确定性增强的大背景下,应该重新认识中国农业产业安全问题,农业产业安全也应重点考虑保障农产品特别是重点农产品供求的动态平衡,保证能够从国际市场以较低成本获得有效的供给。为全面和客观地评价重点农产品进口对中国农业产业安全的影响,本书建立了一套基于进口贸易视角的评价指标体系,分析进口增长对农业产业安全的影响。这一研究综合了贸易发展理论与产业安全理论,拓宽了农业产业安全的研究领域,具有重要的理论价值。

(二) 现实意义

重点农产品进口对国内的影响是多方面的:首先,其影响了国内农产品的生产和销售,很多地区由于不能获得足够的利润被迫进行生产结构的调整;其次,中国实行全方位对外开放政策,农产品期货市场和现货市场得到充分发展,进口关税进一步降低,国内外农产品的价格联动性增强,国际市场上农产品价格的大幅度波动,会迅速传递到国内市场,影响农产品市场的稳定性;再次,充足的国际农产品供应也成为确保国内农产品来源,保障供需平衡的重要一环。农业产业的价值链长不仅关系到农民的生计问题,还关系到中游的农产品加工及储运业的发展,以及下游的农产品消费。因此,在经济全球化发展的大背景下,中国提出进行农业的高水平开放与高质量发展,农业产业安全状况也值得关注。随着中国重点农产品进口量的加大,国际农产品供求对中国农业产业的影响开始显著。本书从整体上对全球的重点农产品的生产、消费状况进行全面梳理,分析国内重点农产品供需特点,供不应求是造成重点农产品大量进口的重要原因。

虽然中国重点农产品的进口是必须的而且意义重大,尤其对于保障国内供需平衡、促进消费、提高消费者福利、减缓通胀压力、平衡国际收支等起到重要的作用。但由于重点农产品进口影响到整个农业产业链,甚至由于农业的基础性地位最终对整个经济增长发生作用。中国是一个人口大国,这个基本国情决定了在重点农产品上,尤其是口粮产品(主要包括小麦和稻谷,玉米一般被认为属于饲料粮)必须立足国内,能够实现基本自给,必须拥有对重点农产品的产业链控制权。

本书的研究为从国际视角考察中国重点农产品产业安全状况,优化重点农产品的进口政策提供一定的依据。在全面分析进口增长对农业产业安全影响的基础上,致力于有针对性地提出促进中国农业健康发展,深度融入全球市场,有效应对进口增长冲击的对策及建议。尝试全面考量进口增长的影响,为充分利用国际市场资源,贯彻"双循环"发展理念,进一步调整重点农产品进口贸易政策提供理论及现实依据。除此之外,本书的研究也为进一步完善农业产业支持政策提供一定的参考。

第二节 相关的研究综述

农业产业安全问题一直备受社会的关注,2008年以来逆全球化的发展和全球经济的下滑,导致农产品价格出现了剧烈的波动。尤其是2018年中美贸易摩擦以及2020年新冠疫情发生以来,对国际农产品贸易造成了较大的影响,大宗农产品价格也出现了一定的波动,也加深了社会公众对农业产业安全问题的关注程度,中国重点农产品的进口安全问题又一次进入了公众视野。据文献检索结果显示,国内外的相关研究主要集中在以下方面。

一、关于农业产业安全的研究

(一) 对产业安全的研究

关于产业安全问题的研究出现得比较早。产业安全是一个国家经济安全的基础,也是一国可持续发展的前提。大部分国家在制定产业政策和社会发展战略,进行经济干预时,会优先关注重要产业的发展安全问题。在经济全球化的大背景下,产业安全问题不仅得到理论界的广泛关注,并且在实践中也是各国和地区不可忽视的问题。

最早涉及产业安全问题的西方经济理论是"重商主义",重商主义最早出现于 15 世纪,统治西方三百多年的时间。重商主义是最早的贸易保护思想,其强调通过贸易保护保持一国贸易顺差的重要性。当时西方主要国家开始逐渐过渡到资本主义工业发展的早期,一国政府应该保护本国重要产业的发展,采用关税措施以及贸易垄断措施来保护本国的产业和市场,并开拓国外市场。到了 19 世纪,美国的汉密尔顿与德国经济学家李斯特先后提出了幼稚产业保护理论,他们都主张,对于新兴的工业化国家,为了避免受到外部的冲击,应该对本国的幼稚产业实施一定时间的贸易保护,保护的重要手段就是高关税。在美国与德国资本主义工业发展的最初时期,都经历了长时间的贸易保护,而且高关税的贸易保护对当时美国和德国的经济发展起到了重要的作用,到 20 世纪初,美国依靠贸易保护,其工业生产能力已经超过英国,排名世界第一。德国的工业生产能力排名世界第二。二战结束以后,发展中国家也开始实行本国的工业化道路。20 世纪 60 年代中期,弗兰克、普雷维什等经济学家通过对拉丁美洲经济发展情况的深入研究,提出了著名的"中心—外围"理论。他们认为,发展中国家在各方面包括贸易、投资、技术在内,都需要依附于发达国家,发展中国家在国际分工中处于外围地位,这危害了发展中国家的经济安全,对发展中国家的工业化进程是不利的,阻碍了本国产业的发展。20 世纪 80 年代以后,一批经济学家如克鲁格曼和布兰德等人提出了战略性贸易政策理论。该理论强调了在不完全竞争的市场条件下,采用适度的政府干预来促进本国产业的发展,其强调国家对贸易政策的战略性运用,保护本国的产业安全。

国外对产业安全问题的研究出现较早,如艾里森等对美国重要产业的案例研究表明,战略资源、重要的原材料等商品的大量进口,对国内相关产业造成了冲击(Ellison, Frumkin and Stanley, 1988)。德拉贡和阿什的研究认为,国家经济安全的基础是产业安全,如果一个国家失去了对特定的重要产业的控制,失去国家的主导权,就会威胁到国家经济安全(Draguhn and Ash,1999)。先恰戈夫(2003)也研究了国家经济安全问题,其构建了评价国家经济安全的指标体系,并对俄罗斯的国家经济安全进行了评价。由于国内全面对外开放的时间比较晚,直到 20 世纪 90 年代后期,随着中国"入世"的临近,产业安全问题才开始引起学者的关注。国内对产业安全的研究主要集中在以下方面:对产业安全概念的研究,对产业安全影响因素及成因的研究,对产业安全评价指标体系的研究,等等。

关于产业安全的概念,一直难以形成统一的意见,学者们往往是从不同的角度进行界定。如有些学者是从产业控制能力方面进行界定,认为外资大量进入中国重要领域并形成控制才是一国产业安全最关键的因素(王允贵,1997)。相反,如果一国能够对重要或战略性产业的核心环节或核心技术发展拥有自主的控制能力,就可以认为该产业不存在产业安全问题(于新东,2000)。部分学者强调竞争能力的产业安全观,认为产业安全主要体现在抵御外部威胁的能力(杨公朴,2000)。也有学者从可持续发展的角度界定产业安全,认为产业安全的主要内涵是可持续发展与自主创新发展,本国产业需要保持足够的发展活力(景玉琴,2004)。随着对产业安全问题认识的深入,学者们认为国家产业安全更多是多个方面的综合考量:一是国家的经济命脉、重要产业是否为外资控制,是否自主可控;二是国内市场是否充分竞争,供求基本平衡;三是一国的产业结构是否合理(夏兴园、王瑛,2001)。因此产业安全已经成为常态化、动态化的问题,在开放条件下,国家应建立健全相关法律法规体系,维护产业安全,建立产业损害预警体系,提高应对能力(马晓河等,2009)。

关于对产业安全影响因素及成因的研究:随着中国越来越深入地参与国际分工,导致国内开始出现对产业安全问题的担忧,大量的研究成果指向了外部冲击对中国部分产业造成的影响。"入世"以后中国将逐步实行贸易的自由化和投资的自由化,部分学者(方芳,1997;赵广林,2000;祝年贵,2003)担心可能会对产业安全造成一定的冲击。外商直接投资给中国带来先进的技术以及管理经验,但外资的进入对中国的产业安全造成了威胁。在部分行业,外资通过对品牌、技术和市场形成控制,冲击了民族品牌生存和发展的空间,加剧了中国部分产业结构的失衡,并在一定程度上弱化了国家的政策调控能力。本国制度环境中存在的市场与政府的扭曲关系以及外国资本对国内产业的控制力等,对产业安全造成了较大的影响(景玉琴,2005)。欧阳彪、王耀中(2015)指出,我国服务产业安全受到外国资本、产品及本国产品出口贸易壁垒的影响较大;陈洪涛、潘素昆(2012)的研究发现,外商直接投资对我国三大产业的影响差异较大:对第一产业影响不显著,对第二产业有较大正向影响,对第三产业有负面影响。

关于对产业安全的评价体系的研究:目前大部分的产业安全评价指标体系,是从产业控制力、产业竞争力和产业成长性等方面进行评估,如中国商务部发布的年度《中国产业安全状况述评》中就采用了这一评价体系。何维达(2002)、黄建军(2001)、景玉琴(2006)等建立的指标体系大多借鉴了这种做法,在评价产业安全时,重点考虑产业国际竞争力、产业控制力、产业的外资利用、产业国内生存条件等,获得学术界的广泛认可。在此之后,产业安全评价指标体系得到不断修正并进一步完善。李孟刚(2006)构建了一个更为全面的产业安全指标体系,并考虑到了"产业对外依存度"这一重要的指标。朱建民、魏大鹏(2013)的研究,在原有指标的基础上,创造性地增加了"产业生态环境"指标,从而构成了"五因素模型"。随着国内对资源环境问题的日益关注,也有很多学者提出环境因素对产业安全的影响,因此,在产业安全评价中,加入了产业整体生态环境因素作为重要评价指标之一(谭飞燕等,2016)。

(二) 关于农业产业安全的研究

"入世"以来,很多学者开始关注中国农业产业安全问题。刘乐山(2002)认为,所谓农业产业安全,主要指一国农业产业整体上持续发展,基础相对稳固、保持合理的增长,在国际竞争中具有一定的竞争力、自卫力和自主性。具体表现为农业生产不受外来资本控制和农产品具有国际竞争力(徐洁香等,2005),农业的生存与发展不受外来势力的根本威胁(朱丽萌,2007)。

也有学者尝试建立评价指标体系,对中国不同种类农产品的产业安全进行了评估。龚文龙(2007)、张淑荣等(2011)构建了中国棉花产业安全指标体系和评价模型。宋聚国等(2010)评估了棉花和乳品的产业安全。何维达等(2002)、朱丽萌(2007)等通过建立指标体系对中国农业产业安全进行了评估。吕新业(2006)建立了粮食安全预警指标体系,评估了中国粮食产业安全的状况。

学者们通过从不同角度、不同产品等方面评价中国农业产业安全状况,得出了一些有价值的研究结论。西瓦(Shiva,2000)、戴维斯(Davis,2004)和允(Yoon,2006)认为,发达国家的大型农业跨国企业逐渐控制了整个农业价值链条,包括原材料的供应、中间品的投入、产品的深加工、品牌的培育、产品的最终销售等环节,基本全部由这些大型农业跨国公司所控制,发展中国家失去食品自主权,普遍产生农业产业安全危机,中国重点农产品也存在着这种风险。但何维达等(2002、2007)指出,加入世界贸易组织后,中国农业产业处于基本安全状态,但是农业的竞争力不强。朱丽萌(2007)认为,中国加入 WTO 在农业方面的承诺与开放,短期内对农业产业安全总体影响不大,影响农业产业安全的往往是其他方面,如粮食的供给状况、农业产业可持续发展状况等,但长期来看农产品对外依存度偏高,中国农业产业国际竞争力偏弱。宋聚国等(2010)的研究结果表明,中国棉花产业竞争力明显下降,进口依存度显著上升。马建蕾(2010)的研究发现,发达国家的涉农跨国公司强力控制农产品贸易,它们利用垄断地位控制市场和价格,导致中国部分农产品的产业控制权和定价话语权削弱。张淑荣等(2011)认为,虽然中国棉花产业总体处于基本安全状态,但棉花产业安全度较低,产业控制力弱,产业竞争力低,产业成长性慢,未来这一状况可能还将持续。

根据对中国重点农产品产业发展的现状及未来总体的发展趋势的估计,大部分学者(刘晓梅,2004;张小瑜,2010)认为,当前重点农产品产业安全战略的基本原则应该确立为"立足国内,适度进口",应该保护重点农产品的国内综合生产能力,保障和进一步增进供给的安全,围绕进口量大的重要农产品建立价格预警型调控机制。2018 年以来,中美贸易摩擦也暴露了中国农业产业安全存在着深层次的困境:中国作为农产品进口大国,存在"大国效应"及对部分产品的"贸易依赖";比较优势的缺失也使中国农产品价格高于国际农产品价格;中国的农业补贴政策的实施受到 WTO 农业规则的制约。中国农业产业需要更深度参与全球价值链与全球农业产业的资源配置体系中(罗浩轩、郑晔,2019)。

二、关于中国重点农产品的供求形势、进口增长等的研究

(一)关于农产品贸易基本态势的判断

学者目前已经基本达成共识,长期来看中国农产品贸易必将保持逆差状态,而且逆差额还会呈扩大趋势(韩一军,2008)。土地密集型产品在农产品进口中占主导地位(史朝兴等,2007)。我国粮食的供求关系处于紧平衡态势,且结构性矛盾比较突出(钱克明,2012)。中国大宗农产品呈现出全面净进口格局,其中价差型进口特征比较显著,尤其是棉花和食糖,配额外进口的增势比较明显。价差型进口的增加,也一定程度上使得库存保持在较高水平(倪洪兴,2014)。

中国农产品进口呈现出快速的增长态势,但存在结构性失衡。中国农

产品进口格局高度集中,既表现为进口市场的高度集中,也表现为进口产品的高度集中,这种态势不利于市场的稳定及保障农业产业安全(杨静、刘武兵、刘艺卓,2020)。中国农产品进口对主要的贸易伙伴和自由贸易协定(FTA)贸易伙伴的依赖程度大,农产品的进口价格与世界平均水平相比偏高,这可能是由于中国进口了更多价高质优的农产品(徐芬,2020)。毛学峰等(2016)的研究发现,中国大规模进口大豆和玉米,既能满足国内植物油及粮食需求,还能为国内畜牧业提供丰富的饲料。段立君、迟薇(2014)的研究发现,中国食糖的供求情况不稳定,食糖消费量提升潜力巨大,供不应求的趋势日益明显。从国外进口食糖,便成为填补食糖供给缺口的主要方式。

"入世"以来,中国传统上具有一定国际竞争力的劳动密集型的农产品,其比较优势正在不断被削弱,传统上不具有国际竞争力的土地和资本密集型农产品,其比较劣势也没有得到改善。中国大量进口农产品的同时,也进口了大量的资源(李谷成等,2016)。近年中国签署了多个FTA,这提高了农产品贸易的便利化程度,使得中国从贸易协定伙伴国农产品的进口出现较大增长,大部分FTA存在较明显的贸易创造效应(徐芬、刘宏曼,2017)。

(二) 重点农产品进口增长的原因

长期以来中国粮食的进口量一直不太大,甚至有部分年份粮食为净出口状态,但近几年粮食进口的快速增长引起了多方的关注。高颖等(2007)研究发现,中国大豆进口的快速增长,除了国内大豆产不足需的原因外,国内大豆生产成本的持续增加,以及国外大豆的质优价廉是国内大豆竞争力不足的根本原因。张瑞娟等(2016)的研究发现,中国已经是玉米、小麦、稻谷的净进口国,主要原因在于中国粮食在国际上缺乏产业竞争力,粮食国内市场价格被严重扭曲,国内粮食市场供需出现严重失衡,带来了粮食生产量、库存量、进口量的"三量齐增"的局面。王锐(2017)认为粮食进口增长的主要原因在于,城镇化与中国经济的高速增长,国内粮食供需关系发生重大改变,国际国内粮食价格出现较大波动等。胡冰川(2018)认为,中国农产品进口增长的主要原因是农产品存在消费扩张与国内农业资源约束之间的矛盾,这个矛盾单纯依靠国内难以有效化解;其次中国农业政策调整存在滞后,与市场脱节,没有及时对市场变化作出反应。

(三) 农产品进口增长的主要影响

进口增长的影响主要体现在对国内市场稳定性及价格的影响,对消费者和生产者的影响等方面。

首先是对农产品市场的影响，由于内外价格的联动，国际农产品供需的波动通过贸易途径，能快速传导到国内市场，大量进口则使这一过程的影响进一步加剧，将深度影响国内农产品供需状况，加大市场风险。尤其是随着国际大宗农产品期货市场和现货市场的发展，农产品的金融属性增强，国际投资基金大量进入期货市场进行投资或投机炒作，导致国际农产品价格出现剧烈波动，这为中国通过进口来保障农产品供应增加了较大的不确定性，国际农产品市场对国内的影响越来越迅速和强烈（马建蕾，2010）。钟钰等（2015）分析中国粮食进口与国际粮食价格间的关系，表明中国粮食进口与国际粮食价格之间存在着较为显著的正向弹性关系，但大国效应比较微弱。

胡冰川（2018）认为进口农产品的增加会压低国内农产品的消费需求，使得重点农产品的库存压力增大，也会对现有的农业补贴政策产生较大影响。但其认为进口增长的影响主要是补充性的，而非竞争性的，这会加速国内农业生产形态的重构，促进国内农业生产结构的优化和调整。

三、重点农产品进口增长对农业产业安全影响的研究

随着深度融入全球经济体系，中国农业与全球的市场联系越来越紧密，外部市场的变化对中国农业产业的冲击日趋显著。进口对农业产业安全的影响，学者的认识在不同时期也出现了一定的变化，出现了以下三种截然不同的观点。

（一）进口对中国农业造成了较大的冲击

在中国加入 WTO 前后几年，一些学者担心"入世"会对中国农业带来比较大的冲击。他们认为，由于中国农业要素资源禀赋不具有优势，完全开放市场必然带来农产品的大量进口，对农业产业安全也必然造成一定的冲击，尤其是大量集中进口，有可能是导致农业产业安全问题的重要原因（关锐捷，2006；倪洪兴，2010）。"入世"以来短短数年之间，大豆、棉花、大麦、羊毛等产品都出现了大量集中进口，这显著影响了相关产业的发展，也进一步加剧了国内农产品市场的供需波动，加大了市场的风险（倪洪兴，2010）。尽管农产品进口增加了国内的直接供给，但部分开放程度较高的农产品（如大豆、植物油、大麦、羊毛等）的大量进口，对国内产业造成较大冲击，最大的影响是对国内市场价格的打压，同时也对农产品的长期供给安全造成了一定的风险（倪洪兴，2014）。

受影响较大的产业主要包括棉花产业、大豆产业和食糖产业。中国棉

花产业在国际市场上基本没有定价权(高扬,2007),2003 年以来棉花的大量进口,使得产业竞争力下降,进口依存度上升,国产棉花逐渐失去市场地位(宋聚国等,2010)。再加上中国棉花进口来源相对比较集中,虽然有利于总体上降低进口成本,增加在进口贸易中的谈判力,有利于建立稳定的贸易关系,但市场集中度过高仍然会带来一些特定风险,如主要来源国的突然减产、双方贸易关系的中断、违约等不可控问题,使得中国棉花进口贸易面临较大风险(朱再清、刘敏志,2012)。谭晶荣(2007)的研究认为,中国这样的棉花进口量较大的国家,在棉花贸易中存在"贵买"现象。因此进口增长对棉花供应安全的影响不容忽视。涂武斌等(2007)指出,由于进口量的激增带来的产业安全风险,在中国大豆领域更加明显。中国大豆产能有限但需求剧增,导致从美国、巴西和阿根廷等国家进口大量的转基因大豆,且进口态势短期内不会得到扭转。大量进口使国内豆农、豆制品加工企业和消费者的利益受到影响(郭天宝等,2013)。农业农村部农业贸易促进中心课题组(2015)发现,由于存在内外价差,中国食糖进口过度增长,对食糖产业造成了比较严重的损害,国内食糖产业生存艰难。王永刚(2006,2007a,2007b)、赵丽佳等(2008)的研究也指出,中国油料和植物油的进口较多使该产业总体处于危机状态。

近年中国棉花、油料、食糖等主要农产品的进口激增,主要原因在于国内外价差的驱动(万宝瑞,2015)。国际农产品的价格波动也会对我国农产品市场造成一定的影响,一些学者对此进行了研究(方晨靓、顾国达,2012;刘萍、柯杨敏,2016;彭白桦,2016),国际农产品价格波动对国内市场具有明显的传导效应,这也成为我国农业产业安全面临的重要的外部威胁。谭砚文(2005)也证实了中国棉花贸易变动对国际棉花价格的影响。

中美贸易争端及全球新冠肺炎疫情的暴发,也引发了学者开始担心会影响中国农业产业安全。中美互加关税,中国农产品的进口会受到不同程度的影响,尤其是大豆、豆粕及肉类产品,会推高进口产品价格,增加进口成本(周曙东等,2019)。新冠疫情的暴发对农业产业链和供应链也产生了巨大的影响(刘如、陈志,2020),中国在全球供应链中的中心地位受到冲击,也同时面临供应链外迁的风险。在疫情发生的当前时期,应该重构中国农业发展的重心,从追求农业的规模经济和提高效率,转为保障农产品的供应和生产的安全(罗必良,2020)。

(二)进口冲击的影响总体是可控的

更多学者的研究成果则认为,进口冲击对中国农业产业造成的影响总体是可控的。何秀荣等(2002)、孙林等(2006)、倪洪兴(2010)等认为,农产品贸易的快速发展,尤其是中国遵从比较优势原则进口海外农产品,一方面对中国充分发挥优势,有效利用国际市场资源,保证农产品的有效供给,发展农业现代产业体系,高效推动农业结构调整等,发挥了重要的、积极的作用;另一方面,也使得中国小规模农业面临越来越直接的国际竞争。小麦、玉米、稻谷进口量的实质性增加,不会对中国的粮食安全造成实质性的损害。而设置过多的贸易限制措施阻碍对外开放,将不利于中国总体的农业产业安全,也不利于中国贸易利益的最大化(崔卫杰,2015)。采取进口限制措施,虽然可以提高农产品的自给率,但提高了国内市场价格,最终对农业产业安全是不利的(Warr,2011;Dorosh,2008;Govereh,2008)。

中国的粮食进口方面,尽管中国粮食的进口来源地相对比较集中,对某些大国的进口依赖也比较高,但由于中国粮食进口量总体较小,并没有对粮食产业安全造成太大影响。相反,粮食进口对于保障中国粮食安全是有帮助的,可以适当利用国际市场,平衡年度间粮食供应的丰缺程度,保持粮食的动态平衡(傅龙波等,2001)。中国粮食供给已由长期短缺到总量大体平衡、丰年有余的历史性转变,适当的粮食进口符合比较优势原则,可以保证粮食安全(李晓俐,2007)。中国国内粮食产量与进口量的替代性不强,对国际粮食市场的依存度不高(周力等,2010)。

中国是世界上最大的棉花进口国,卢峰(2006)提出,在中国开放性产业快速发展的情况下,棉花进口保障了棉纺织工业的低成本的原材料来源,进口的增长有一定的经济合理性。但同时,卢锋(2007)认为,近年来棉花进口的大幅度增长并没有对中国棉花产业造成显著的负面冲击:国内棉花生产出现一定程度增长,区域生产结构得到进一步调整,劳动生产率得到快速提升,棉农收入有所增长;另一方面,棉花进口支持了中国纺织工业的快速发展以及棉纺织品的出口增长。钟昌元、吴王平(2013)认为,在粮食、棉花和食糖等产品进口中实施的关税配额制度,在一定程度上保护了国内相关产业的发展,减少了进口的直接冲击,使得进口数量整体可控。但关税配额制度也存在一定的弊端,如可能加大了国内重点农产品供需的不平衡,导致了国内外价格差的存在。有可能使得供需缺口持续扩大,国内价格出现更大程度的上涨,导致市场出现较大波动,这对于中国重点农产品的产业安全是不利的。中国的大豆在生产成本和市场价格上同样不具备优势。国内大豆生产的数量和品质,并不能充分满足国内对于优质蛋白饲料行业和榨油业发展对大豆的需求,中国大豆的国内供需缺口、世界大豆产量与价格等与中国大豆进口量之间存在长期均衡关系(吕晓英等,2011)。

（三）进口是保障中国农业产业安全的重要组成部分

随着中国农业进入新的发展阶段，以往经济高速发展积累下来的矛盾和问题也相继出现。中国农业的快速增长很多是以牺牲资源环境为代价的，地下水超采、农业面源污染以及耕地质量严重退化等问题越来越严重（黄季焜，2020）。未来中国农业发展所面临的重要挑战将是如何可持续发展，以及如何保障农业产业安全问题。随着中国农业全面深度融入全球经济体系之中，中国农业受到国际农产品市场的影响是巨大的，进口是保障农产品供需平衡的重要组成部分，国内生产、进口、需求构成了中国农产品的三元均衡格局（倪洪兴，2019）。

根据对中国重点农产品产业发展的现状及未来总体的发展趋势的估计，大部分学者认为，当前重点农产品产业安全战略的基本原则应该确立为"立足国内，适度进口"（黄季焜，2008；张小瑜，2010），我国应该树立大农业安全观。对于具有一定进口风险的农产品，如大豆、天然橡胶等产品，应注重降低其国际贸易风险，用好贸易政策，发挥大国优势，增强定价权和话语权。对于市场波动型农产品，需要完善市场价格调控机制，减少价格的大幅波动（王小虎等，2018）。中国农业产业需要更深度参与全球价值链与全球农业产业的资源配置体系中（罗浩轩、郑晔，2019）。

四、简要述评

综上所述，以往对重点农产品进口增长的研究，更多侧重于农产品进口增长的一般态势、进口增长的原因等方面的探讨。对农业产业安全的研究重点是粮食安全问题，而对棉花、大豆等产业安全评估中，多数研究成果侧重于针对农业的产业竞争力、产业控制力、产业发展能力，以及产业对外依赖程度等。针对进口增长与重点农产品产业安全的研究，现有的文献存在以下四个方面的不足或者问题：

（1）对农业产业安全的含义还没有一个清晰的界定，尤其是从产量、储备、进口、价格波动、供求平衡等多个方面界定农业产业安全的含义，使得对农业产业安全的认识不够深入。

（2）鉴于粮食、棉花、食糖等产品相对于一般商品的不可替代性和战略性地位，在评价农业安全问题时，较多考虑到了政治因素，经济因素考虑较少，尤其是引入经济学分析方法研究农业产业安全问题。

（3）在考虑进口增长问题时，较多从自身资源及产业竞争力角度考虑，从产业链角度及全球的角度考虑较少，全球资源的有效利用也是保障农业产业安全的有效途径。

（4）进口增长对中国农业产业安全的影响方面问题的研究缺乏定量分析，目前评价指标较少，不够综合、不够全面。

综合现有的研究，我们认为，在经济全球化时代，尽管农业综合生产能力是产业安全的重要基础，但充分利用国际资源，获得更低成本的农业原材料来源，建立稳定的贸易关系，也是保障重点农产品产业安全的必要途径。重点农产品进口增长的出现是必然的，需要重点关注进口来源的高度集中问题，以及对某个市场过度依赖问题对农业产业安全的不利影响。基于以上考虑和逻辑框架，本书将致力于着重分析重点农产品的进口增长现象，建立开放环境下农业产业安全指标体系，判断进口增长对农业产业安全的影响程度，进口增长是否导致了严重的产业安全问题，或者说进口增长对中国农业产业安全是否产生了保障效应，成为保障农业产业安全的重要途径。以上四点是本书的研究方向和重点。

第三节　本书的研究思路和研究方法

本书在借鉴以往的国际经济安全、产业安全等相关理论的基础上，重点探讨近年中国重点农产品的进口增长状况，以及进口增长所导致的国内市场供应、需求、价格等的变动，从理论上进行一定的创新，形成较为系统的基于进口增长的中国农业产业安全理论，探讨进口增长对中国农业产业安全的影响，建立基于农业对外开放视角的中国农业产业安全评价指标体系，从而判断进口增长对农业产业安全的影响，并对未来的发展趋势进行分析，提出应对重点农产品进口增长，保障中国农业产业安全的政策建议。

一、研究思路

遵循文献梳理与理论分析—数据收集整理和统计分析—重点农产品进口增长及原因—开放环境下农业产业安全评价—进口增长的影响路径及影响程度—进口增长的保障效果—结论与政策建议的研究思路。

第一，阐明本书的研究背景、研究意义。对重点农产品进口增长、农业产业安全等概念的内涵作出界定，归纳相关领域的研究成果，明确研究对象，提出本书的研究目标和需要解决的问题。介绍本书采用的主要研究途径和研究方法。

第二，收集相关的数据，在进行文献分析和数据分析的基础上，分析重点农产品进口的变动趋势及其影响因素,总结重点农产品进口发展的规律及引起进口增长的深层次原因。

第三,构建开放环境下农业产业安全评价体系,计算相关指标,分析这些指标在研究期间的变动趋势,从而对研究期间内中国重点农产品的进口增长对农业产业安全的影响作出定量判断。

第四,实证检验,分析进口增长背景下,中国农业产业安全总体状况,对其作出评价,实证分析重点农产品进口对农业产业安全的影响,探讨重点农产品进口对农业产业安全的保障效率,形成研究结论。

第五,总结本书的研究结论,并在此基础上提出中国重点农产品进口的发展方向,及在确保农业产业安全性的前提下,为中国农业国内支持政策和市场准入政策的制定提供依据,提出切实可行的政策建议。

具体的研究思路用图形概括,如图1-1所示。

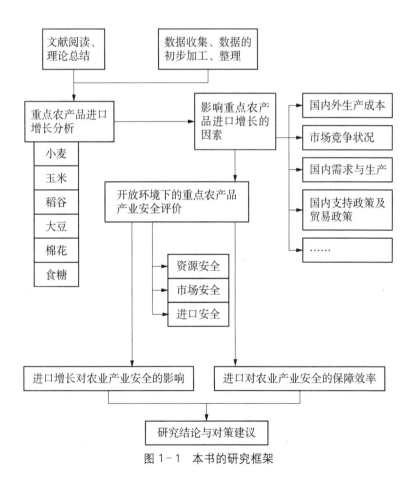

图1-1 本书的研究框架

二、研究方法

（1）文献梳理与理论分析。对进口增长及农业产业安全等的相关理论进行梳理，收集相关的研究文献，综合运用贸易发展理论和产业安全理论，根据研究目标和研究对象，提炼研究框架内容。

（2）数据分析与比较分析。收集 1995—2020 年间的相关数据，并对数据作出具体分析与加工，通过实证数据的分析，归纳出重点农产品进口贸易增长的一般规律。利用相关数据分析比较全球农产品出口国的生产、贸易以及国内支持政策。

（3）定性分析与定量分析。农业产业安全涉及较多的影响因素及变量，要想在总体上把握进口增长视角下农业产业安全的基本状况，就需要在进行定性分析的基础上，运用数学及统计学的基本分析方法，建立指标体系，确定各指标的权重，探讨各因素对农业产业安全的影响。本书采用了层次分析法、熵权法、等权法、灰色关联分析等，对中国农业的产业安全状况进行了评价。

（4）专家访谈。利用组织专家研讨会和参加行业学术会议的机会，对大约 10 名行业内的专家进行深度访谈，根据理论分析和访谈结果，建立农业产业安全评价指标体系，设定各指标的权重，并确定各指标的得分标准。

（5）实证研究方法。本书利用结构方程模型分析进口对农业产业安全的影响路径与影响的效果，使用面板数据建立回归模型，检验影响农业产业安全的主要因素。利用超效率 DEA 模型以及 Malmquist 指数分析方法，对重点农产品进口保障农业产业安全的效率进行评估，探讨影响保障效率的主要因素。

三、研究重点与创新点

本书的研究重点分为三个方面：（1）中国重点农产品进口增长的现状分析。对进口的数量和价格变动情况作出系统、动态的描述。（2）进口增长对农业产业安全的影响。建立指标体系，衡量开放环境下中国农业产业安全的现状。检验进口增长的影响。（3）应对重点农产品进口增长，确保农业产业安全的政策建议，为相关政府部门的决策提供参考。

本书的创新之处体现在：

（1）分析视角比较新颖。研究农业产业安全问题，是理论发展的需要，也是现实的需求，将产业安全理论、供需理论等运用于农业产业安全的评价之中，并且基于中国高水平对外开放视角，建立农业产业安全评价指标体系,运用多种方法对 1995—2020 年重点农产品产业安全状况进行评价。

（2）理论模型、经验分析与比较研究方法的结合使用。理论模型的建立是基于专家咨询和实证检验的基础上建立的,具有较强的适用性和针对性。定量和定性分析相结合,使结论更加科学可靠。

（3）理论体系的创新。基于农业产业安全的定义、特征及影响因素,选取多项指标,创建基于中国高水平开放视角的重点农产品产业安全评价体系。这对于中国类似产品的产业安全研究方面具有一定的借鉴意义,也进一步丰富了我国产业经济学的理论体系。

（4）研究结论的可靠性及新颖性。利用不同方法对重点农产品的产业安全进行评价,研究结论的得出经过了大量的理论分析与多种实证检验方法的检验与比较,使评价结果更加科学可靠,并且提出中国农业产业保持在基本安全状态是比较适宜的。在研究结论方面,提出未来中国重点农产品尤其是大豆、棉花和食糖的供需缺口仍然较大,进口是保障中国农业产业安全的重要途径。认为进口增长对大豆产业安全的影响较大,对棉花和食糖产业安全造成了一定的影响但影响不太大,对粮食产业安全基本没有产生太大的不利影响。尽管近年来出现了重点农产品的进口增长,应正确看待这种现象。农产品进口是中国充分利用国际资源,发挥比较优势,深入参与国际分工的重要方式。这些结论为学术界进行深入研究以及政府制定宏观政策和企业进行微观决策提供了重要依据。

第二章 进口对农业产业安全 影响的理论分析

本章在总结以往关于产业安全的理论的基础上,对农业产业安全的概念进行界定,在此基础上探讨中国农业产业安全的基本特征以及主要的影响因素。尝试从理论上阐释进口对农业生产、农产品消费、农产品市场以及农业产业链等的影响,厘清进口影响农业产业安全的机理,从而构建本书研究的理论基础。

第一节 农业产业安全的概念及特征

一、产业安全的概念

关于产业安全的概念国内已经有了一些研究成果,但当前并没有一个统一的完整的界定。有些是从国家整体经济安全的角度加以界定,有些从国际贸易安全角度加以界定,但更多是从外商投资对本国产业的控制方面进行。下面将对产业安全的代表性的定义加以介绍[①]。

(一)从外资的产业控制力方面定义

这种界定认为,一国产业安全问题的产生,主要是由于产业链条和产业生态受到损害,导致本国不能很好地控制相关产业,本国的权益难以保障。从外资产业控制力方面来界定产业安全问题,反映了外商直接投资(或外资并购)所带来的产业威胁,是引发产业安全问题的源头。

随着中国吸引外资的增多,很多国内学者开始关注外资进入带来的产业安全问题。如何维达(2001)、陈洪涛和潘素昆(2012)给产业安全的定义为:所谓产业安全,很多是由外商直接投资带来的。尤其是跨国公司进入

---

① 李孟刚.产业安全理论研究[M].北京:经济科学出版社,2012:71-78.

后,利用其在资本、信息、技术、管理、品牌等方面的优势,控制某些重要产业,形成垄断优势,并购或参股国内企业,由此带来对国家经济安全的威胁。随着中国外资政策的改变,中国利用外商直接投资进入了新的阶段,外资利用已经影响了中国的产业安全。而对于产业安全的评价,既不能夸大也不能忽视,应注意处理好规模与结构、局部与全面、静态与动态等方面的关系(王维、高伟凯,2008)。外来资本由于在资金、技术、产品等方面拥有垄断地位,其往往会操纵市场,获取高额利润,占据大量市场份额,或者将所获利润大量向海外转移,压缩了民族企业的生存空间(蒋志敏、李孟刚,2008)。

(二) 从产业竞争力的角度定义

有学者认为,在开放竞争的环境中,一国产业要想获得相对于外来产业的竞争优势,则必须要具备一定的竞争能力,能够有效抗衡来自外部的威胁或抵御外来产业的冲击,从而使得国内产业部门能够得以均衡协调发展,并保持一定的创新能力(夏兴园等,2001)。景玉琴(2004)也认为,产业安全应该包含两个层次:宏观层次的产业安全一般指一国经济发展保持活力,经济制度安排足以保障产业形成合理的市场结构,市场竞争充分有效,在市场竞争中胜出的企业往往具有较强竞争能力,一国产业能够获得足够的生存空间并保持持续发展;产业安全的中观层次一般是指,民族企业能够获得较好发展,且具有持续发展能力,民族企业能够在国内大部分产业领域产生较大影响力,在国际竞争中获取一定的优势。产业竞争力的形成与一国的经济制度安排是分不开的,一国政府应该致力于培育良好的竞争环境,保障本国产业的创立能力、调整能力和国际竞争能力,一国产业是否拥有国际竞争能力,成为衡量该产业安全与否的重要标准(赵广林,2000)。金碚(2006)认为,产业竞争能力是产业安全的根本或基础,如果一个国家拥有较强国际竞争力的产业或企业,是不会存在产业安全问题的,往往当一个国家的产业竞争力比较弱,或者遭遇强劲竞争对手的时候,才会产生产业安全问题。

(三) 从产业发展的角度定义

产业发展理论认为,产业安全的本质是国家重要产业或战略性产业的发展能力,能够在不同的时期获得在国际比较意义上的动态发展能力。因此一般认为,产业控制力是对产业安全的静态描述,而产业发展能力是产业安全的动态发展。

于新东(1999)认为,产业发展权是至关重要的,它能确保一国产业在未来发展中,持续获得竞争优势,拥有领先地位,这是衡量产业安全的重要标准。杨益(2008)的研究也认为,产业安全首先是指一国的产业发展不受破坏与威胁,产业利益能够得以保障。

(四) 从产业权益的角度定义

所谓产业权益,是指以本国国民为主体形成的产业在国际竞争中不受威胁,国民作为产业权益的主体,拥有排他性的经济主权。赵世洪(1998)的研究中,提出了国民产业安全这一概念,其认为国民产业安全产生的前提是国民对国内产业的经济主权,没有国民经济主权这个前提,就没有国民产业安全的概念。

二、农业产业安全的概念

中国是农业大国,随着中国经济发展和城市化进程的加快,中国农业在国内生产总值中所占的比重持续下降,第一产业对 GDP 的拉动作用也持续减少,但农业的产业安全问题仍然是关系国计民生的核心问题。只有农产品才能保障人类生存的基本食品需求,没有任何技术可以完全取代农业生产。鉴于农产品的这种特殊属性,人们一般认为,农业在一国经济发展中占据基础性地位,农业安全是产业安全的基础,农业产业安全问题不容忽视。

(一) 农业产业安全问题的提出

所谓农业产业安全,是指农业产出能够基本满足社会的食品需求和作为工业原材料的需求,农业产业处于可持续发展状态,具有一定的产业竞争能力,能够为从业者带来必要的收益。而农业产业不安全是指农业产出不充分,不能提供社会需要的初级产品,或者没有能力抵御外部竞争,市场逐渐萎缩,农业从业者收入明显下降等(盛来运,2002)。

新中国成立以来,中国的农业综合生产能力有了大幅提升,农产品供给日益丰富,但随着工业化和城市化进程的加速,中国农业安全也面临新的形势和严峻的挑战(顾益康、袁海平,2010)。首先,粮食、大豆、棉花等大宗农产品的生产及价格主导权掌握在发达国家手中。中国农业在国际上没有优势,处于相对不利的地位,重要农产品对外部市场的依赖程度显著上升。其次,随着工业化和城市化进程的加快,中国农业用地数量在逐年减少,虽然中国政府已经确立了坚守 18 亿亩耕地红线的基本战略,但目前守住这条红线的难度在加大,保护耕地已经成为确保中国农业安全的最紧迫的课题。再次,中国目前农业生产的生态环境在持续恶化,包括水资源严重短缺、土壤污染、水土流失、极端天气频繁出现引发气象灾害等,这些使得农业生产的收益和稳定性大大降低,中国农业小规模生产者为主的生产模式面临极大的风险。

(二) 粮食安全的概念

在农业产业安全方面,尤以粮食安全的关注度最高,粮食安全是农业安全的核心。因为"民以食为天",温饱问题在任何时候都是关系国家根本的重大问题,粮食安全直接关系到社会的稳定、民生的改善及经济的可持续发展。各国政府都非常重视粮食安全问题。

近40年来,世界各国因资源条件和发展阶段不同,粮食安全的侧重点也不太一样,粮食安全概念的内涵和外延得到了不断的丰富和发展。关于粮食安全的概念,最早是1974年由联合国粮农组织(FAO)于第一次世界粮食首脑会议上提出。在这次会议上通过了《世界粮食安全国际条约》,并首度对粮食安全进行了定义:保证任何人在任何时候都能得到为生存和健康所需要的足够食物(To ensure that all persons at all times have access to enough food for their survival and health)。1983年4月,FAO提出了新的粮食安全概念:粮食安全的最终目标是,保证所有的人在任何时候既能买得到又能买得起他们所需要的基本食品。这个概念的含义包括三个方面:一是生产足够数量的粮食;二是所有需要的人都能获得粮食;三是最大限度地稳定粮食供应。1985年11月,FAO又进一步明确,各国政府负有确保本国人民粮食安全的基本责任。1996年FAO重申了这样的观点:人人有权利获得安全而富有营养的粮食。

由此可以看出,粮食安全包括三个层面的内涵:在微观层面上,要提高低收入群体粮食的可获得性;在中观层面上,要稳定粮食的供应和食用的安全性;在宏观层面上,要确保粮食一定的自给率(宋洪远,2012)。从全球角度看,各国经济发展和分配不均衡的现象普遍存在,再加上气候变化、地区冲突等不确定因素的存在,导致粮食生产的不稳定性,这也加重了对当前粮食安全问题的担忧。

中国一直以来对粮食安全问题非常重视。一方面,中国是一个人口大国,粮食供给不能完全依赖世界市场。尤其是布朗在1995年提出"谁来养活中国"这个命题后(Brown,1995),更增加了社会各界对中国粮食供应能力的关注;另一方面,中国农民数量巨大,国外廉价粮食的大量进口可能会给农民带来较大的经济损失(Zhou,2001)。因此,中国的粮食自给率水平一直较高,大部分年份粮食自给率超过90%,甚至达到95%。

(三) 农业产业安全的含义

本书认为,农业产业安全是指农业的生存和发展不受威胁的状态,具体包括三层含义。

1．农业产业安全的基础在于农业的生存不受威胁

农业产业要想生存，保持粮食、棉花等重要农产品一定的生产能力是关键，国内重要农产品生产的稳定对农业产业的健康发展会起到基础性的作用。如果没有一定水平的国内生产，重点农产品国内的价格、消费和产业的健康发展都会受到较大的威胁。这不仅是粮食、棉花等产业的地位所决定的，也是实现中国农业的持续健康发展所必需的。

2．外部的可获得性

由于国内粮食、棉花、大豆、食糖等生产不能充分满足消费增长的需要，因此"入世"以来，这些产品的大量进口成为一种常态。因此，对于中国这样的农产品进口大国来说，保障农业产业安全意味着能够确保以较合理的价格稳定地获得外部市场的农业资源，保障国内市场供应。应根据产业发展和需求情况，把握进口的合理规模，做到有度有序进口。中国作为粮食、大豆、棉花等大的进口国，进口剧增会导致国际市场价格上涨，从而威胁中国农业产业安全和可持续发展。但适度有序进口对保障市场供应、稳定市场价格会起到积极作用。随着中国重点农产品消费的上升，应适度加大进口量，并大力开发多元化进口市场，保障进口的可获得性，尽量降低进口风险。

3．市场保持相对的稳定性

市场的相对稳定是指重点农产品的供应和需求不出现大的波动，价格保持相对的平稳状态。实际上随着中国重点农产品进口的增长，国内外市场的联动性进一步增强，国际农产品价格的波动不仅影响了国内的市场价格，最终会影响到市场稳定性。如果价格波动剧烈，容易传递错误的信息，对市场预期和产业政策产生误导，进而导致上游生产环节和最终消费环节的不确定性，而生产与消费预期的不确定性又会反过来进一步加大市场价格的波动。

综上所述，农业产业安全指的是基于国内一定的生产能力的基础上，通过国际市场以较合理的价格稳定地获得外部资源，使国内的供应与需求保持相对的均衡。

三、农业产业安全的结构特征

农业产业安全涉及相互作用与联系的多个方面，但其核心内容都是围绕供给和需求而产生的，供求平衡系统包括贯穿整个产业链的产品生产、需求、贸易、储备、流通等方面。具体如图 2-1 所示。

从农产品供求平衡系统可以看出，保障农业产业安全的核心在于农产

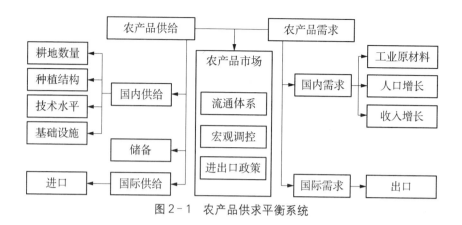

图2-1 农产品供求平衡系统

品市场的稳定。农产品市场是由农产品供给状况和需求状况所共同决定的。

供给方面,包括国内供给、国外供给和储备三个方面。其中国内供给不仅受到耕地数量、种植结构、技术水平、基础设施等因素的影响,当期的市场价格对国内供给数量的影响也很大;储备作为市场的蓄水池,在市场价格低迷时实施收储措施,市场价格高企时实施抛储措施,可以在一定程度上有效控制农产品价格波动,保证市场平稳运行;国际供给主要指进口,重点农产品进口量主要受近年供需缺口呈扩大态势,需要通过进口进行平衡的影响,同时进口的粮食、大豆、棉花等相对国产品有价格及质量上的优势,并受重点农产品进口贸易政策影响较大。

需求方面,主要包括国内需求和国际需求。由于中国是粮食、大豆、棉花、食糖等农产品的净进口国,每年出口量非常小,因此国内需求就成为主要部分。中国是农产品需求大国,农产品的主要用途为工业原材料及口粮等,另外人口增长、收入增长等因素也较大地影响重点农产品的需求。

粮食、大豆、棉花、食糖等农产品市场同时受到国家宏观调控政策、进出口政策以及农产品流通体制的影响。国家对这些产品进行宏观调控的目的是稳定国内市场。农产品流通体制改革后,国家宏观调控主要围绕以下几点进行:一是根据供需情况及价格变化,充分发挥国家储备的调节作用,达到稳定市场、稳定价格和保护农民利益的目的;二是根据当年度产需缺口及国内消费的需要,通过进口农产品的关税配额管理,控制粮食、棉花、食糖的数量和进度;三是利用进口农产品的税收政策控制价格,保护农民利益,稳定国内市场价格;四是利用信贷、保险及财政支持政策,支持优质农产品基地建设,支持粮食、棉花等的收购、加工,发布收购指导价控制加工风险,保护市场的平稳有序运行,同时有关部门和各级协会适时发布供求信息,引导市场平稳运行。

第二节 农业产业安全的理论发展及影响因素

农业产业发展对一国经济社会发展而言,其重要性不言而喻。农业是国民经济发展的基础性产业,有效解决"三农"问题也是中国全面建成小康社会的重要任务之一。中国农业产业的健康发展对于中国实现农业产业安全及有效解决"三农"问题至关重要。

一、农业产业安全的理论发展

对于农业产业安全理论,大致有以下几种观点。

(一) 农业保护理论

在经济全球化发展的背景下,农业是一个弱势产业,对重点农产品相关产业进行一定程度的贸易保护,符合 WTO 农业规则,也是大部分发达国家的普遍做法。

1. 农业的弱质性理论

农业的弱质性理论认为,农业生产具有一定的特殊性,即具有经济再生产和自然再生产共同交织的特点。首先,农业面临较大的自然风险,一定程度上属于"靠天吃饭",农业产出数量与自然条件密切相关,因此具有偶然性和不确定性的特点;其次,农业的市场风险高。与其他产业相比,农业生产具有较长的生产周期,技术进步慢,比较收益低,无法根据市场的需求状况快速调节生产。因此,对农业实行支持与保护,是大部分发达国家的通行做法。

2. 农业多功能性理论

20 世纪 90 年代初,日本学者首先提出了农业多功能性的概念,指出农业的基本职能,是在保障农民利益的前提下,为国家提供粮食储备和生产原料。同时,农业还具备其他功能,如经济、文化、政治、社会和环境方面的功能。所以应该在根据具体国家和地区的不同情况具体分析的基础上,从经济、社会、环境和效益、成本等多方面加以综合性考量,从而保持农业和农村的健康可持续发展。首先,农业提供了基本的农业产品和生产的原材料;其次,农业还吸纳了大量的劳动力就业,为农民提供了收入;再次,农业产出具有一定的公共产品属性,农业生产活动提供了优美的乡村景观环境;最后,农耕文化的延续性也是一个国家农业遗产保护的重要内容。由此可见,农业多功能性的发挥,提高了一国整体的国民福利水平,这为一国实施农业保护提供了理论支撑。

(二)农产品需求弹性理论

需求弹性是经济学中的一个基础性概念,应用非常广泛,表示的是需求量对自变量的反应程度。需求弹性一般可以分为需求收入弹性、需求价格弹性和需求交叉弹性。其中需求价格弹性指的是其他条件不变时,产品的需求量对价格变动的反应程度,用公式表示就是需求量的变动率比上价格的变动率,即 $E = \Delta Q / \Delta P$,式中 E 为需求弹性系数。当 E 等于 0 时,表明完全没有弹性,需求量不随价格变动而变动;当 E 等于 1 时,表明具有单位弹性,需求量的变动与价格的变动是同步的,两者的变动幅度相同;当 E 大于 1 时,表明需求是富于弹性的,需求量的变动幅度大于价格的变动幅度;当 E 小于 1 大于 0 时,需求是缺乏弹性的,表明需求量的变动幅度小于价格的变动幅度。

商品需求价格弹性的大小,受到多种因素的共同影响。一是消费者对该商品的需求程度。对于生活必需品(如粮食、蔬菜等)来说,消费者的需求一般比较稳定,其需求的价格弹性小。对于非生活必需品或者奢侈品来说,其需求价格弹性就比较大。二是产品的可替代程度。如果一种产品具有较多的替代品,可替代程度大,则对该产品的需求就富于弹性,如果产品的替代品很少,则需求弹性就比较小。三是产品用途的广泛性程度。用途越广泛的产品的需求弹性越大,用途比较单一的产品的需求弹性较小。

一般认为,相对于非农产品而言,农产品(尤其是重点农产品)的需求表现为缺乏弹性,也就是说对价格的变动不敏感,即使价格发生了较大的变化,但重点农产品需求量的变动不大。正是由于重点农产品需求弹性低的特点,也导致了农业产业的弱质性。农产品的需求受到价格变动的影响较小,并不会随着农产品价格的上升使得需求量迅速减小,而是表现出较强的刚性。因此,应该对农产品的生产进行一定程度的保护和支持。

(三)比较优势理论与要素禀赋理论

比较优势理论和要素禀赋理论是传统国际贸易理论,它们都是倡导自由贸易的。比较优势理论认为,在自由贸易条件下,各国应该集中生产具有比较优势的产品,参与国际分工和贸易,这样能够发挥比较优势,获得自由贸易带来的好处。要素禀赋理论是在比较优势理论的基础上发展起来的,其认为两个国家贸易的基础在于一种商品在不同的国家或地区存在着价格的差异,而在技术相同的情况下,商品价格差异的原因在于不同国家或地区生产这种商品使用的生产要素的禀赋是不同的,有些国家资本丰裕,有些国家劳动力丰裕。要素禀赋的不同,使得各国之间要素的价格存在差异。因此劳动力丰裕的国家应该集中生产劳动密集型产品,而资本要素丰富的国家应该集中生产资本密集型产品,两国在此基础上进行国际分工和国际贸易,都能够获得贸易的好处。

尽管比较优势理论和要素禀赋理论都存在一定的缺陷,但其对传统贸易模式的解释能力仍然是非常强的,在当前中国的贸易实践中,仍然需要遵从比较优势理论和要素禀赋理论的基本规律。在中国,重点农产品的产业属于土地密集型产业,尽管中国国土面积辽阔,但人均耕地数量和水资源数量非常有限,远远低于世界平均水平。按照比较优势理论和要素禀赋理论,中国在重点农产品的生产方面缺乏比较优势,因此中国应该减少土地密集型产品的生产,增加资本密集型或劳动力密集型产品的生产。为了追求比较利益的实现,中国应该充分利用国际资源和国际市场,实现优势互补,大量进口重点农产品。

(四) 利用农业境外资源观

随着中国经济的发展以及全方位对外开放战略的实施,开展国际合作,充分利用境外农业资源,弥补国内供应的不充分,有着非常重要的战略意义。

总体上中国目前对于境外农业资源的利用仍然以直接进口为主,且大多数是从大型国际粮油跨国公司采购,具有一定的风险和不确定性(程国强,2014)。当前,中国通过农业对外直接投资方式利用境外农业资源还处于初级阶段。除此之外,企业走出去开展境外农业合作也是利用农业境外资源的重要方式。中国和非洲国家、中亚五国、印度等国家,可共建农业科技园区。以科技园区或者入驻企业为主体,推动农业产业链的上、中、下游企业进行产业集聚发展,产生辐射和引领示范效应。从中国农业企业"走出去"的情况看,东道国的政治与法律环境、文化环境、经济环境等存在的差异,是农业企业对外直接投资与开展农业合作的主要影响因素(李兆伟、强始学,2013)。因此,学者建议采取多样化的境外农业资源利用方式,规避投资风险(赵明正,2019),如灵活运用农产品进口、农业技术与资金的引进、农业境外资源开发、完善跨国产业链等方式,确保合作方式的自主性和稳定性。努力向产业链的上游与下游延伸,例如在种子、农药、化肥等领域取得自主权,在仓储、物流运输等领域加强投资,并且加快培育农业企业的自主品牌。通过购买或者租赁土地,建立农产品生产基地,最大程度确保农产品的产业安全。

（五）农业新产业安全观

在当前全球重大公共安全事件频繁发生的情况下,经济全球化发展也遭遇了挫折,很多国家和地区出现了贸易保护主义的重新抬头。中国是人口大国,对农产品的需求属于刚性需求,有可能会更多受到来自外部的冲击。中国农业也将面临更严峻的挑战和更多元的风险,这也要求我们重新审视中国农业的产业安全观。

传统上,中国遵从比较优势原则,应该充分利用国际市场资源,进口重点农产品,满足国内需求。但在国际市场面临巨大不确定性的背景下,农产品的国际贸易也将面临较大的风险(张露、罗必良,2020)。一是国际地缘政治局势的不稳定。尤其是 2018 年以来,中美贸易争端的爆发,农业成为两国贸易战和经贸谈判的重要砝码。按照 2020 年初中美达成的第一阶段协议,中国需要扩大自美国产品的采购数量,在 2017 年基数之上,两年时间内进口的制成品、能源产品、农产品和服务的增量不少于 2 000 亿美元。除此之外,国际地缘纷争不断,英国脱欧、美国社会的撕裂、中东局势的不稳定等,使得当前的国际政治格局发生剧烈的变动,国际贸易环境也更加复杂。二是 WTO 遭遇了重重困难,在贸易谈判方面 WTO 成立至今没有达成有实质意义的贸易协议,争端解决机构也已经陷入实质性瘫痪,基于规则的多边贸易体制遭遇到了重大的困难,这使得农业贸易自由化的发展受到了较大的影响。三是贸易保护主义在多国盛行。很多国家一方面增加了进口方面的限制和措施,另外一方面加强了对本国农业的支持与保护。中国农业产业链和供应链也将面临更多的外部不确定性,如何保障农业供应链和产业链的安全,不致产生断供的发生,成为很多学者和业界人士关心的问题。

当前中国农业的综合生产能力得到了进一步提高,但重点农产品供给方面仍然存在一定的短板,如大豆、食糖以及蛋白类饲料对国际市场进口的依赖程度仍然比较高。在经贸环境不确定性增加,以及中国农产品进口量呈逐年上升的背景下,应按照"突出重点、有保有放"的思路调整农业产业安全战略。在经济全球化的大背景下,农业产业安全必须重点考虑,能否保障农产品特别是重要农产品有效供给,保持一定的农业综合生产能力,能否获得稳定的进口来源,能否获得必要的定价话语权和产业链控制权。

二、农业产业安全的影响因素

农业产业安全的影响因素很多,这里着重从农业资源、农业产业市场状况、农产品进出口贸易三方面进行阐述。

（一）农业资源

由于地域分布的局限性以及农业产品的难以替代性,农业产业是一种典型的资源约束型产业。

1. 生产要素资源

（1）耕地资源。农业生产受地域条件的影响较大,受耕地资源越来越稀缺的限制,中国农业生产的优势正在逐渐丧失,农业生产的经济效益下降明显,导致很多重点农产品的种植面积近年有大幅度减少的趋势。总体来说,耕地资源供给紧张的状况将越来越突出。粮食、大豆、食糖、棉花等都属于大宗农产品,耕地资源是这些产品国内生产的基础。中国人多地少,耕地总量不足世界的 10%。根据《中国统计年鉴 2020》提供的数据,2017 年底全国耕地总面积为 134.9 万平方公里(20.235 亿亩)。随着农业产业结构调整以及城市化进程的加快,现有耕地数量还在不断减少。

（2）自然条件。这里的自然条件主要是气候因素及土壤条件,具体包括温度、光照、降水、自然灾害、土壤等(汪若海,2009)。农作物的生长、发育、产量及品质都受到气候及水资源的影响。就中国的自然条件而言,并不是所有的地区都适合发展农业生产。中国又是一个自然灾害频发的国家,各种水涝灾害、干旱、霜冻、病虫害等都会影响到农作物的产量及产品品质。

（3）劳动力资源。中国很多地区的农业生产属于小规模农业生产,机械使用率不高,无论是田间的管理、灌溉、除虫还是收获等环节,都是以人工劳动为主。大型农业机械除了在部分地区有一定的使用外,全国大部分地区都很难普及。随着中国大量农业劳动力向城市的转移,农业劳动力的成本也越来越高。而农作物的田间管理需要大量的人工,这导致很多传统的农业地区由于缺少人手而改种那些相对容易管理的作物。另外,劳动力成本的上升也推高了农产品的生产成本,使得农业生产的经济效益下降。

（4）技术进步。技术进步是农业产业发展的强大推动力。中国近年农业领域的科研投入持续增长,基因测序、功能性基因组、分子育种技术和转基因育种技术等得到快速发展。农业栽培管理技术也取得较大突破,如宽膜覆盖、膜下滴灌、机械化采收、化学调控、缓控释肥等栽培技术得到优化与推广。农业产业的技术进步促进了农作物的增产与农民收入的增加,也提高了农产品的品质。技术进步不仅能够提高农业经济效益,还可以在一定程度上改变种植的适应程度。大量先进的科研成果及技术的推广,大大提高了农作物的产量和经济收益。例如农膜的广泛使用提高了增温保墒的效应,使得一些热量欠缺及干旱的地区也可以获得较好的收成。推广耐旱、抗虫、耐盐碱等新品种,使得干旱及盐碱地区宜耕程度提高,有效降低生产成本,增加农作物产量。技术创新和技术进步提高了农产品的生产效率和单产,是当前中国农业发展的唯一出路。但当前中国农业科技储备不足,在一些关键领域(如种子),农业技术创新没有取得实质性进展,农业竞争力下降(毛树春,2002)。与此同时,农业污染问题面临的形势正变得越来越严峻,地膜、农药等带来的环境污染成为中国最重要的"面源污染"源(李晓春、王诗玥,2019)。中国粮食、棉花等种植的适度规模不够,农产品品质问题也比较突出,与先进国家的差距在拉大。进一步加大农业科研投入,提高农产品的投入产出收益,可以进一步提高农民的积极性,扩大种植面积。

2. 资源状况对农业产业安全的影响

中国的重点农产品如粮食、棉花、大豆、食糖等的生产,涉及全国大部分地区的农民及相关加工行业利益,这些产品更是国家的战略物资,重点农产品资源的安全状况影响到农业及相关行业的健康发展。重点农产品资源禀赋状况是影响农业产业安全的最基本的要素。重点农产品自给程度对于农业产业安全状况具有基础性的影响。重点农产品自给的内在含义是指一个国家的重点农产品供给能够保证国民需求的状况。一定时期内用来满足需求的重点农产品供给有两个来源,一个是从国外购进,一个是国内生产以及储备。当前中国重点农产品供求平衡状况正转化为较高程度地依赖进口的格局。影响重点农产品资源状况的国内因素包括耕地资源状况和农产品综合生产能力。国外因素就是国际农产品市场的可购入量。如果世界上主要的农产品生产大国供给非常丰裕且品质优良,价格相对稳定,在这种情况下,即使国内重点农产品的自给率比较低,但从国外购买的成本较低,农业的产业安全仍然是有保障的。

重点农产品资源状况的基本构成不仅包括自给状况,也包括储备状况。一般来说,储备得越多,农业产业也就越安全,但储备量也不能超出一定的限度。因为过高的储备不仅需要支付大量的储存成本,而且可能导致储备产品品质下降。大量收储和抛储都是政府对市场的干预,会严重扭曲市场价格。

除了资源状况对农业产业安全产生较大影响外,比较收益下降也是影响农业产业安全的新问题。农业比较收益是指农业与其他经济活动在成本收益方面的相互比较,是相同资源投入下获得收益的一种相对差异状况(刘建平,2001)。农产品收购价格与生产成本的比价、不同农产品之间的收益比价、生产成本与收入的比价等决定了农民种植的意愿。随着经济的发展、市场环境的变化以及农村经济结构的调整,中国农业的比较收益下降已经成为农业发展面临的新问题。近年来,随着农产品生产成本的上升、国家对粮食生产的扶持力度加大以及林果业的发展,棉花、大豆、食糖等农产品生产的比较效益逐渐下降。在当前农产品价格完全放开的大背景下,农产品国内价格与国际市场的联动性增强,进口量大,国家对其调控能力较小,市场风险大。农民的生产积极性有限,面积是产量的基础,种植面积的减少将直接影响到产品的生产。

目前,中国农业面临的主要问题有国内农产品供需和价格矛盾突出、劳动力等生产成本快速上涨、自主创新和品牌建设投入不足、行业转型升级困难大、农业比较收益下降,以及重点农产品大量进口,行业竞争力下降。从资源自身的情况来看,受到耕地资源限制及生产成本上升等因素的影响,中国重点农产品的生产能力会进一步降低,不能适应农产品消费需求稳定增长的现状。

(二) 重点农产品市场稳定状况

重点农产品市场的稳定状况是影响农业产业安全的重要因素。重点农产品市场稳定状况包括供需状况、市场价格状况、产业发展政策等。

1. 市场供需状况

保证重点农产品供求平衡是农业产业安全的基础,同时也是中国农业产业健康发展的关键。重点农产品供求保持基本平衡,供给必须满足国民经济发展和社会的需求。但是当前重点农产品市场的供需也存在一些问题:一方面部分农产品国内供给不足,而且国内产量一直不太稳定,年度之间的波动较大,近年受多种因素的影响,部分重点农产品种植面积出现较大幅度的下滑,重点农产品的国内供给可能会进一步减少;另一方面,重点农产品需求保持基本稳定且有一定的增长,国内对粮食、大豆、棉花、食糖的需求持续增长。农产品国内的生产不仅在数量上不能满足需求,在产品品质方面也由于品质差异大,不能满足国内农产品加工行业的要求。重点农产品市场供需状况的稳定程度是衡量农业产业安全的重要方面,如果市场供需出现大的波动,将影响到整个农业产业链,进而影响整个农业产业的安全。

(1) 粮食供需状况。三大主粮中,小麦和稻谷是国内的基本口粮,玉米主要是作为饲料用粮及作为食品加工业的原材料。总的来说,中国粮食消费中,玉米的消费量最大,稻谷居第二位,小麦排在最后。近年随着居民食品消费结构的升级,对高蛋白食品的消费需求快速增长,从而带来养殖业、食品工业的高速发展,玉米作为国内最重要的饲料用粮和工业原材料

（如生物质燃料的发展），消费量不断增加，2020年在三大主粮消费中，玉米的占比达到50%。稻谷一直都是中国口粮消费中最重要的品种，稻谷的消费比重高于小麦，到2020年稻谷消费量占三大主粮总消费量的比重达到了26%。小麦在中国三大主粮消费中的比重占到24%左右。鉴于中国多年实施的对粮食的保护价收购政策，国内粮食生产保持了稳定的增长，而需求则相对稳定，粮食供需出现了供大于求的状况，这也直接导致了中国粮食库存维持在一个比较高的水平。

（2）大豆供需状况。当前大豆作为粮食作物的属性更多地被经济作物的属性替代了。大豆在中国的主要用途是油料及植物蛋白产品，豆油是中国第一大食用油，约占国内植物油消费的40%，豆粕也是养殖业重要的饲料来源。国家统计局的数据显示，近年中国大豆产量在1 000万吨到1 500万吨之间，只有少部分的国产大豆用于榨油，绝大部分国产大豆是用于制作豆制品（包括生产豆腐、豆芽）以及营养品（豆奶粉）等，中国榨油用和制作动物饲料（豆粕）的大豆原料大部分从国外进口。国产大豆在数量及品质方面远远不能满足大豆需求的快速增长，导致在大豆供需方面出现严重依赖国际市场的状况。

（3）棉花供需状况。棉花的主要用途是作为纺织工业的原材料，因此棉花需求的大小主要由纺织工业需求量的大小决定。由于中国棉纺织业的外向程度较高，棉纺织品的销售严重依赖国际市场，因此棉纺织业的发展同时又受到国内外宏观经济环境的影响，国际需求也就成为影响中国棉纺织工业发展的重要因素。具体来说，棉花的需求受到国内棉纺织品需求和国际棉纺织品需求的影响。国内方面，棉纺织工业在中国国民经济中占有重要地位，人民生活水平的提高扩大了对棉纺织品的消费需求，进而带动棉纺织业保持了健康、稳定、快速的发展。人均纤维消费量是衡量一个国家或地区纺织品服装消费水平的重要指标。近年来，中国人均纤维消费量增长较快，已经超过了世界平均水平，但中国与发达国家的差距还是很大。另外，中国地区间发展不均衡，中西部地区的人均纤维消费水平较低。随着中国城市化进程的深入，以及纺织品服装等的消费升级，对棉纺织品的需求将保持比较稳定的增速。一方面，城市化将释放乡镇和农村居民的消费需求，进一步扩大棉纺织品的市场容量；另一方面，居民收入水平的提高，也会大幅提升对棉纺织品的消费能力，推动消费升级。消费者需求偏好的改变也会对棉纺织品的需求产生影响。当前随着居民总体收入水平的提高，人们更加偏好健康、环保的天然纤维，棉花在消费者生活中仍然保持着绝对的优势。2011年以来，全球纺织业整体上处于复苏态势，各棉花需求大国对棉花的需求都在提升,从而整体上提振了进口棉市场。中国又连续三年实行棉花大量收储,影响到了国际市场的棉花供给。当前,在内需增长有限、外贸需求进一步萎缩的压力下,部分棉纺织企业出现经营困难,部分企业出现亏损、减产、限产,行业整体面临较严峻的形势,棉花消费量呈持续下滑态势。尽管如此,中国棉纺织行业的产能非常大,国产棉无论在数量方面还是在质量方面都不能满足棉纺织行业的需求,只能通过进口弥补国内庞大的棉纺织加工产能的需求。

(4) 食糖供需状况。中国食糖的消费以食品用糖为主,2001 年以后工业用糖的总量开始增加。根据中国糖业协会的数据,中国食糖消费主要用于民用消费和工业消费,其中,民用消费占比为 41%,工业消费占比为 59%。食糖的工业消费主要分布在饮料、食品加工等行业。中国的食糖消费水平非常低,人均年消费量只有 1.3 千克[①],可以说中国是世界人均食糖消费量最少的国家之一,人均食糖消费水平远远低于全球平均。从这个角度可以说中国的食糖消费还有很大的上升空间。近年来政府开始对人工甜味剂的使用进行严格控制,中国食糖消费量将有一个比较大的增长。与棉花的供需状况比较类似,国产食糖无论在数量方面还是在品质方面,都不能满足食糖的国内需求的增长,因此需要进口食糖来保证市场的供应。

2. 重点农产品价格的稳定程度

价格是农产品市场稳定程度的重要方面。完善的农产品价格形成机制和合理的价格水平有利于中国农业产业的健康发展,也有利于调节重点农产品的市场供给和需求。目前,中国农产品市场价格形成机制的现状主要表现在以下几方面。

(1) 内外价格的联动性进一步增强。国际农产品价格受到全球经济形势的影响,全球供需情况的变动对农产品价格的波动起到基础性的作用。同时,随着全球流动性的增强,以及大宗农产品期货市场和现货市场的快速发展,国际农产品金融化的趋势也越发明显。同时,随着中国农产品贸易规模的扩大,国际农产品价格变动对国内市场的冲击也进一步加大,国内外农产品价格的变化趋势表现为高度一致,农产品内外价格的联动性进一步增强(郑燕、丁存振,2019)。产生这种价格联动效应的主要原因是国际贸易,除此之外,国际期货市场也是一个重要的传递渠道,再通过期货市场影响现货市场(丁守海,2009)。进入 21 世纪以来,国际农产品价

---

① 数据来源于《中国统计年鉴 2020》。

格一直处于不稳定状态,价格波动比较剧烈。粮食、大豆、棉花等重点农产品的进口直接受到国际市场价格的影响,通常来说国际市场价格上升会导致进口量的下降,因此该因素对农产品进口有反方向作用。2008年以来受各种因素的影响,国际粮食、大豆、棉花、食糖等农产品的价格出现较大程度上涨。中国作为重点农产品的进口大国,国际农产品价格的大起大落直接对国内的农产品市场造成较大的冲击,尤其是对处在农业产业链条两端的农民和加工企业影响巨大。

(2)重点农产品价格的形成受政策性因素的影响。中国重点农产品价格的形成仍然受到政策性因素的影响,面对农产品价格的大起大落,国家频繁出台调控措施希望平稳价格,但这些政策的实施也使得重点农产品价格偏离市场,并导致农产品贸易出现严重的异常。如2011年以来中国棉花以及食糖的大量进口并非完全是供求关系变动导致的,而是国内外棉花、食糖价格的巨大价格差导致,棉花和食糖的大量进口也导致了大量积压和巨大的库存。

3. 重点农产品产业政策

(1)国内支持政策。国家的农业支持可以采取多种方式,主要是在国内生产和流通领域采取一系列直接或间接措施,支持本国农业产业发展,提高农产品竞争力,促进农民增收,实现城乡统筹协调发展。如农业基础设施建设、价格支持、收入支持、金融支持等。国内支持政策的实施可以实现增产、增收、增效的目标,从而带动农民生产的积极性,扩大种植面积。鉴于中国重点农产品的战略性地位,中国政府一直以来对重点农产品实施了一系列支持与保护政策,目的是稳定农产品生产,鼓励农民发展粮食及棉花生产,提高农民的收入,使重点农产品国内供应保持在一定的水平。如为了稳定棉花市场,避免棉花价格的大起大落,政府曾经连续三年实施临时收储,使国内棉花的销售价格维持在较高水平。这也直接导致了国内外棉花价格的较大价格差。因此当2014年国家取消临时收储政策后,国内棉花价格出现大幅度下跌。因此,国内外大部分专家认为,农业产业政策的实施不宜对价格进行直接干预,而应更多地遵循市场规律,把对重点农产品的价格支持转到对农民的直接收入支持,不对市场造成过大的扭曲。从而更好地发挥宏观调控作用,使农产品市场的运行更加平稳,使各涉农主体对农产品市场的发展趋势有一个明确的预期,提前作出研判,规避市场波动风险。

(2)重点农产品进口管理政策。中国"入世"后,对粮食、棉花、食糖等重点农产品进口实行关税配额管理。粮食、棉花进口关税配额量为:小麦

963.6万吨,国营贸易比例90%;玉米720万吨,国营贸易比例60%;稻谷532万吨,国营贸易比例50%;棉花89.4万吨,国营贸易比例33%。食糖进口关税配额总量为194.5万吨。从2005年开始,为了满足国内纺织工业对棉花需求的增长,对棉花进口实行滑准关税制度,对一定数量的关税配额外进口的棉花,按"关税配额外暂定优惠关税税率"征收进口关税。2017—2020年中国对食糖进口实施了为期3年的保障措施(第一年进口食糖关税税率为45%,第二年为40%,第三年为35%)。保障措施的实施使得食糖进口出现较大幅度下滑,保护了国内食糖产业的发展。受国内支持政策以及关税配额管理的影响,重点农产品国内市场价格普遍高于国际市场价格,重点农产品进口的成本优势非常明显,因此国家每年发放的配额就成为关注热点。

(三) 重点农产品的进口

受限于中国耕地资源的有限,因此很多农产品只有依赖进口才能满足需求。重点农产品进口对产业安全的影响是什么、影响程度如何,理论上不容易判断,进口到底是保障了农产品产业安全还是损害了农业产业安全,主要取决于供求关系能否保持动态平衡,以及中国重点农产品的生产是否具有一定的综合生产能力。

1. 国内消费对进口的依赖程度

中国大部分的农业生产处于分散状态,受到品种差异、收获环节及存放过程中不可控因素的存在,使得中国农产品整体质量差异较大。在农产品加工环节,由于目前加工企业数量众多,但整体规模偏小,设备老化,也影响了整体加工质量。因此国际市场上粮食、大豆、棉花、食糖等农产品就拥有品质与价格两方面的优势。

在当前经济全球化背景下,融入全球产业链,发挥比较优势,是中国农业发展的必然选择。当前中国重点农产品出现大进大出的贸易格局,农产品进口量增大,同时纺织品服装出口多。这种贸易格局是中国全面融入世界经济,充分发挥比较优势的结果,无论是重点农产品的进口,还是棉纺织品的出口,都可以获得较多的贸易利益,实现双赢或多赢的结果。

中国已经是全球最大的大豆及棉花进口国,棉花进口量占到棉花国际贸易量的40%左右,大豆进口量占到全球大豆贸易量的60%左右,重点农产品的进口依存度也在开始上升。世界大豆、粮食、棉花及食糖生产的集中度都比较高。而在农产品出口大国中,部分国家基于对本国特定产业发展及农业产业安全的考虑,会限制农产品的大量出口。如印度、巴基斯坦、巴西等由于本国棉纺织业迅速发展增加了对棉花的需求,因此棉花出口受到一定的限制。如果中国重点农产品大量进口完全依赖于美国、澳大利亚、印度、巴西等出口大国,势必加大对进口的依赖程度,有时可能引发国际农产品价格的大幅度波动。这样一方面会使中国的相关产业受制于国际市场,不利于国家的经济安全与健康发展,另一方面农产品价格的大幅度波动也会危害到国内相关行业的有序发展。

2. 进口的稳定性

保障农业产业安全必须充分利用国际资源,因此减少进口波动,保持适当的进口依存度,开发多元化的进口来源市场,保持重点农产品进口贸易的相对稳定,对农业产业安全至关重要。重点农产品大量进口会冲击国内生产,如果国际农产品出口大国凭借垄断地位大幅度抬高出口价格,就会增加国内相关行业的产品生产成本,削弱该产品的产业竞争力,从而对产业安全造成影响。但重点农产品出口大国大幅度压低出口价格,则会对中国农民的收益带来大的损失。

这就要求尽量使重点农产品的进口量控制在一个较为合理的水平上,尽量降低进口的成本,不要出现大幅度的增长或下降。这是由于中国是全球最大的大豆及棉花进口国,进口的剧烈波动势必影响国际大宗农产品的供求,从而对重点农产品价格造成直接的影响,使国际市场出现较大的波动,最终影响中国农业产业安全。

世界粮食的主要生产国为美国、澳大利亚、加拿大、巴西等国家。根据联合国粮农组织的数据,世界谷物的单产在不断提高。在全球总体耕地数量非常有限的情况下,技术的进步和单产的提高,保障了全球粮食总产量的增长。当前全球棉花生产非常集中,主要产棉国分别为印度、中国、美国、巴西、巴基斯坦、澳大利亚、乌兹别克斯坦。印度、中国、美国的棉花产量合计占全球产量 60% 以上。世界大豆的主要生产国家分别是巴西、美国、阿根廷、印度以及中国等国家。五个国家的大豆产量之和占到全球大豆总产量的 90%。全球食糖产量排名前十位的国家(地区)包括巴西、印度、中国、澳大利亚、欧盟、美国、墨西哥、泰国、菲律宾、古巴,这些国家的食糖产量占全球总产量的 70% 以上(USDA,2020)。当前,国际食糖出口集中在少数几个国家(巴西、泰国、澳大利亚、印度、墨西哥、南非)。

第三节　重点农产品进口增长影响农业产业安全的机理

本节将从理论上探讨重点农产品进口增长的具体影响,包括对农业生产的影响,对消费的影响及对农产品市场的影响,从而分析进口增长对产业安全的效应。

一、重点农产品进口对生产的影响

重点农产品进口对农产品生产的影响是直接的,一方面会影响农产品生产的数量和质量,另一方面影响农产品生产的结构。

(一)大量进口对农业生产带来冲击

从理论上分析,由于产品的替代效应,重点农产品大量进口会冲击国内市场,部分替代国内生产,使得国内生产减少。随着进口的增加,重点农产品面临自给率下降与农业生产利润率降低双重风险。尤其是中国进口量较大的大豆、食糖、棉花等产品,近年农业生产利润一直处于较低水平。国内生产成本一直居高不下,而这些产品的国内市场价格由于与国际市场价格逐步接轨,因此国内生产净利润较低甚至长期为负。

喻佳节、司伟(2020)的研究发现,中国与美国大豆生产成本存在较大差距(中国大豆生产成本比美国高约 35.89%),在人工成本、土地成本方面,中国显著高于美国,且成本差距逐渐增大。尤其是 2010 年以来,中国的人工与土地成本出现了快速增长(中国人工成本约为美国的 10 倍以上,土地成本约为美国的 1.37 倍),导致中国的大豆生产成本远远高于美国的大豆生产成本。李锋(2019)根据《全国农产品成本收益资料汇编 2018》的数据,计算发现,中国棉花的单位产量成本为美国的 1.7 倍,尤其是人工费用和土地成本显著高于美国。

由于中国重点农产品在生产方面不具有成本优势,但这些农产品的生产又具有重要的基础性地位,中国对重点农产品进口进行了数量限制(大豆除外)。事实上,"入世"以来,中国重点农产品进口出现了较快的增长,但中国重点农产品的国内生产并没有出现下降,反而出现了一定的增长。主要原因是虽然大量进口了大豆、棉花、食糖等农产品,但这些产品的国内需求保持了更快的增长,"入世"开放对于农产品来说是一种双赢的局面,进口总量虽然较高,但相对于国内庞大的生产来说仍然占比很小,重点农产品保持了较高的自给率。除了大豆之外,并未出现进口量的持续激增。

(二)促进农业生产结构的优化与调整

中国水资源分布地区之间不均衡的局面非常突出,劳动供给短缺、劳动力价格上涨等问题也进一步要求中国重点农产品生产结构的优化与调整。重点农产品进口量的增加,对国内农产品供求产生了一定的影响,这也进一步促进了中国农产品种植结构的优化与调整,这种调整包括产品的生产向优势区域逐步集中,落后产能逐步退出等。如中国棉花近年也在持续进行区域的调整与结构的调整,新疆成为中国最大的产棉区,黄河流域棉区和长江流域棉区的棉花种植缩减。玉米临储价格退出以后,很多地区也调整了玉米的种植结构,改种其他农作物,或者进行品种优化,发展青储玉米以及鲜食玉米,这也带来了农田的增效与农民收入的提高。

(三)影响农业价值链

重点农产品作为加工业的原材料,大量进口将会影响到种植业及农产品加工业的发展。由于国内生产缺乏成本优势,大量进口会进一步影响到农产品的国内流通,国内市场受到挤压,导致库存加大。中国近年出现的粮食、棉花等农产品的超高库存,也进一步说明了这个问题。以玉米为例,由于玉米产量和库存一直保持在较高水平,中国当前基本不存在短缺性玉米进口,国内玉米价格高出国际市场价格,是玉米进口的主要驱动因素(朱满德等,2018)。玉米作为重要的饲料粮品种,其进口量及价格会波及下游的养殖行业的成本。棉花进口也面临类似的问题,以 Cotlook A 指数(相当于国内 3128B 级棉花)为例,2021 年 5 月 Cotlook A 指数价格折合人民币 13 033 元/吨,每吨比中国棉花价格指数(CC Index)3128B 级低 2 927元。由于进口棉花在品质与成本方面有一定的优势,尽管目前棉花库存维持在非常高的水平,但中国仍然进口了大量棉花。棉花的产业链相对比较长,其作为重要的纺织原材料,在中国棉纺织品生产中占有基础性地位,中国棉花的生产、流通、进口等对纺织行业的可持续发展影响巨大。

二、重点农产品进口对消费的影响

(一)影响农产品的消费结构

随着国际上垂直专业化分工程度的加深,以及中国实施全方位对外开放,国际市场对中国居民消费的影响也越来越大。产品进口通过价格的传递效应,会对消费产生较大的影响(文俊,2019)。进口的扩大与国际农产品价格的波动,在供给侧和需求侧都会对中国市场带来深刻的影响。资源品的进口情况下,如果进口品价格上升,会带来产品生产成本的上升,从而导致国内物价水平的提升;消费品的进口会带来消费者需求结构的变化,产生需求升级效应,并传导到国内的居民消费价格,从而带来国内物价水平的变化;中间品的进口影响则具有不确定性(魏浩、赵田园,2019)。

由于中国对棉花、粮食、食糖的进口实施关税配额控制,所以近年中国这些产品的进口基本都控制在一定的水平之下,对国内市场消费的影响保持一定范围之内。但为了满足国内市场的需求,棉花很多年度的进口突破了配额,并对配额以外的棉花进口使用滑准税进行调节,部分年份出现了棉花进口的大幅度增加,并且使得进口棉花价格与国内价格之间出现较大的价格差,从而影响到纺织行业的用棉需求数量与需求结构。食糖市场的情况与棉花类似。大豆进口完全放开以后,大量低价大豆快速涌入中国市场,使得国产大豆的市场份额被严重压缩。尤其是在食用油加工领域,进口大豆占据了几乎全部的市场份额。国产大豆则大部分应用于食品加工等领域。

(二)有利于扩大消费,增加消费者的福利

在中国近年居民消费结构持续改善的大背景下,重点农产品进口的增加,是为了实现新的农业产业安全战略目标,充分利用国际市场资源所作的必要调整。一方面满足了国内居民的消费需求,促进了居民消费结构的优化;另一方面也提高了在大宗农产品国际贸易市场上的话语权。如中国在粮食需求结构方面正在发生一定的变化,口粮需求呈现逐步下降趋势,但饲料用粮、工业用粮的需求在稳定上升。因此在粮食进口方面,玉米作为饲料用粮和工业用粮的进口近年出现了持续的增长。

中国未来人口结构的变化也会对未来农产品需求产生重大影响。人口老龄化、新增人口速度放缓、城镇化水平进一步提高等趋势,使得肉类、奶制品、粮食等的消费结构发生比较大的变化。农产品进口的增加,有利于扩大消费需求,优化农产品消费结构,降低优质农产品的价格成本,增加消费者的福利。中国正在实施主动扩大进口的贸易政策,从微观上来说,满足了消费者更多的个性化和多样化的需求,在扩大内需、促进消费、提升消费层级上发挥了较大作用,而且国内消费也成为推动中国经济增长的重要动力。

(三)保障农产品供应,更好满足消费需求

按照西方经济学的供求理论,供给曲线和需求曲线的交点决定了商品的均衡价格。如果价格不发生变化,在生产侧的变动,如生产成本的降低、生产技术的提高等会导致供给曲线的位置向右方移动。另外相关商品价格的变动以及生产者对未来的预期发生变化的情况下,也会导致供给曲线位置发生变动。供给曲线位置发生变动以后,均衡价格随之也会发生变化。如果某些情况下供给减少,则均衡价格会上升。在开放的市场环境下,一国供给出现缺口,国内价格大幅度上升时,则产品进口就会增加从而使得国内外市场价格保持大致一致。但是当一国采用贸易保护措施阻止进口或者减少进口的数量时,会导致国内市场价格高于国际市场价格。

除此之外,边际报酬递减现象的存在,使得在现代农业生产条件下,某

种生产要素的投入不可能无限制增加,也就是说,农业要素(如土地、技术等)的投入是有边界的,依靠要素投入不可能无限制地使产量提高。在中国农业资源总量非常有限的前提下,农业生产能力也不可能无限制提高。所以当产品无法满足消费需求时,只能依赖进口。或者农业边际报酬递减规律使得农业资源的不断投入,所带来的产出增加量会逐渐减少,这与进口产生的效应相比要更加不经济。

三、重点农产品进口对市场的影响

(一)重点农产品进口贸易中的"大国效应"

由于在国际贸易中所占份额较高,中国经常被认为是一个"贸易大国"。在西方经济学理论中,如果市场是一个完全竞争的市场,则所有的市场参与者都是价格的接受者。但完全竞争市场几乎是不存在的,市场中有一些参与者,其参与数量在市场中占据较大的份额,那么其买卖行为就会对国际市场价格产生比较大的影响,这种现象被称为"大国效应"。在国际贸易中,"大国效应"反映了"大国"对于某种商品的国际市场价格的影响力。大国进口与大国出口所产生的效应是不同的。

进口贸易中的"大国效应"表现为,一国的进口规模非常大,甚至形成买方垄断,从而对该商品的国际市场价格产生影响。在农产品贸易领域,农产品短期供给通常是固定不变的,"大国"突然加大进口必然造成该种农产品市场供应的短缺,从而使得国际市场价格上涨。大国的进口量与商品国际市场价格之间呈现正相关关系。这对于"进口大国"是非常不利的,由此造成的结果就是,只要大国集中进口某些商品,这些商品的价格就会上涨,导致大国在进口贸易中付出更多的成本。出口贸易中的"大国效应"的表现则与此相反。

中国由于人口众多,市场需求规模巨大,拥有一定的市场需求规模优势。然而当中国在某种商品国际市场上的进口所占市场份额比较高时,那么中国的进口可能会影响到该商品的国际市场价格。进口大国对国际市场商品价格的影响可能有两种情况:第一种情况是贸易大国能够操控国际市场价格,其大量进口不仅不会导致国际市场价格的上涨,相反贸易大国利用价格操控能力,会导致国际市场该种商品的价格出现下降;第二种情况是因为某些进口大国在国际市场上不具价格操控能力,处于劣势,这时进口大国的商品大量进口会抬高国际市场价格。由此可见"大国效应"是不确定的,对于进口大国来说,"大国效应"导致的结果是不同的,处于贸易劣势的国家,会因为"大国效应"的存在,在进口中处于不利的地位。

1994年美国学者莱斯特·布朗(Lester Brown)发表文章《谁来养活中国》,他认为中国粮食缺口的加大,使中国必然要从国际市场大量采购粮食,这会导致世界粮食价格大幅上涨。这篇文章导致人们对"大国效应"产生了广泛关注。由于进口贸易中存在的"大国效应",将使该商品的国际市场价格上涨,而当该商品的国际市场价格上涨到一定程度时,在供求规律的作用下,该商品的国内外供给会进一步增加,该国对该商品的进口需求也会减少,这将会在下一阶段使国际市场价格降低。也就是说,进口大国的进口量会较大程度地影响该商品的国际市场价格。

李炳坤(2002)的定性研究也发现,中国在粮食进口中存在"大国效应",即使少量进口也会引起国际粮食价格上涨,这反过来又会在一定程度上抑制进口。李晓钟、张小蒂(2004)对此问题进行了实证检验,发现粮食进口贸易中的"大国效应"有一定条件,即只有当一国某商品的进口量占世界贸易总量的比重较大时,其才对国际市场价格产生较大的影响。中国大量进口粮食导致国际市场粮食价格上涨,中国在粮食进口贸易中存在"大国效应"(马述忠、王军,2012;何数全、高旻,2014)。目前中国粮食进口依存度较低,粮食进口尚有较大的上升空间。鉴于中国大豆、食糖、棉花等农产品进口在世界贸易中所占的份额较大,因此在这些农产品进口中的"大国效应"也是明显存在的。中国重点农产品进口量尽管在国际市场上占据了较大的市场份额,但经常是国际市场价格的接受者,中国在重点农产品进口贸易中并没有获得定价权(赵峰、宋学锋、张杰,2020)。

（二）进口依赖程度过高增加更多的不确定性

当前国际贸易中的物流成本在不断降低,农产品贸易的壁垒也呈现减少趋势,重点农产品的国际贸易量也在不断提升。随着更多的农产品进入国际市场进行交易,是不是就认为国际市场的可依赖程度在上升呢?答案可能是否定的。以粮食为例,如果口粮完全依赖进口供给,那么受国际市场的牵制会加大,风险会进一步提高,会出现更多的供给的不确定性。如果未来国内居民消费需求增加,供需缺口加大,而国际市场的生产及贸易政策又面临不稳定的情况下,会进一步加剧国内供应紧张的局面。一般情况下认为,重点农产品需要保持一定的自给率,尤其是粮食的自给率不能太低。另外进口市场集中度不宜过高,过高的进口市场集中度是一把双刃剑,虽然可以发挥规模经济效应,降低进口成本,但同时也说明容易受制于单一市场,对农业产业安全产生不利影响。

（三）中国在国际大宗农产品价格形成中缺少话语权

虽然中国是重点农产品进口大国,按照理论分析,中国的农产品进口会较大程度地影响世界价格,因此中国在一定程度上是有能力影响农产品价格走势的。但由于各种原因,实际上中国在国际重点农产品价格形成中的话语权并不是太大。重点农产品属于大宗商品,其交易属于大宗商品的交易,由于这些产品的产地集中于美国、印度、加拿大、巴西、澳大利亚等少数国家。当前在大宗商品市场形成了成熟的现货交易市场和期货交易市场。现货交易中心往往设在农产品的主要产地,期货交易中心往往设在大的国际金融中心,如美国纽约、芝加哥,英国伦敦等。在某些具体交易品种上,美国、巴西、澳大利亚等少数国家形成了事实上的卖方垄断,在国际政治因素与期货市场投机的双重影响下,国际市场重点农产品价格并非完全由供求规律主导。传统的价格理论并不能完全解释农产品的价格形成。国际重点农产品市场经常处于不完全竞争甚至寡头垄断状态,信息不对称,且交易成本较高。在这种局面下,主要农产品出口国的部分强势企业就可以通过某种途径,影响甚至左右农产品的国际市场价格,由此获得了更多的贸易利益,从而获得高额利润。

在不完全竞争或者垄断市场上,可以运用博弈理论来解释重点农产品价格的决定。即当国际市场上供大于求时,重点农产品消费者可以在价格谈判中占据有利地位,就会形成有利于消费者的价格,价格会下降。反之当国际市场上重点农产品供小于求时,生产者可以在价格谈判中占据有利地位,就会形成有利于生产者的价格,价格会上升。因此可以说大宗商品国际定价权的实质是谈判权,在重点农产品价格谈判中,买方集团势力大小、卖方集团势力大小、进出口来源地、储备量、垄断程度等都在一定程度上影响重点农产品最终的价格形成。

在重点农产品进口贸易中,中国进口商总体上规模不是太大且比较分散,有些进口商对国际贸易惯例和规则缺乏足够把握,在国际市场中非常被动,无法形成合力,从而缺失了国际定价权。另外,重点农产品的价格形成中期货市场发挥了重要作用,但目前中国农产品期货市场还不成熟,生产及贸易商以及农产品加工企业利用期货市场进行套期保值、规避价格波动风险的做法也非常有限。除此之外,主要的农产品出口国利用定价中心来主导重点农产品的定价权,它们能够充分利用自己的优势,利用期货市场,影响农产品的价格。目前中国重点农产品的进口依存度处于较高水平,中国对国际农产品的需求强劲,使得各种国际投机"炒家"有利可图,他们利用国际期货市场影响农产品价格走向,使得中国农产品进口出现较大的不确定性。

中国虽然是农产品的生产及进口大国,但中国并没有依靠自己的买方垄断地位,获得大宗农产品的定价权。以美国为首的发达国家,依靠完善的市场经济体制、成熟的国际资本市场和数量众多的实力雄厚的大型跨国公司,掌握了大宗农产品的国际定价权。国际大宗农产品的价格主要形成于成熟的期货市场,我国期货市场形成时间比较晚,发展不健全。在大宗农产品市场中,大的跨国公司掌握了贸易的主动权,处于垄断地位。如国际四大跨国粮商 ADM、美国嘉吉、美国邦吉、法国路易达孚,基本垄断了全球 70% 以上的粮食贸易资源,其依靠在全球建立储备体系和营销网络,大量收购或参股东道国粮食企业,垄断了粮食、大豆、棉花货源,从事农产品的深加工及贸易,获得强大的市场势力。也获得了大宗农产品的国际定价权。中国农产品加工及贸易企业大多成立时间晚,发展不充分,规模偏小。虽然近年也出现了一批有国际影响力的大型涉农跨国企业,但由于进入国际市场经验不足,目前还难以拥有较强的国际议价能力。

四、大量进口对农业产业安全带来的可能冲击

(一) 大量进口对产业生存与发展的外部环境的影响

大量进口对产业安全的冲击,一般是通过影响产业生存与发展的外部环境造成的。这里主要从市场竞争程度和市场容量这两个方面,从理论上分析进口造成的影响。

首先,产业的国内良性竞争有利于一国产业充分利用生产要素,降低生产成本,重视技术创新,从而拓展生存和发展的空间。充分有效的竞争是形成产业竞争力的重要基础。但是如果出现大量进口,由于进口产品在生产要素禀赋方面的绝对优势,在价格和品质方面可能均优于国产品。国内生产完全不能和进口农产品抗衡,在优胜劣汰的规则下,就会对本土产业造成较大冲击。近些年,进口农产品价格的波动幅度一直处在较高水平。中国是农产品进口大国,进口价格的波动直接影响到中国农产品市场的稳定,威胁中国农业产业安全。国际农产品价格的波动,主要是由世界农产品市场的供求关系决定的。一方面,主要的农产品出口国或地区的农产品生产可能会因自然灾害或经济周期等外部客观因素的影响出现较大幅度波动。另一方面,世界上主要的农产品进口国或地区的需求长期比较旺盛。

其次,当国内重点农产品生产不能满足现有需求时,需要通过进口来弥补国内供需缺口。大量进口提高了进口依赖程度,还有可能大量占据国内市场份额,挤占国内产业生存的空间,使得本土产品的市场份额降低,企业大量倒闭,相关从业者收入降低,影响其继续生产的积极性,从业者甚至

会完全退出市场。进而产业逐渐由外国厂商控制或支配,最终不利于农业产业的独立自主地位,威胁到产业安全。关注农业产业安全保障,并不排除我们参与国际分工,利用国际市场获取比较利益。更好地融入国际市场、利用国际市场可进一步增强抗击市场波动的能力,保持国内市场的供需稳定。

(二) 进口波动对国际价格产生较大影响

中国作为全球最主要的农产品进口国,进口量的波动也会对国际价格产生较大的影响。当进口量大幅度上升时,国际市场总需求量会在一定程度上大幅度增加,短时期内,国际市场的供需不平衡最终会抬高国际农产品价格;反之,当进口量大幅度下降时,又会使得国际市场出现供过于求的现象,国际农产品价格会呈现下降的趋势。中国进口量大幅度波动牵制着国际农产品价格的波动,即进口农产品价格的波动,进而又会扩大国内农产品价格的波动。而在这一价格波动过程中,最终的受害方是本国,使得中国在进口贸易中可能存在一定程度的贵买贱卖现象,即高价进口、低价出口的现象。在国际农产品价格较低时,进口较少甚至处于出口国地位,而在价格较高时进口量却明显增高。根据相关学者研究,中国粮食进口贸易的贱卖贵买现象与国内的流通垄断和价格管制体制存在内在联系,改变传统的农业改革思路,成功地进行粮食流通市场化改革,是解决粮食贸易贵买贱卖问题的重要途径(卢锋,2002)。

国际农产品价格的波动对国内市场价格起着传导作用。当国际价格发生较大幅度的波动时,随即会带动国内价格的大幅度波动,进而会影响国内农产品的生产和消费。当国内价格上升时,会促进农产品生产者的积极性,但会在一定程度上抑制消费;相反,当农产品价格下跌时,生产会减少,消费会增长。因此,进口农产品价格波动通过影响国内生产和消费这一途径来影响中国农业产业安全。

第三章　全球重点农产品供需格局分析

要对中国重点农产品进口增长的原因进行分析,首先必须了解全球重点农产品供需关系及其变化趋势,对全球重点农产品的供给、需求、进出口、库存等基本情况进行客观分析。其次需要分析中国重点农产品供需平衡的状况,分析三大主粮——小麦、玉米和稻谷的国内生产和需求的变动,分析大豆、棉花和食糖的国内生产和需求的变动,从而科学、准确地评价中国重点农产品供需平衡的现状。

第一节　全球粮食供需格局分析

由于全球经济状况、贸易格局和各国气候的变化,全球粮食的生产和消费之间的平衡关系会发生较大的变化,有时出现产大于需,有时出现需求大于供给。尽管各主要产粮国家的种植面积和总产量会出现一定的波动,但总体上全球粮食的生产呈上升趋势。这里对全球粮食的供需格局及其变化作出系统分析,以期理解影响中国粮食进口的国际背景。本章重点探讨全球小麦、玉米和稻谷的生产状况及发展趋势、需求状况及发展趋势、库存的变化、价格的波动等。

一、全球粮食总产量及单位产量的变动

(一) 总产量

全球粮食生产能力决定一国能否购买到一定量的粮食。根据联合国粮农组织的数据,图 3-1 为 1995 年以来玉米、稻谷和小麦的全球总产量的变化。

可以从中看出,1995—2019 年,全球玉米、稻谷和小麦的产量总体保持了相对平稳的增长。其中,玉米的产量增长速度最快,从 1995 年的51 729 万吨,增长到 2019 年的 114 849 万吨。稻谷和小麦的增长趋势以及

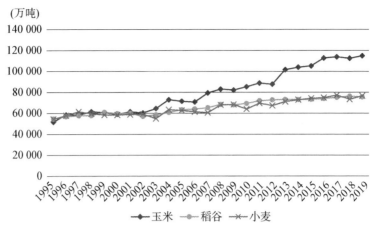

图 3-1　1995 年以来玉米、稻谷和小麦的全球总产量的变化
数据来源:联合国粮农组织统计数据库(FAOSTAT)。

总产量比较接近,稻谷产量从 1995 年的 54 716 万吨,增长到 2019 年的
75 547 万吨;小麦产量从 1995 年的 54 436 万吨,增长到 2019 年的 76 577
万吨。

(二) 单位产量

根据 FAO 数据库的数据,全球粮食的单产基本保持了持续提高。
1995 年玉米、稻谷和小麦的单产分别只有 3 810 千克/公顷、3 658 千克/公
顷和 2 515 千克/公顷,2019 年三种粮食(玉米、稻谷和小麦)的单位产量
分别上升到了 5 824 千克/公顷、4 662 千克/公顷和 3 547 千克/公顷(详
见图 3-2)。由于单产的持续提高,使得全球粮食总产量保持了增长的
态势。

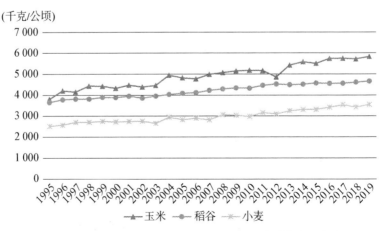

图 3-2　1995 年以来玉米、稻谷和小麦的全球单位产量变动
数据来源:联合国粮农组织统计数据库。

二、全球粮食的供需平衡状况

（一）全球小麦的供需平衡状况

根据美国农业部海外农业局(USDA FAS)提供的资料与数据,全球小麦的供需平衡状况参见表3-1。

表3-1　全球小麦的供需平衡状况　　　　　　　　（万吨,%）

		2016/2017	2017/2018	2018/2019	2019/2020	2020/2021	2020/2021年度各国占比
生产	中国	12 885	13 433	13 143	13 359	13 425	17.30
	欧盟	14 525	13 668	12 312	13 874	12 594	16.23
	印度	8 700	9 851	9 987	10 360	10 786	13.90
	俄罗斯	7 253	8 517	7 169	7 361	8 535	11.00
	美国	6 283	4 738	5 131	5 258	4 969	6.41
	加拿大	3 173	3 038	3 235	3 267	3 518	4.53
	澳大利亚	2 560	2 094	1 760	1 448	3 300	4.25
	乌克兰	2 679	2 698	2 506	2 917	2 542	3.28
	全球	75 044	76 263	73 153	76 349	77 582	
消费	中国	11 900	12 100	12 500	12 600	15 000	19.11
	欧盟	12 800	11 350	10 630	10 770	10 435	13.29
	印度	9 723	9 568	9 563	9 540	10 309	13.13
	俄罗斯	4 000	4 300	4 050	4 000	4 250	5.41
	美国	3 186	2 925	2 999	3 044	3 045	3.88
	巴基斯坦	2 450	2 500	2 540	2 550	2 620	3.34
	埃及	1 940	1 980	2 010	2 030	2 080	2.65
	土耳其	1 710	1 830	1 880	2 000	2 060	2.62
	全球	73 540	74 191	73 528	74 829	78 495	
期末库存	中国	11 493	13 120	13 977	15 168	14 563	50.19
	印度	980	1 323	1 699	2 470	2 710	9.34
	美国	3 213	2 991	2 939	2 799	2 297	7.91
	俄罗斯	1 082	1 201	778	723	1 203	4.15
	欧盟	1 476	1 790	1 580	1 262	907	3.12
	伊朗	1 042	807	624	656	726	2.50

	2016/2017	2017/2018	2018/2019	2019/2020	2020/2021	2020/2021 年度各国占比
阿尔及利亚	693	453	522	536	505	1.74
巴基斯坦	575	482	253	99	304	1.05
全球	26 698	28 787	28 412	29 932	29 018	

注:小麦的市场年度是指当年 6 月 1 日到第二年 5 月 31 日。
资料来源:美国农业部。

2013/2014 年度以来,小麦的生产和消费都保持了持续的增长,小麦产量从 2013/2014 年度的 71 507 万吨增长到 2020/2021 年度的 77 582 万吨,小麦消费从 2013/2014 年度的 69 797 万吨增长到 2020/2021 年度的 78 495 万吨。小麦生产方面,最大的八个生产国(地区)是中国、欧盟、印度、俄罗斯、美国、加拿大、澳大利亚和乌克兰。消费方面,最大的消费国(地区)是中国、欧盟、印度、俄罗斯、美国、巴基斯坦、埃及和土耳其。可以看出,基本上全球的小麦生产国同时也是小麦的消费国,小麦的生产和消费相对比较分散。全球最大的小麦生产国和消费国是中国,2020/2021 年度中国小麦产量占到全球总产量的 17.30%,消费量占到全球总消费量的 19.11%。

全球小麦产量目前已经达到近年来的最高值,连续多年超过消费量,从而也使小麦库存处于 2010/2011 年度以来的最高水平。这种状况对国际小麦市场价格产生了较大的影响,全球小麦贸易量也达到了一个较高的水平。2013/2014 年度全球小麦的期末库存为 19 498 万吨,库存消费比为 27.9%,到 2020/2021 年度小麦期末库存达到 29 018 万吨,库存消费比[①]也上升到 36.97%。其中中国的小麦库存一直比较高,2020/2021 年度中国小麦的期末库存占到全球的 50.19%,中国小麦的库存消费比也从 2013/2014 年度的 56% 上升到 2020/2021 年度的 97.09%。这个数值明显高于全球的平均水平,而且中国小麦的超高库存也影响到了中国小麦的国内市场流通,如何化解小麦的高库存问题,是一个比较棘手的难题。

(二) 全球玉米的供需平衡状况

根据美国农业部海外农业局提供的资料与数据,全球玉米的供需平衡

---

① 库存消费比是 FAO 提出的衡量农产品安全水平的一项重要指标,过高和过低都表明处于不安全的范围。对于一个国家来说,库存消费比等于本期期末库存与本期消费量的比值,库存消费比下降,则表示库存相对降低,需求上升,供小于求;库存消费比上升表示库存相对增加,而需求降低,供给充足。对于一个国家来说,库存消费比=(期初库存+产量+进口量-消费量-出口量)/消费量;从全球范围看,库存消费比=(期初库存+产量-消费量)/消费量。

状况参见表 3-2。

表 3-2　全球玉米的供需平衡状况 （万吨,%）

		2016/ 2017	2017/ 2018	2018/ 2019	2019/ 2020	2020/ 2021	2020/2021 年度各国占比
生产	美国	38 478	37 110	36 426	34 596	36 025	32.15
	中国	26 361	25 907	25 717	26 078	26 067	23.26
	巴西	9 850	8 200	10 100	10 200	9 300	8.30
	欧盟	6 194	6 202	6 435	6 674	6 398	5.71
	阿根廷	4 100	3 200	5 100	5 100	4 850	4.33
	乌克兰	2 797	2 412	3 581	3 589	3 030	2.70
	印度	2 590	2 875	2 772	2 877	3 025	2.70
	墨西哥	2 758	2 757	2 767	2 666	2 700	2.41
	全球	112 784	107 945	112 661	111 756	112 065	
消费	美国	31 379	31 399	31 039	30 955	30 977	27.02
	中国	25 500	26 300	27 400	27 800	28 900	25.21
	欧盟	7 410	7 520	8 500	7 880	7 250	6.32
	巴西	6 050	6 350	6 700	6 850	6 850	5.98
	墨西哥	4 040	4 250	4 410	4 380	4 370	3.81
	印度	2 490	2 670	2 850	2 720	2 850	2.49
	埃及	1 510	1 590	1 620	1 690	1 690	1.47
	日本	1 520	1 560	1 600	1 595	1 540	1.34
	全球	108 800	108 985	114 548	113 466	114 625	
期末库存	中国	22 302	22 253	21 016	20 053	19 818	70.81
	美国	5 825	5 437	5 641	4 876	2 748	9.82
	欧盟	755	898	764	758	695	2.48
	巴西	1 402	932	531	523	523	1.87
	南非	370	267	102	212	312	1.11
	墨西哥	541	565	516	352	262	0.93
	韩国	176	185	184	200	218	0.78
	阿根廷	527	241	237	362	212	0.76
	全球	35 218	34 143	32 256	30 546	27 986	

注:玉米的市场年度是指当年 9 月 1 日到第二年 8 月 31 日。

资料来源:美国农业部。

2013/2014 年度以来,玉米的生产和消费基本保持了增长,玉米产量从 2013/2014 年度的 99 615 万吨增长到 2020/2021 年度的 112 065 万吨,玉米消费从 2013/2014 年度的 95 482 万吨增长到 2020/2021 年度的 114 625 万吨。生产方面,最大的生产国(地区)是美国、中国、巴西、欧盟、阿根廷、乌克兰、印度和墨西哥。消费方面,最大的消费国(地区)是美国、中国、欧盟、巴西、墨西哥和印度。可以看出,基本上全球的玉米生产国同时也是玉米的消费国,玉米的生产和消费相对比较集中,美国和中国在全球玉米生产和消费方面的占比比较高,2020/2021 年度,美国玉米的产量占到全球总产量的 32.15%,消费量占比为 27.02%。中国玉米的产量占比为 23.26%,消费量占比为 25.21%。

全球玉米产量目前已经达到近年来的较高水平,但近年的玉米消费超过了玉米的产量。导致玉米库存从 2016/2017 年度以来处于持续下降的趋势。2013/2014 年度全球玉米的期末库存为 17 428 万吨,库存消费比为 18.3%,到 2016/2017 年度玉米期末库存达到 35 218 万吨,库存消费比也上升到 32.37%。2021/2021 年度玉米库存下降到 27 986 万吨,库存消费比为 24.42%。其中中国的玉米库存一直比较高,2020/2021 年度中国玉米的期末库存占到全球的 70.81%,中国玉米的库存消费比也从 2013/2014 年度的 39.1% 上升到 2020/2021 年度的 68.86%。中国玉米的库存消费比明显高于全球的平均水平,而且中国玉米的高库存也影响到了国内市场流通。

(三) 全球稻谷的供需平衡状况

根据美国农业部海外农业局提供的资料与数据,全球稻谷的供需平衡状况参见表 3-3。

表 3-3 全球稻谷的供需平衡状况 (万吨,%)

		2016/2017	2017/2018	2018/2019	2019/2020	2020/2021	2020/2021 年度各国占比
生产	中国	14 777	14 887	14 849	14 673	14 830	29.37
	印度	10 970	11 276	11 648	11 887	12 200	24.16
	印尼	3 686	3 700	3 420	3 470	3 520	6.97
	孟加拉国	3 458	3 265	3 490.9	3 585	3 460	6.85
	越南	2 740	2 766	2 734	2 710	2 710	5.37
	泰国	1 920	2 058	2 034	1 766	1 883	3.73

		2016/ 2017	2017/ 2018	2018/ 2019	2019/ 2020	2020/ 2021	2020/2021 年 度各国占比
	缅甸	1 265	1 320	1 320	1 265	1 260	2.50
	菲律宾	1 169	1 224	1 173	1 193	1 240	2.46
	全球	49 151	49 449	49 725	49 774	50 494	
消费	中国	14 176	14 251	14 292	14 523	15 040	29.61
	印度	9 584	9 867	9 916	10 598	10 700	21.07
	孟加拉国	3 500	3 520	3 540	3 550	3 590	7.07
	印尼	3 750	3 700	3 630	3 600	3 580	7.05
	越南	2 200	2 150	2 120	2 125	2 125	4.18
	菲律宾	1 290	1 325	1 410	1 430	1 445	2.85
	泰国	1 200	1 100	1 180	1 230	1 270	2.50
	缅甸	1 000	1 020	1 025	1 040	1 055	2.08
	全球	48 362	48 119	48 439	49 649	50 786	
期末 库存	中国	9 850	10 900	11 500	11 650	11 560	66.09
	印度	2 055	2 260	2 950	2 990	2 590	14.81
	泰国	424	285	408	398	451	2.58
	菲律宾	200	229	352	360	365	2.08
	印尼	322	556	406	331	341	1.95
	日本	241	222	205	198	190	1.09
	孟加拉国	85	150	141	177	184	1.05
	美国	146	93	142	91	146	0.83
	全球	15 063	16 373	17 659	17 784	17 492	

注:稻谷的市场年度是指当年 8 月 1 日到第二年 7 月 31 日。
资料来源:美国农业部。

　　2013/2014 年度以来,稻谷的生产和消费基本保持了增长,稻谷产量从 2013/2014 年度的 47 871 万吨增长到 2020/2021 年度的 50 494 万吨,稻谷消费从 2013/2014 年度的 47 548 万吨增长到 2020/2021 年度的 50 786 万吨。稻谷生产方面,最大的生产国是中国、印度、印尼、孟加拉国、越南、泰国和缅甸。消费方面,最大的消费国是中国、印度、印尼、孟加拉国、越南、菲律宾和泰国。可以看出,基本上全球的稻谷生产国同时也是稻谷消费国,稻谷的生产和消费相对比较集中。全球最大的稻谷生产国和消费国是中国,2020/2021 年度中国稻谷的产量占到全球总产量的 29.37%,消费量占到全球总消费量的 29.61%。印度是全球第二大的稻谷生产国和消费国,2020/2021 年度,印度稻谷的产量占到全球总产量的 24.16%,消费量占到全球总消费量的 21.07%。

全球稻谷的期末库存呈上升趋势,2020/2021 年度全球稻谷期末库存为 17 492 万吨,库存消费比为 34.4%,其中中国的稻谷库存一直比较高,2020/2021 年度中国稻谷的期末库存占到全球的 66.09%,中国稻谷的库存消费比也从 2013/2014 年度的 43.3% 上升到 2020/2021 年度的 76.86%。这个数值明显高于全球的平均水平。

三、全球粮食的国际贸易

(一) 小麦及面粉的国际贸易

全球小麦及面粉的贸易量不是太高,只有约 24% 的小麦参与了贸易。根据美国农业部的数据,全球小麦及面粉的进出口状况参见表 3-4。

表 3-4　全球小麦及面粉进出口的主要国家(地区)　　　(万吨,%)

		2016/2017	2017/2018	2018/2019	2019/2020	2020/2021	2020/2021 年度各国占比
出口	俄罗斯	2 782	4 145	3 586	3 449	3 850	19.49
	欧盟	2 744	2 490	2 469	3 977	3 075	15.56
	加拿大	2 030	2 202	2 445	2 348	2 800	14.17
	美国	2 932	2 323	2 620	2 639	2 650	13.41
	澳大利亚	2 206	1 551	984	1 012	1 950	9.87
	乌克兰	1 811	1 778	1 602	2 101	1 675	8.48
	阿根廷	1 228	1 400	1 268	1 361	950	4.81
	哈萨克斯坦	726	852	878	689	800	4.05
	全球	18 258	18 696	17 809	19 486	19 758	
进口	埃及	1 118	1 241	1 235	1 281	1 300	6.58
	中国	350	394	315	538	1 050	5.31
	印尼	1 019	1 076	1 093	1 059	1 000	5.06
	土耳其	474	609	652	1 109	850	4.30
	阿尔及利亚	841	817	752	715	700	3.54
	孟加拉国	556	647	510	680	670	3.39

续表

		2016/2017	2017/2018	2018/2019	2019/2020	2020/2021	2020/2021 年度各国占比
	菲律宾	571	606	757	706	650	3.29
	巴西	779	670	744	718	625	3.16
	全球	18 258	18 696	17 809	19 486	19 758	

注:小麦的市场年度是指当年 6 月 1 日到第二年 5 月 31 日。
资料来源:美国农业部。

　　小麦及面粉的全球贸易量近年基本呈增长趋势,2013/2014 年度全球小麦及面粉出口 16 248 万吨,到 2020/2021 年度增长到 19 758 万吨。出口相对比较分散,主要的小麦及面粉出口国(地区)为俄罗斯、欧盟、加拿大、美国、澳大利亚、乌克兰、阿根廷和哈萨克斯坦,但这些地区的占比都不超过 20%。加拿大的出口增长速度非常快,其他国家出口保持平稳。全球小麦及面粉进口的市场集中度就更低了,主要的进口国为埃及、中国、印尼、土耳其、阿尔及利亚、孟加拉国、菲律宾、巴西,每个国家的进口占比都没有超过 10%。其中埃及、中国和土耳其的进口增长速度较快,其他国家进口比较平稳。

(二) 玉米的国际贸易

　　全球玉米的贸易量也比较低,只有约 12% 的玉米参与了国际贸易。全球玉米的进出口状况参见表 3-5。玉米贸易量近年基本呈增长趋势,2013/2014 年度全球玉米出口 13 083 万吨,到 2020/2021 年度增长到 18 430 万吨。出口相对比较集中,主要的玉米出口国(地区)为美国、阿根廷、巴西、乌克兰、塞尔维亚、欧盟、南非和俄罗斯。2020/2021 年度美国的出口占比达到 39.61%,阿根廷出口占比为 18.18%,其他国家(地区)的出口占比都不超过 20%。全球玉米进口的市场集中度不高,主要的进口国(地区)为中国、墨西哥、日本、越南、韩国、欧盟、埃及和伊朗,2020/2021 年度除了中国的进口占比达到 14.11%,其他国家的进口占比基本在 10% 以内。其中中国、越南的进口增长速度较快,其他国家(地区)进口比较平稳。

表 3-5　全球玉米的进出口的主要国家(地区)　　　(万吨,%)

		2016/2017	2017/2018	2018/2019	2019/2020	2020/2021	2020/2021 年度各国占比
出口	美国	5 562	6 366	4 930	4 699	7 300	39.61
	阿根廷	2 295	2 420	3 288	3 992	3 350	18.18

续表

		2016/2017	2017/2018	2018/2019	2019/2020	2020/2021	2020/2021 年度各国占比
	巴西	1 979	2 512	3 877	3 414	3 000	16.28
	乌克兰	2 133	1 804	3 032	2 893	2 300	12.48
	塞尔维亚	241	82	284	312	350	1.90
	欧盟	219	273	427	539	330	1.79
	南非	182	236	118	246	320	1.74
	俄罗斯	560	553	277	407	310	1.68
	全球	14 296	15 437	17 354	17 578	18 430	
进口	中国	246	346	448	760	2 600	14.11
	墨西哥	1 461	1 613	1 666	1 653	1 650	8.95
	日本	1 517	1 567	1 605	1 589	1 540	8.36
	越南	850	940	1 090	1 200	1 300	7.05
	韩国	922	1 002	1 086	1 188	1 150	6.24
	欧盟	1 497	1 767	2 358	1 738	1 120	6.08
	埃及	877	946	937	1 043	1 030	5.59
	伊朗	780	890	900	680	600	3.26
	全球	14 296	15 437	17 354	17 578	18 430	

注:玉米的市场年度是指当年9月1日到第二年8月31日。

数据来源:美国农业部。

(三) 稻谷的国际贸易

全球稻谷的贸易量也比较低,只有约9%的稻谷参与了国际贸易。全球稻谷的进出口状况参见表3-6。稻谷贸易量近年基本保持平稳,2013/2014年度全球稻谷出口4 412万吨,到2020/2021年度为4 792万吨。出口相对比较集中,主要的稻谷出口国为印度、越南、泰国、巴基斯坦、美国、中国、缅甸、哥伦比亚,基本集中在亚洲地区。2020/2021年度印度的出口占比达到37.56%,越南的出口占比为13.15%。全球稻谷进口的市场集中度较低,主要的进口国(地区)为中国、菲律宾、欧盟、尼日利亚、沙特、伊朗、美国等,每个国家(地区)的进口占比都在10%以内。中国的进口占比在2020/2021年度为7.93%,各国的进口比较平稳。

表3-6　全球稻谷的进出口的主要国家(地区)　　　　(万吨,%)

		2016/ 2017	2017/ 2018	2018/ 2019	2019/ 2020	2020/ 2021	2019/2020年 度各国占比
出口	印度	1 257	1 179	981	1 456	1 800	37.56
	越南	649	659	658	617	630	13.15
	泰国	1 162	1 121	756	571	580	12.10
	巴基斯坦	365	391	455	393	420	8.76
	美国	335	278	314	286	293	6.10
	中国	117	206	272	227	230	4.80
	缅甸	335	275	270	230	190	3.96
	哥伦比亚	115	130	135	135	130	2.71
	全球	4 836	4 830	4 392	4 522	4 792	
进口	中国	590	450	280	320	380	7.93
	菲律宾	120	250	290	245	210	4.38
	欧盟	199	163	180	199	195	4.07
	尼日利亚	250	210	180	180	190	3.96
	沙特	120	129	143	161	150	3.13
	伊朗	140	125	140	113	120	2.50
	科特迪瓦	120	150	135	110	120	2.50
	美国	79	92	98	121	118	2.45
	全球	4 836	4 830	4 392	4 522	4 792	

注:稻谷的市场年度是指当年8月1日到第二年7月31日。
数据来源:美国农业部。

四、粮食国际市场价格波动

这里选择联合国贸易和发展会议(UNCTAD)提供的数据,来大致了解1995年以来国际粮食价格的波动状况(详见图3-3)。可以看出,稻谷、小麦和玉米①的国际市场价格变化趋势基本类似,均出现了比较大的波动。

1996—2001年,国际粮食价格处于下降趋势,2002—2008年粮食价格逐年上涨。价格波动幅度最大的时段为2007—2009年,三大主粮2008年

_____

①　此处稻谷、小麦及玉米的价格分别采用代表性的泰国大米、美国硬麦以及美国黄玉米的价格。

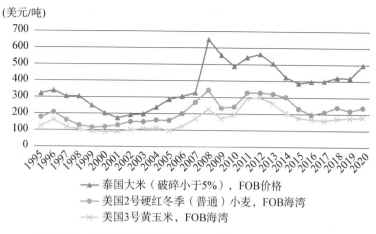

图 3-3　1995 年以来稻谷、小麦、玉米国际市场价格的变化

数据来源:联合国贸易和发展会议数据库(UNCTADSTAT)。

价格大幅度上涨,2009 年又出现了快速的下降。导致这种价格大幅度涨跌的原因包括:2008 年美国次贷危机爆发引发全球性经济衰退,粮食价格的上涨也反映了市场恐慌情绪的蔓延。另外,由于气候变化导致温室效应越来越明显,全球极端气候出现的频率显著增多,粮食生产受到了较大的影响。同时部分国家开始发展生物质能源产业,使用玉米等产品生产燃料乙醇,推动了粮食的新增需求。与此同时,粮食的金融属性也在不断增强,国际资本开始进入粮食期货市场寻求投资或投机的机会,这也加剧了粮食价格的波动。2000 年,稻谷、小麦和玉米的价格分别是 202.39 美元/吨、119.17 美元/吨和 90 美元/吨,到了 2008 年分别上涨为 650.18 美元/吨、343.25 美元/吨和 227.92 美元/吨,上涨的幅度分别是 221%、188%和153%。2009－2016 年,三大主粮的国际市场价格基本处于下跌态势。2016 年,稻谷、小麦和玉米的价格分别是 386.16 美元/吨、196.42 美元/吨和 168.21 美元/吨,与 2008 年相比下降的幅度分别为 39%、43%和 26%。由于 2011 年以来出现全球经济萎缩,导致金属和能源等的国际市场价格严重下滑,从 2012 年到 2015 年主要食品类商品的价格出现连续第 4 年的下跌,2015 年平均跌幅与上年相比为 19.1%[1]。粮食供应充足而全球需求低迷,同时美元不断升值,成为主导粮食价格普遍疲软的主要原因。2016 年以来国际粮食价格保持了缓慢上涨,2020 年稻谷价格上涨到 496.8 美元/吨,小麦价格上涨到 239.4 美元/吨,玉米价格上涨到 181 美元/吨。

---

① 全球粮食价格连续 4 年下跌,http://www.grainnews.cn/a/global/2016/01/12-37017.html。

第二节　全球大豆供需格局分析

一、全球大豆生产状况

（一）大豆收获面积

根据联合国粮农组织的数据，1995 年以来，全球大豆的收获面积保持了持续的增长，从 1995 年的 6 249 万公顷，增长到 2019 年的 12 050 万公顷，年均增长率达到 2.77%（图 3-4）。

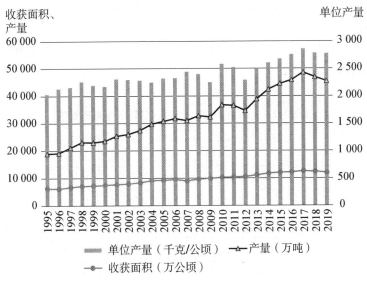

图 3-4　1995—2019 年世界大豆生产情况

数据来源：联合国粮农组织统计数据库。

（二）大豆总产量

1995 年以来全球大豆总产量保持了较快的增长速度。大豆总产量从 1995 年的 12 692 万吨，增长到 2019 年的 33 367 万吨，年均增长率达到 4.11%。产量的快速增长说明了世界大豆保持着较高的生产能力，也说明世界的大豆需求保持了快速的增长。

（三）大豆单位产量

世界大豆的单位产量在 1995 年以来有一定的增长，但部分年份出现下降。1995 年大豆单位产量为 2 031 千克/公顷，2019 年大豆单位产量提高到 2 769 千克/公顷。全球大豆单位产量的提高，主要得益于转基因大豆在美国、巴西及阿根廷等国家大范围的商业化种植,新品种的不断培育以及大豆生产技术的提高。

分国别来看,自 1998 年以来,由于种植转基因大豆,美国、巴西和阿根廷的大豆单位产量出现了较大的增长。如在 1998 年,美国、巴西和阿根廷大豆单位产量分别为 2 617 千克/公顷、2 353 千克/公顷和 2 694 千克/公顷,到了 2019 年三国大豆单位产量分别达到了 3 189 千克/公顷、3 185 千克/公顷和 3 334 千克/公顷,均高于全球单产的平均水平。而非转基因大豆种植国中国的单位产量在 1998 年为 1 783 千克/公顷,2019 年提高到 1 867 千克/公顷,单产提高的幅度非常小,而且单产水平明显低于转基因大豆种植国[①]。

二、全球大豆供需平衡状况

根据美国农业部的数据,全球主要国家大豆的产量、压榨量和库存情况参见表 3-7。

表 3-7　全球主要国家大豆的产量、压榨量及库存　　(万吨,%)

		2016/2017	2017/2018	2018/2019	2019/2020	2020/2021	2020/2021 年度各国占比
产量	巴西	11 490	12 340	11 970	12 850	13 700	37.68
	美国	11 693	12 007	12 052	9 667	11 255	30.96
	阿根廷	5 500	3 780	5 530	4 880	4 650	12.79
	中国	1 360	1 528	1 597	1 810	1 960	5.39
	印度	1 099	835	1 093	930	1 045	2.87
	巴拉圭	1 034	1 105	852	1 010	990	2.72
	加拿大	660	772	742	615	635	1.75
	全球	34 977	34 418	36 128	33 941	36 357	
压榨量	中国	8 800	9 000	8 500	9 150	9 600	29.82
	美国	5 174	5 593	5 694	5 891	5 906	18.34
	巴西	4 041	4 421	4 253	4 600	4 675	14.52
	阿根廷	4 331	3 693	4 057	3 877	4 150	12.89
	欧盟	1 440	1 430	1 500	1 560	1 620	5.03

----

① 数据来自联合国粮农组织数据库。

		2016/ 2017	2017/ 2018	2018/ 2019	2019/ 2020	2020/ 2021	2020/2021 年 度各国占比
	印度	900	770	960	840	940	2.92
	墨西哥	460	525	615	600	620	1.93
	埃及	210	320	350	470	470	1.46
	全球	28 760	29 499	29 867	31 149	32 197	
期末 库存	中国	2 012	2 306	1 946	2 680	2 980	32.57
	巴西	3 211	3 270	3 247	2 074	2 634	28.78
	阿根廷	2 700	2 373	2 889	2 670	2 550	27.87
	美国	821	1 192	2 474	1 428	366	4.00
	欧盟	115	134	152	154	97	1.06
	全球	9 406	10 084	11 461	9 653	9 149	

数据来源:美国农业部。

全球大豆产量从 2013/2014 年度的 28 275 万吨增长到 2020/2021 年度的 36 357 万吨,但到 2019/2020 年度有所下滑。最大的大豆生产国依次是巴西、美国、阿根廷、中国、印度、巴拉圭、加拿大。生产的集中性非常明显,前三大大豆生产国巴西、美国和阿根廷的合计占比在 2020/2021 年度达到 81.4%。巴西大豆生产大部分年份保持了持续的增长,美国的大豆生产大部分年份也保持增长,但 2019/2020 年度出现了较大的下滑。2017/2018 年度阿根廷的大豆产量出现较大幅度的下降。

大豆的主要用途是榨油,在榨油消费方面,全球压榨量从 2013/2014 年度的 24 289 万吨增长到 2020/2021 年度的 32 197 万吨。最大的压榨国(地区)依次是中国、美国、巴西、阿根廷、欧盟、印度、墨西哥、埃及。大豆的压榨消费相对比较集中,中国是全球最大的大豆消费国,2020/2021 年度中国大豆压榨量占到全球总量的 29.82%,但中国大豆产量只占到全球大豆总产量的 5.39%,且中国产大豆的用途主要是食用,而不是榨油用。因此中国国内榨油用大豆需要大量进口。

大豆期末库存方面,近年全球大豆的库存消费比保持在 20% 到 30% 之间,基本处于一个比较合理的水平。其中,中国的期末库存 2020/2021 年度占到全球的 32.57%,巴西的期末库存 2020/2021 年度占到全球的 28.78%,阿根廷占 27.87%,美国为 4%。

三、全球大豆贸易的基本情况

全球大豆产量增长的同时,贸易量也呈现大幅度的增长,全球大豆出口从 2013/2014 年度的 11 272 万吨增长到 2020/2021 年度的 16 579 万吨。大豆的全球贸易量比较大,大豆出口占到全球大豆产量的比例超过 40%。世界大豆的出口国主要有巴西、美国、巴拉圭、阿根廷、加拿大(表 3 - 8)。近年巴西大豆产量出现了大幅增加,已经超过了美国成为最大的大豆出口国。2002 年巴西和阿根廷大豆的出口总和上升到 2844 万吨,首次超过美国大豆出口量的 2842 万吨。而到了 2012 年,巴西出口量已上升到 4 190 万吨,首次超过美国大豆出口量。2020/2021 年度世界大豆的前二大出口国为巴西、美国,两个国家出口量之和占比达 87.48%,其中巴西占比就达 50.15%,美国占比达 37.33%。

表 3 - 8   全球主要国家大豆的进出口   (万吨,%)

		2016/2017	2017/2018	2018/2019	2019/2020	2020/2021	2020/2021 年度各国占比
进口	中国	9 350	9 410	8 254	9 853	9 800	59.11
	欧盟	1 344	1 392	1 435	1 495	1 500	9.05
	墨西哥	413	487	587	575	600	3.62
	埃及	211	326	365	494	470	2.83
	阿根廷	167	470	641	488	470	2.83
	泰国	308	248	316	383	400	2.41
	日本	318	326	331	333	325	1.96
	土耳其	227	287	241	315	300	1.81
	全球	14 460	15 382	14 592	16 497	16 579	
出口	巴西	6 314	7 614	7 489	9 214	8 300	50.15
	美国	5 896	5 807	4 772	4 570	6 178	37.33
	巴拉圭	613	603	490	662	660	3.99
	阿根廷	703	213	910	1 000	370	2.24
	加拿大	459	493	526	391	440	2.66
	全球	14 763	15 324	14 894	16 506	16 549	

数据来源:美国农业部。

世界大豆的主要进口国(地区)有中国、欧盟、墨西哥等。中国是最大的大豆进口国,而且中国在全球大豆进口中的份额近年持续居高不下,占比在60%左右。其他国家的进口占比在10%以下。

四、全球大豆市场价格波动

图3-5为1995年以来全球大豆国际市场价格的变动情况。从中可以看出,大豆的国际市场价格波动还是比较大的,尤其是2007年以后,大豆价格出现了快速上涨和快速下降。2006年大豆的价格是268.7美元/吨,到了2008年上涨为522.8美元/吨,随后价格出现一定的回调,但2010年后大豆国际价格又呈现上升态势。2012年价格上涨到591.4美元/吨。2013年开始大豆价格持续下降,到2015年下降到390.4美元/吨。2016年和2017年国际大豆价格基本在400美元/吨左右,2019年国际大豆价格下降到368.9美元/吨,2020年大豆价格有所上涨,达到393.3美元/吨。

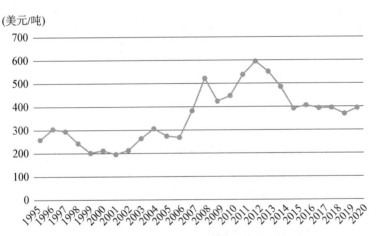

（美元/吨）

图3-5　1995—2020年大豆国际市场价格变动情况
注:此处大豆价格选取的是美国2号黄大豆,CIF鹿特丹。
数据来源:联合国贸易和发展会议数据库。

第三节　全球棉花供需格局分析

20世纪70年代以来,随着化学工业的快速发展,化学纤维品种越来越多,价格也越来越便宜。导致棉花在纺织纤维中的份额逐渐下降,而化学纤维的份额在上升。1960年棉花在纺织品中的比重占到68.3%,化学纤维占到21.8%,而到了2017年,棉花在纺织品中的比重下降到

27.14％,化学纤维则上升到71.43％①。虽然如此,棉花在当前仍然是最重要的天然纤维。纺织纤维的终端消费总量保持持续增长,但增量主要来自化学纤维,非棉纤维对棉花的替代是纺织业发展的大趋势。

一、全球棉花生产的基本情况

(一)籽棉收获面积、单产及总产量

随着全球人口的增长及人类生活消费水平的变化,全球的棉花生产在20世纪50年代保持了较快的增长速度,而60年代后棉花生产增速开始放缓。在过去的近60年的时间里,全球棉花种植面积的总量变化并不太大,棉花产量的持续提高主要得益于技术进步导致的棉花单产的提高。1995年以来,全球棉花收获面积、单产以及总产量的具体数据参见图3-6。

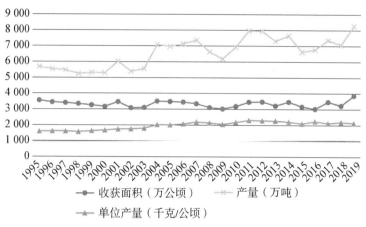

图3-6 1995年以来全球籽棉收获面积、单位产量及产量

数据来源:联合国粮农组织统计数据库。

1995年以来,全球棉花收获面积一直比较稳定,大部分年份保持在3 000万～3 500万公顷之间。2014年全球棉花的收获面积为3 462万公顷,比上一年度增长7％。2015年棉花的收获面积出现大幅度下降,到2016年收获面积下降到3 022万公顷。到2019年增长到3 864万公顷。根据国际棉花咨询委员会(International Cotton Advisory Committee,ICAC)的预测,随着全球土地资源的稀缺,全球植棉面积未来有可能会波动下滑,发达国家棉花收获面积呈减少趋势,发展中国家的棉花收获面积有增有减,总体上呈减少趋势。

---

① 数据来源:联合国贸易和发展会议。

全球棉花单产呈上升趋势,近年来以及未来棉花产量增长主要依靠提高单产水平。根据FAO的数据,全球籽棉单产平均水平在1961年为862千克/公顷,20世纪70年代增长到1000千克/公顷以上,80年代到90年代籽棉单产平均水平为1500千克/公顷以上,进入21世纪后增长到2000千克/公顷以上。2019年全球籽棉单产水平为2137千克/公顷。籽棉单产的增长主要得益于棉花生产技术的进步,以及棉花高产、抗虫、抗病新品种的培育和在全球的推广。

1995年以来,全球籽棉总产量基本保持了增长趋势。1961年全球籽棉总产量为1239万吨,1995年增长到5680万吨,2007年总产量达到7358万吨,2019年总产量为8259万吨。从1995年以来,全球籽棉总产量呈现比较大的波动。

(二)棉花生产的主要地区及国家

当前全球种植棉花的国家超过了100个,产棉地区主要分布在亚洲、北美洲、南美洲、大洋洲、非洲的部分地区。其中亚洲和北美洲的棉花产量占到全球的80%以上,棉花生产的集中度比较高。

亚洲是全球最大的棉花产区,其产量占全球的约70%。主要产棉国包括印度、中国、巴基斯坦、乌兹别克斯坦和土耳其。北美地区是全球的第二大棉花产区,其产量占到全球的18%左右,主要产棉国包括美国和墨西哥。非洲是全球第三大产棉洲,产量占全球的7%以下,各国的产量均不是太大,主要产棉国有埃及、布基纳法索、马里、科特迪瓦和贝宁。澳大利亚的棉花产量约占全球的5%以下。南美洲的棉花产量占全球的3%以下,其主要的产棉国是巴西、阿根廷和巴拉圭等。欧洲的产棉国不多,其中希腊最多,欧洲的棉花产量仅占全球的1%以下。

全球最大的棉花生产国依次是中国、印度、美国和巴西,这四个国家棉花的总产量占到全球棉花产量的70%以上。如果再加上巴基斯坦和澳大利亚,六个国家生产的棉花占到全球棉花总产量的80%以上。表3-9为近年全球不同国家棉花的产量。

表3-9 全球不同国家的棉花产量 （万吨,%）

	2016/ 2017	2017/ 2018	2018/ 2019	2019/ 2020	2020/ 2021	2020/2021年度各国占比
中国	495	599	604	593	642	26.21
印度	588	631	562	627	616	25.14
美国	374	456	400	434	318	12.98

	2016/ 2017	2017/ 2018	2018/ 2019	2019/ 2020	2020/ 2021	2020/2021 年 度各国占比
巴西	153	201	283	300	234	9.55
巴基斯坦	168	179	166	135	98	4.00
澳大利亚	96	105	48	14	61	2.49
土耳其	70	87	82	75	63	2.57
全球	2 323	2 699	2 582	2 644	2 451	

资料来源:美国农业部。

中国的棉花产量在 2013 年以前一直稳居世界首位,2013/2014 年度中国棉花产量 713 万吨,占到全球 27.2% 的份额,2020/2021 年度中国棉花产量为 642 万吨,占到全球 26.21% 的份额,居世界第一位。

印度的棉花产量在 2005 年以前位居全球第三位,但 2006 年以后超越美国成为全球第二大棉花生产国,2014 年以后超越中国成为全球最大的产棉国。2013/2014 年度印度棉花产量为 675 万吨,占到全球 25.8% 的市场份额,2019/2020 年度印度棉花产量为 627 万吨,占到全球 23.71% 的份额。2020/2021 年度印度棉花产量被中国超过,居世界第二位。印度的棉花种植面积远远高于中国和美国。2015/2016 年度印度棉花种植面积占到全球 38% 的份额,但印度当前的棉花单位产量低于全球平均水平。尽管印度政府在 2014/2015 年度提高了棉花的最低支持价格,但与其他作物相比,棉花的预期收益仍然比较低,这将影响到印度棉花产量的进一步提高。

美国的棉花产量位居全球第三位,2013/2014 年度棉花产量 281 万吨,占到全球 10.8% 的份额,2020/2021 年度美国棉花产量为 318 万吨,占到全球 12.98% 的份额。巴西棉花产量最近几年保持了较快的增长,从 2016/2017 年度的 153 万吨,增长到 2019/2020 年度的 300 万吨,但 2020/2021 年度减少到 234 万吨。巴基斯坦的棉花产量以及在全球所占份额都比较稳定,基本占到全球第五位,如 2013/2014 年度棉花产量为 207 万吨,占到全球 7.9% 的份额,2020/2021 年度巴基斯坦棉花产量为 98 万吨,占到全球 4% 的份额。其他国家的棉花产量都没有超过 100 万吨。澳大利亚、乌兹别克斯坦、土耳其棉花年产量近年维持在 50 万～100 万吨之间,阿根廷、希腊、墨西哥、马里、布基纳法索、埃及、贝宁、尼日利亚、科特迪瓦的棉花产量都不是太高,都不超过 50 万吨。

二、全球棉花消费的变化

(一) 主要国家的棉花消费量

20 世纪 40 年代以来,全球棉花消费以平均 2% 的速度增长,其中 50 年代和 80 年代棉花消费增长速度较快,50 年代的消费增长率达到 4.6%,80 年代的消费增长率也达到 3%。发展中国家是棉花消费增长较快的地区。根据 ICAC 的数据,1981—1999 年,发展中国家的棉花消费占到全球棉花消费的 78%,而 2000 年以后则超过了 80%,2010 年发展中国家占到全球棉花消费的 94%。

棉花消费向发展中国家转移,主要是因为纺织业属于劳动力密集型行业,纺织业中劳动力成本占到产品生产成本的 1/6,发展中国家的劳动力价格较低。劳动力成本的上升削弱了发达国家纺织品生产的竞争力,纺织品的生产逐渐向劳动力成本相对较低的发展中国家转移。20 世纪 60 年代以后,美国和欧盟棉花消费越来越低,美国在棉花种植和出口方面的霸主地位也逐渐被削弱。当前美国和欧盟大部分国家的棉花消费仅保留妇女、儿童用的纺织品及某些高档纺织品的生产,其他纺织品大量依靠进口。

全球主要棉花消费国的棉花消费量如表 3‑10 所示。

表 3‑10　全球主要国家棉花的消费量　　　　　　(万吨,%)

	2016/ 2017	2017/ 2018	2018/ 2019	2019/ 2020	2020/ 2021	2020/2021 年 度各国占比
中国	838	893	860	719	871	33.73
印度	530	526	529	436	523	20.23
巴基斯坦	224	237	233	200	224	8.69
孟加拉国	148	163	157	150	176	6.83
土耳其	145	164	150	144	168	6.49
越南	118	144	152	144	159	6.15
乌兹别克斯坦	44	54	61	65	69	2.66
全球	2 531	2 675	2 623	2 239	2 582	

数据来源:美国农业部。

美国农业部的数据表明,亚洲棉花消费约占全球总量的 70% 以上,是全球最大的棉花消费地区,同时亚洲也是全球纺织品生产的中心。中国、印度、巴基斯坦这些棉花生产大国同时也是棉花消费大国,20 世纪 80 年代后这三个国家棉花的合计消费超过全球棉花消费的 50%。2020/2021 年度中国棉花消费量约占全球的 33.73%，是全球最大的棉花消费国，印度和巴基斯坦棉花消费量约占全球的 20.23% 和 8.69%，另外孟加拉国的消费量占到全球的 6.83%，土耳其的消费量占到全球的 6.49%，越南和乌兹别克斯坦的消费量分别占到 6.15% 和 2.66%。

其他国家如泰国、印尼、越南、韩国、日本、乌兹别克斯坦、俄罗斯等也有一定的棉花消费。非洲棉花以出口为主，其棉花生产水平低，纺织工业也比较落后，棉花自用率不高，随着经济的发展近几年本地消费也有所增加。

(二) 影响全球棉花消费的主要因素

一般来讲，当棉花价格上升以及棉花贸易低迷的时期，棉花的消费也保持在较低的水平。全球经济处于上升期时，也会刺激棉花消费量的增加。2008 年以来，全球经济增长乏力，不确定性增加，同时由于棉花价格大起大落，再加上印度等棉花出口大国对棉花出口进行限制[1]，全球棉花的消费虽然在复苏，但速度缓慢。近年棉花价格相对其他纺织纤维（如粘胶、涤纶、羊毛）持续上升，进一步降低了棉花的价格竞争力。这直接导致了纺织品生产大国减少对棉花的消费，2009 年棉花在纺织纤维中的份额下降到 36.5%[2]。全球纺织的产能分布格局发生较大变化，尤其受到劳动力成本上升及环境管控措施升级的影响，中国的纺织产能逐渐向越南、孟加拉国等国家转移。2016 年以来中国棉花消费也出现了一定下降，印度作为全球重要的棉花消费国，其对棉花的需求将持续增长[3]。根据 OECD-FAO 的预测，由于单产的提高及面积的增加，到 2030 年全球棉花产量可能增加至 2 800 万吨，全球棉花贸易可能突破 1 100 万吨。新冠病毒引发的经济衰退，气候变化、化纤的替代等都将导致棉花生产及消费出现不确定性。

美国农业部的预测认为，虽然 2011 年以来全球棉花消费量缓慢增加，但增长比较有限。美国农业部预测棉花消费主要参照几个指标，包括全球经济增长前景、棉花价格、纺织品服装的含棉量等。其中全球经济发展的前景是其中最重要的一个指标。随着人口的增长，全球经济的增长是棉花消费量长期看增的一个重要原因，但当前贸易保护主义的抬头与新冠疫情

---

① 印度政府宣布，从 2010 年 10 月 1 日到 2011 年 9 月 30 日，棉花出口限制在 92.5 万吨以内。

② ICAC. 2010. Outlook for world cotton supply and use: tight stock & higher prices. presented at the 69th Plenary Meeting of the ICAC.

③ OECD/FAO. 2021. OECD-FAO Agricultural Outlook 2021-2030，OECD Publishing，Paris，https://doi.org/10.1787/19428846-en.

的暴发,将导致全球经济增长放缓,从而使得棉花需求增长放缓。美国农业部预测棉花消费的另一个重要指标是棉花价格,2014 年以来棉花价格维持在比较稳定的水平,价格波动幅度较小。这些良好的市场条件会促进棉花消费的增加。除此之外,服装的含棉量减少抑制了棉花消费量的增加。

2011 年以来,由于中国实行棉花临时收储,国内棉花价格处于相对高位,而化纤价格相对较低。2014 年中国取消临时收储政策后,棉花价格出现大幅度下降,与国际棉花价格的差距缩小。棉花临时收储政策的实行对中国国内棉花市场的正常运行造成了较大的影响,棉纺织行业遭受的冲击较大,降低了棉纺织品在全球的竞争力,导致中国的用棉量出现大幅减少。中国棉花政策调整之后,国内外价差进一步缩小,会刺激国内的用棉需求。但是中国国内棉花和化纤的价差依然存在,尽管 2014 年以来中国棉花价格跌幅大大超过了化纤,但中国棉花价格仍比化纤每磅高出 40 美分以上。再加上中国棉花超高的库存,并且纺织厂不愿使用储备棉,因此未来中国国内棉花价格下跌的压力仍然较大,这也将影响到未来中国和全球的棉花消费量。由于中国国内棉花价格保持在较高水平,劳动力成本上升,以及更多便宜的纱线的进口,使得中国纺织行业受到较大冲击,纺织业逐渐开始向周边的东南亚国家转移。

三、全球棉花价格的波动

当前国际市场上权威的棉花价格有两个:一是英国考特鲁克(Cotlook)公司①公布的 Cotlook 指数,这是棉花的实际交易价格;二是纽约期货交易所形成的棉花期货价格,目前它是全球唯一的一个棉花期货价格,也是各国政府制定棉花政策、各国涉棉企业从事棉花生产经营时的重要参考。

英国考特鲁克公司推出的 Cotlook 指数是实际棉花交易价格。Cotlook 指数是国际陆地棉贸易中选择 19 个国家或地区②中 5 个最低的远东港口③

---

① 考特鲁克有限公司位于英国默西塞德(Merseyside),有 75 年以上出版棉花信息的历史。考特鲁克有限公司由不涉及原棉贸易的人员组成和运行,因此在全世界赢得了准确和公正的信誉。近 25 年来,该公司已汇编和出版了代表原棉价格的 cotlook A 指数和 cotlook B 指数。A 指数被公认为权威的反映世界棉花价格的晴雨表。它被许多主要的国际棉花组织,如国际棉花咨询委员会所参考,同时多年来一直是美国农业立法的重要依据。该指数也被许多国家和贸易组织以多种不同的方式使用。

② 19 个国家或地区分别是孟菲斯/东、加利福尼亚/亚利桑那州、奥尔良/得克萨斯、坦桑尼亚、土耳其、印度、乌兹别克斯坦、巴拉圭、巴基斯坦、科特迪瓦、布基纳法索、马里、贝宁、希腊、澳大利亚、墨西哥、叙利亚、巴西、中国。

③ 包括曼谷、雅加达、林查班、香港、槟榔屿、盖朗、新加坡、釜山、巴生、马尼拉、台南、基隆、三宝垄、苏拉,以及日本和中国大陆的主要港口。

现货到岸价的平均值,所报价格为 CIF 远东港口的到岸价。Cotlook 棉花
价格指数分年统计表分为自然年和棉花年度,为当年各 Cotlook 棉花价格
指数的平均价格,其中自然年为当年 1 月 1 日至 12 月 31 日,棉花年度为
当年 8 月 1 日至次年 7 月 31 日,涨跌为与前一年平均价格相比的涨跌数
量。Cotlook(FE)指数的基准质量标准是 M 级 1～3/32 英寸(相当于中国
三级,28 毫米长度)。

1995—2020 年国际棉花 Cotlook 指数的变动趋势如图 3-7 所示。

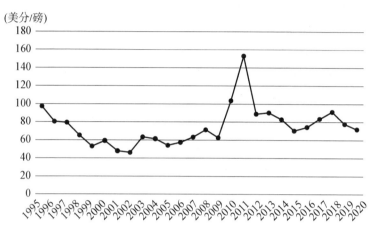

图 3-7　1995 年以来国际棉花价格的变动趋势
数据来源:联合国贸易和发展会议数据库。

1995 年以来国际棉花价格年际间的波动较大,从 1995 年到 2002 年
Cotlook 指数基本处于下降趋势,如 1995 年棉花价格为 97.4 美分/磅,
1999 年下降到 53.1 美分/磅,2002 年又下降到 46.2 美分/磅。在这一时
段美国棉花产量也出现了较大增长,巴西、土耳其和澳大利亚的棉花种植
面积也有增加。这也因此导致了棉花价格的下调。国际棉花价格在
2003—2009 年基本保持比较稳定,而且处于较低水平。但 2010 年以后棉
花价格出现快速上涨,2010 年上涨到 103.7 美分/磅,2011 年又进一步
上涨到历史最高的 152.9 美分/磅。2012—2013 年,受到竞争加剧的影
响,国际棉花价格大幅回调到 90 美分/磅左右的水平。2014 年 Cotlook
指数进一步下降到 82.5 美分/磅。2015 年和 2016 年国际棉花现货价格
基本维持在 70 美分/磅左右,2017 年棉花价格有所上涨,达到 82.9 美
分/磅。2018 年以后棉花价格又处于下跌趋势。全球需求下降和库存水
平的升高,谷物和油籽价格维持较高的水平,这些因素导致棉花价格持
续走低。

全球棉花价格的变动受多种因素的影响,棉花产需变动情况、极端气候的出现、经济景气程度、化纤价格的走势、战争等都会影响到棉花的价格;棉花的品种以及品质也会影响棉花的价格。各产棉大国(如美国等)实施的棉花补贴政策也会对棉花价格产生一定影响。由于中国棉花产量和进口量在国际棉花市场中有举足轻重的地位,棉花价格走势中"中国因素"的影响非常大,尤其是在目前国际棉花市场供大于求的情况下,中国棉花产量、棉花进口政策和国内支持政策、棉花进口量等都会对世界棉花价格波动产生较大的影响。虽然如此,影响棉花价格走势的仍然主要是供求关系的变化。

四、全球棉花的进出口贸易

棉花是重要的国际贸易商品,全球超过 150 个国家参与棉花的进出口。在 20 世纪 80 年代初,棉花贸易占到世界棉花产量的 30％左右,2005年以后,棉花贸易占到世界棉花产量近 40％。

(一) 全球棉花的贸易规模

根据美国农业部的统计结果显示,20 世纪 60 年代以来全球棉花的贸易量基本呈递增趋势,近 50 年来,棉花出口量增长了一倍多。全球棉花出口量 1995/1996 年度为 596 万吨,2005/2006 年度增长到 978 万吨,虽然2008/2009 年度下降到 658 万吨,但随后又开始上升,2012/2013 年度的出口量达到 1 012 万吨,2020/2021 年度全球棉花出口总量为 941 万吨(图3-8)。

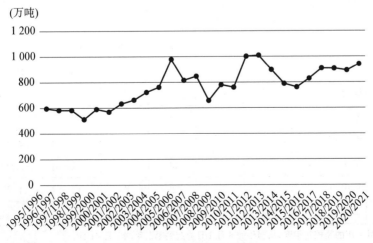

图 3-8　全球棉花出口总量

数据来源:美国农业部。

（二）主要国家的棉花贸易

表 3-11 列出了排在前列的国家的棉花贸易的基本情况。根据美国农业部的数据,棉花进口方面,排在前 7 位的国家分别为:中国、孟加拉国、越南、巴基斯坦、土耳其、印度尼西亚和印度。中国在 2014/2015 年度以前是全球最大的棉花进口国,但之后棉花进口大幅度下降,孟加拉国在 2015/2016 年度成为全球最大的棉花进口国,进口量呈较快增长的趋势,2017/2018 年度孟加拉国的棉花进口占到全球 19.1% 的市场份额;但 2018/2019 年后中国棉花进口增长,超过孟加拉国成为最大的棉花进口国,2020/2021 年度中国棉花进口 272 万吨,占到全球的 26.14%。越南的棉花进口也呈现出快速增长,从 2013/2014 年度的 70 万吨增长到 2017/2018 年度的 152 万吨,2020/2021 年度越南的棉花进口占到全球 15.37% 的市场份额。

表 3-11　主要的棉花进口国和出口国　　　　　　　　　　（万吨,%）

		2016/2017	2017/2018	2018/2019	2019/2020	2020/2021	2020/2021 年度各国占比
进口	中国	110	124	210	155	272	26.14
	孟加拉国	148	166	152	163	180	17.25
	越南	120	152	151	141	160	15.37
	巴基斯坦	53	74	62	87	115	11.08
	土耳其	84	96	79	102	114	10.98
	印度尼西亚	74	77	66	55	49	4.71
	印度	60	37	39	50	17	1.67
	全球	825	905	924	887	1 041	
出口	美国	325	355	323	338	357	34.17
	巴西	61	91	131	195	242	23.12
	印度	99	113	77	70	133	12.71
	希腊	22	23	30	32	33	3.13
	澳大利亚	81	85	79	30	31	2.92
	贝宁	18	23	30	26	31	2.92
	马里	17	28	29	26	13	1.25
	全球	829	908	905	902	1 045	

注:此处采用的是棉花年度,从当年的 8 月 1 日算起到第二年的 7 月 31 日。
数据来源:美国农业部。

　　棉花出口方面,世界前 7 大棉花出口国分别为美国、巴西、印度、希腊、澳大利亚、贝宁、马里。美国是最大的棉花出口国,2020/2021 年度出口棉花 357 万吨,占到全球棉花出口的 34.17%,远远高于其他国家和地区。巴西棉花出口在 2020/2021 年度出现较大增长,达到 242 万吨,占比为 23.12%。印度、希腊、澳大利亚的棉花出口基本在 100 万吨以内,占全球的份额不高于 10%,但 2020/2021 年度印度的棉花出口达到 133 万吨,占到全球 12.71% 的份额。其他国家和地区的棉花出口量不大。

五、全球棉花库存的变化

　　根据美国农业部的数据,全球棉花库存在 20 世纪 70 年代和 80 年代前半期,基本稳定在 500 万吨左右,而 80 年代中期快速上升到 1 000 万吨,随后一直到 90 年代中期稳定在 1 000 万吨以内。但 1998 年以后棉花库存开始超过 1 000 万吨。当前全球棉花期末库存排在前面的国家分别为中国、印度、巴西、美国、澳大利亚、土耳其、巴基斯坦(表 3 - 12)。中国的棉花库存处于非常高的水平,2013/2014 年度为 1 365 万吨,2014/2015 年度继续升高到 1 457 万吨(库存消费比为 1.968),随后开始快速下降,2018/2019 年度降到 777 万吨(库存消费比为 0.903)。2020/2021 年度又上升到 846 万吨。

表 3 - 12　主要国家的棉花期末库存　　　　　　　　(万吨,%)

	2016/2017	2017/2018	2018/2019	2019/2020	2020/2021	2020/2021 年度各国占比
中国	1 000	827	777	803	846	42.45
印度	172	201	196	368	346	17.34
巴西	151	189	267	314	241	12.10
美国	60	91	106	158	69	3.44
澳大利亚	56	66	34	18	47	2.37
土耳其	35	43	37	60	58	2.91
巴基斯坦	50	62	54	74	62	3.10
全球	1 748	1 766	1 742	2 132	1 994	

数据来源:美国农业部。

　　20 世纪 70 年代以来,全球大部分年份棉花的库存消费比保持在比较合理的水平,在 0.40～0.50 之间,但仍有部分年份出现较大的波动。如 1984 年、1985 年分别达到 0.60 和 0.62。进入 90 年代中期以后,全球棉花库存消费比上升到 0.50 以上,2012 年进一步上升到 0.83。2013 年以后棉花库存消费比上升到接近 1 的超高水平。

第四节 全球食糖供需格局分析

食糖在食品产业中的地位非常重要,甚至是不可替代的,生产食糖的主要农作物品种为甘蔗和甜菜。随着世界人口的持续增长以及全球经济的复苏,对食糖的需求呈现稳定增长的态势,尤其是发展中国家对食糖的消费增长比较迅猛。但供给方面,糖料作物的种植面积增长有限,全球食糖产量的增加更多源于单位产量的增长。全球的糖料作物种植以甘蔗为主,甘蔗的种植又集中于巴西、印度等少数国家,生产的集中性加剧了食糖市场的波动。

一、全球食糖生产的基本情况

(一) 食糖总产量

当前世界食糖产量基本处于长期稳定增长的趋势中(图 3 - 9)。食糖产量的周期性比较明显,基本每五到六年就会出现一个比较明显的周期。2009 年到 2012 年处于一个上升的周期,但 2013 年开始食糖产量开始下降。2016 年以后食糖产量处于上升周期中。1995 年全球原糖产量为 11 902 万吨,2018 年原糖产量增长到 18 217 万吨。

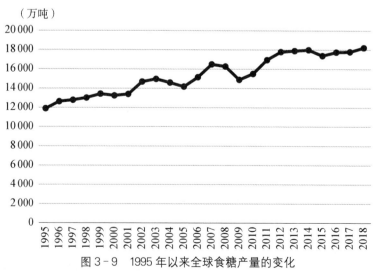

图 3 - 9 1995 年以来全球食糖产量的变化

注:此处的食糖指的是机制原糖(Sugar Raw Centrifugal)。联合国粮农组织统计数据库中原糖的产量最新只提供到 2018 年的数据。

资料来源:联合国粮农组织统计数据库。

（二）主要的食糖生产国或地区

与其他大宗产品相比,全球食糖的生产比较分散。全球食糖产量排名靠前的国家(地区)分别为:巴西、印度、欧盟、中国、泰国、俄罗斯、美国和墨西哥等(表3-13)。

表3-13　全球主要国家(地区)的食糖生产量　　　　　（万吨,%）

	2016/2017	2017/2018	2018/2019	2019/2020	2020/2021	2020/2021年度各国占比
巴西	3 915	3 915	3 887	2 950	3 030	18.22
印度	2 220	2 220	3 430.9	3 430	2 890	17.38
欧盟	1 831	1 551	1 951	1 675	1 656	9.96
中国	930	930	1 030	1 076	1 040	6.25
泰国	1 003	1 003	1 471	1 458	829	5
俄罗斯	620	620	656	608	780	4.69
美国	814	814	843	816	739	4.45
墨西哥	631	631	637	681	560	3.37
全球	17 405	17 214	19 419	17 917	16 629	

注:此处的食糖是指机制食糖(Centrifugal Sugar)。
资料来源:美国农业部。

巴西是全球最大的产糖国和食糖出口国,产量约占世界的20%(2020/2021年度的占比为18.22%)。印度是全球第二大产糖国(食糖产量约占全球食糖总产量的18%)。欧盟食糖产量约占全球食糖产量的比重不到10%,由于欧盟共同农业政策的改革,欧盟原来是全球食糖出口的主要地区之一,但近年欧盟食糖产量出现大幅度降低,食糖市场由原来的供大于求转向供不应求,欧盟也由原来的食糖净出口转变为食糖净进口。中国食糖产量居世界第四位(食糖产量约占全球食糖产量的6%),泰国食糖产量占到全球第五位(食糖产量约占全球食糖产量的5%)。俄罗斯食糖产量约占全球5%的份额。其他国家的食糖产量均不太高。

二、全球食糖消费的变化

全球食糖的消费在20世纪80年代以后出现了快速的增长。1980年全球食糖的消费量为9 000万吨左右,随后食糖的消费量开始稳定增长,80年代的年增长率平均为3.1%。90年代食糖消费的年增长率下降到

2.2%。进入 21 世纪以后,亚洲、中东地区和非洲的食糖消费保持了比较高的增长率,这些地区的年均增长率都超过 4%。当前全球人口已经突破了 70 亿,且 75%的人口分布在亚洲和非洲。亚洲和非洲的很多国家人均食糖消费水平非常低,远远低于世界平均水平。因此这些国家未来食糖消费的增长潜力非常大。

表 3 - 14 为全球主要的食糖消费国的基本情况。印度是全球最大的食糖消费国,其年食糖消费量在 2700 万吨左右,2020/2021 年度其食糖消费量占到全球食糖消费量的 15.80%;欧盟是全球第二大的食糖消费地区,其年食糖消费量在 1700 万吨左右,2020/2021 年度其食糖消费量占到全球食糖消费量的 9.72%;中国是全球第三大的食糖消费国,其年食糖消费量在 1540 万吨左右,2020/2021 年度其食糖消费量占到全球食糖消费量的 9.01%;美国是全球第四大的食糖消费国,其年食糖消费量在 1100万吨左右,2020/2021 年度其食糖消费量占到全球食糖消费量的 6.54%。

表 3 - 14   全球主要国家(地区)的食糖消费量   （万吨,%）

	2016/ 2017	2017/ 2018	2018/ 2019	2019/ 2020	2020/ 2021	2020/2021 年 度各国占比
印度	2 550	2 550	2 650	2 750	2 700	15.80
欧盟	1 875	1 544	1 700	1 700	1 660	9.72
中国	1 560	1 560	1 570	1 580	1 540	9.01
美国	1 098	1 098	1 093	1 098	1 117	6.54
巴西	1 055	1 055	1 060	1 060	1 065	6.23
印尼	619	619	638	706	736	4.31
俄罗斯	594	587	611	602	612	3.58
巴基斯坦	510	510	530	540	560	3.28
全球	17 061	16 899	17 319	17 265	17 084	

数据来源:美国农业部。

三、全球食糖的进出口贸易

当前,全球食糖贸易量占到食糖总产量的比例为 40%左右。全球食糖出口相对比较集中,包括巴西、泰国、印度、澳大利亚、危地马拉、墨西哥、欧盟、南非等国家和地区,国际食糖贸易量呈现增长趋势。巴西是全球最大的食糖出口国,出口量呈现增长趋势,其 2017/2018 年度的出口量达到

2 820 万吨,占到全球食糖出口总量的 47.9%,随后两年出口出现一定的下滑,2019/2020 年度巴西食糖出口 1 928 万吨,占比 36.19%,2020/2021 年度的食糖出口增长到 3 215 万吨,占比为 50.01%。食糖出口方面排在巴西之后的是泰国、印度和澳大利亚。泰国是亚洲最大的食糖出口国,也是全球第二大食糖出口国,2020/2021 年度泰国食糖出口量为 730 万吨,在全球的占比为 11.36%。印度食糖出口在最近几年连续上涨,2020/2021 年度达到 600 万吨,占比 9.33%。其他国家的食糖出口占比都不超过10%。欧盟食糖政策的改革后,其食糖出口出现大幅下降,甚至欧盟内部食糖生产已经不能满足其需求,使其从食糖的净出口地变为全球主要的食糖进口地。OECD 与 FAO 预计食糖贸易将在未来几年呈恢复性增长,非洲及中东地区的食糖出口呈现较大增长。

食糖进口较为分散,进口量较大的国家或地区有中国、印尼、美国、孟加拉国、阿尔及利亚、马来西亚、欧盟、韩国等。全球最大的食糖进口国是印尼,印尼食糖进口近年保持一定的增长,2020/2021 年度食糖进口占比为 9.63%。中国食糖进口近年保持比较稳定,都超过了 400 万吨,2020/2021 年度中国食糖进口占到全球总量的 9.08%。美国进口也保持了一定的增长,2020/2021 年度进口 286 万吨,占比达到 5.3%。其他国家食糖进口所占份额也都不超过 5%(表 3-15)。

表 3-15 全球食糖主要出口及进口国(地区)的进出口量及占比 (万吨,%)

		2016/2017	2017/2018	2018/2019	2019/2020	2020/2021	2020/2021 年度各国占比
出口	巴西	2 850	2 820	1 960	1 928	3 215	50.01
	泰国	702	1 091	1 061	667	730	11.36
	印度	213	224	470	580	600	9.33
	澳大利亚	400	360	374	360	334	5.19
	危地马拉	198	188	213	186	173	2.69
	墨西哥	129	115	234	129	159	2.47
	欧盟	199	435	241	146	100	1.56
	南非	22	77	104	145	99	1.53
	全球	6 005	6 580	5 786	5 308	6 428	
进口	印尼	478	433	536	476	520	9.63
	中国	460	435	409	441	490	9.08

续表

	2016/2017	2017/2018	2018/2019	2019/2020	2020/2021	2020/2021年度各国占比
美国	294	297	279	384	286	5.30
孟加拉国	210	265	243	240	245	4.54
阿尔及利亚	214	226	233	247	241	4.45
马来西亚	189	200	214	197	213	3.94
欧盟	291	161	237	224	200	3.70
韩国	176	186	200	193	190	3.52
全球	5 528	5 574	5 341	5 395	5 399	

数据来源:美国农业部。

四、全球食糖库存的变化

根据美国农业部的数据,全球食糖库存近年基本在 5 000 万吨左右。当前全球食糖期末库存排在前面的国家或地区分别为印度、泰国、中国、巴基斯坦、印尼、美国、菲律宾、欧盟(表 3 - 16)。印度的食糖库存处于比较高的水平,2020/2021 年度期末库存量为 1 537 万吨(库存消费比为 0.569),占到全球 33.54% 的份额。泰国的食糖库存在 2020/2021 年度为 538 万吨,与前一年度相比有较大下降,占比 11.74%;中国的食糖库存也处于较高的水平,但中国食糖库存从 2015/2016 年度之后迅速下降,2020/2021年度期末库存量为 438 万吨(库存消费比为 0.284)。

表 3 - 16　主要国家(地区)的食糖期末库存及占比　　　(万吨,%)

	2016/2017	2017/2018	2018/2019	2019/2020	2020/2021	2020/2021年度各国占比
印度	657	1 421	1 761	1 461	1 537	33.54
泰国	562	684	833	759	538	11.74
中国	781	657	541	464	438	9.56
巴基斯坦	281	314	192	169	225	4.90
印尼	174	179	230	195	179	3.90
美国	170	182	162	147	164	3.57
菲律宾	117	107	123	129	127	2.78

	2016/ 2017	2017/ 2018	2018/ 2019	2019/ 2020	2020/ 2021	2020/2021 年 度各国占比
欧盟	178	155	126	199	111	2.42
全球	4 203	5 185	5 313	4 878	4 584	

数据来源:美国农业部。

五、全球食糖价格波动

图 3-10 为 1995 年以来全球食糖价格的变动情况。

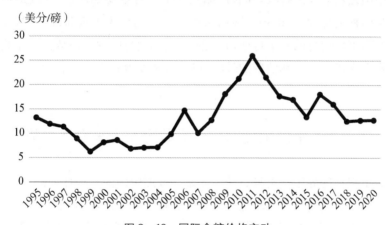

图 3-10　国际食糖价格变动

注:食糖价格为 I.S.A.平均价格,加勒比港口散装(FOB & Stowed)。

数据来源:联合国贸易和发展会议。

可以看出,国际食糖价格波动较大。1974 年左右及 1980 年左右,国际食糖价格出现大幅波动。1995—1999 年,食糖价格保持下降趋势,从 1995 年的 13.28 美分/磅下降到 1999 年的 6.27 美分/磅,价位开始处于较低水平。受 1998 年亚洲金融危机等因素的影响,之后几年国际食糖价格一直保持在非常低的水平。2004 年以后食糖价格开始上升,在 2006 年达到 14.77 美分/磅的高位。2007 年后,原糖价格短暂下调后即进入上涨通道,至 2011 年达到 26 美分/磅。2011 年以来国际食糖价格出现大幅度下跌,2015 年的价格为 13.43 美分/磅。2016 年短暂回调后,2017 年以后又处于下跌趋势,2020 年价格为 12.8 美分/磅。根据 FAO 和 OECD 的预测,世界食糖价格预计在未来一段时间内仍将维持震荡态势。

第四章　中国重点农产品供需平衡分析及未来发展趋势

中国是农业大国,在国际农产品贸易中占有重要地位,农业发展所面对的是两种资源、两个市场。国内重点农产品的供需平衡状况,直接反映了该产品市场运行的基本特征,并决定了国际贸易的发展态势。本章将对中国重点农产品生产和消费的现状,以及未来发展趋势作重点探讨。

第一节　中国粮食国内供需状况及未来发展趋势

关于粮食的界定一直没有统一起来。按照中国国家统计局的界定,粮食包括三大类:谷物、薯类和豆类。其中谷物主要包括麦类(小麦、大麦、燕麦等)、稻类(粳稻、糯稻等)和粗粮类(玉米、高粱、荞麦等);薯类主要包括马铃薯、红薯、木薯等;豆类主要包括大豆、小豆、绿豆等。国家统计局公布的粮食产量数据就包括这些品类的合计①。联合国粮农组织规定的粮食概念则仅包括谷物。本书对于粮食的概念采用联合国粮农组织对粮食的界定,即不包括薯类和豆类(国际上经常将大豆作为油料作物进行统计)。鉴于糜子、大麦、高粱、燕麦、黑麦等数量较小,因而本书重点研究对象为三大主粮,即小麦、稻谷和玉米。

一、中国粮食生产和消费的发展情况

改革开放以来中国的粮食生产经历了两个发展过程:1980—1998 年,在全国推行家庭联产承包责任制,充分调动了农民的生产积极性,同时粮食收购价格得以大幅提高,本阶段中国粮食产量出现大幅度提高;1999 年

---

① 国家统计局公布的关于粮食产量数据的说明中,特别提到粮食产量按收获季节包括夏收粮食、早稻和秋收粮食,按作物品种包括谷物、薯类和豆类。

以来,中国城市化进程加快,同时开始实施退耕还林政策,农业结构进行战略性调整,耕地数量出现大幅度下降,粮食收购价格偏低,粮食播种面积年度之间出现较大的波动。

(一)粮食生产状况

这里主要分析中国粮食种植面积、单位产量和总产量的变化情况,数据来源于国家统计局。具体的中国粮食(这里指的是谷物)总产量以及小麦、玉米、稻谷产量数据见图4-1。可以看出,谷物类产品中稻谷、玉米、小麦是中国最重要的三大主粮。2012年以前的年份中稻谷在谷物中所占比例最高,其次是玉米,小麦所占比例最小。但2012年以后玉米产量增长较快,在谷物中所占比例超过稻谷成为中国最重要的粮食产品。如2003年中国稻谷、玉米、小麦在谷物中所占比例分别为43%、31%、26%,而2020年中国稻谷、玉米、小麦在谷物中所占比例分别为32%、39%、20%。

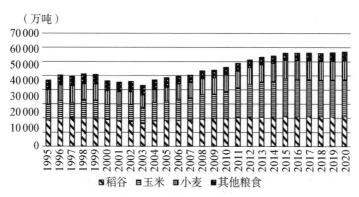

图4-1 中国主要谷物总产量变化

数据来源:国家统计局数据库。

稻谷、小麦以及玉米总产量的变化趋势大致相同,1997—2003年,产量呈现下降趋势,2004—2015年,产量处于上升状态,2016年以后产量相对比较平稳。1997年稻谷、玉米、小麦的年产量分别是20 073万吨、10 430万吨、12 329万吨,当时稻谷是中国的第一大粮食品种。2003年稻谷、玉米、小麦的年产量分别是16 066万吨、11 583万吨和8 649万吨,与1997年相比出现了大幅度的下降。2004年后国家进行了一系列改革,如取消农业税和农业特产税,开始鼓励农民进行粮食生产,并实施了对种粮农民的直接补贴,对购买良种和农机进行补贴等。这些措施的实施稳定了粮食的播种面积,粮食产量开始逐年提高,随之出现了粮食产量的"十二连增"。2015年以后中国粮食产量基本保持了稳定,如2020年稻谷、玉米、小麦的产量分别为21 186万吨、26 067万吨和13 425万吨。

(二) 粮食消费状况

由于人口众多,中国是一个粮食消费大国。改革开放以后中国居民基本解决了温饱问题,粮食的消费数量和消费结构都发生了比较大的变化。如口粮消费在下降,饲料粮消费逐渐上升。食品深加工的发展也促使加工用粮消费出现快速增长。

1995 年以来,三大主粮消费量均出现了比较明显的增长,尤其是 2005 年以后消费增长速度开始加快(图 4-2)。1995 年,稻谷、玉米和小麦的年消费量分别为 13 124 万吨、10 120 万吨和 10 650 万吨,合计消费量为 33 894 万吨。到 2020 年三大主粮中稻谷的消费量进一步增长为 14 650 万吨,玉米增长为 28 550 万吨,小麦增长为 13 400 万吨,合计消费量为 56 600 万吨。总体上来说,三大主粮消费总量基本保持了持续的增长,从 1995 年到 2020 年总增长率达到了 67%,年均增长率为 2.16%。

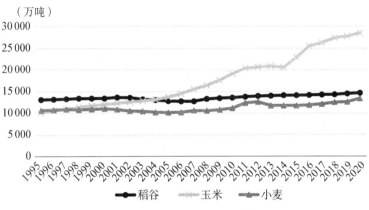

图 4-2 中国稻谷、玉米、小麦消费量变化

数据来源:美国农业部。

从图 4-2 中可以看出,稻谷的消费变化相对比较平稳。从 1995 年到 2003 年,稻谷一直都是粮食消费总量中占比最高的,平均都在 40%。但从 2004 年以后玉米的消费量超过稻谷,成为中国消费最高的粮食品种。小麦的消费量低于稻谷,但年度之间消费量的变化比较平稳。由于近年玉米主要是作为饲料用粮及工业原材料,随着养殖业以及相关工业的发展,玉米的消费量快速增长。三大主粮中,玉米的消费量增长速度是最快的。玉米的消费量从 1995 年的 10 120 万吨增长到 2020 年的 28 550 万吨,总增长率为 182.1%,年均增长 4.42%。玉米已经成为中国消费量最高的粮食品种,稻谷排在第二位,小麦消费量是最少的。

1995 年到 2020 年间,中国小麦、玉米和稻谷三种粮食消费增长了

22 706 万吨,其间有多年为产不足需年份,需要通过库存、进口调剂缺口。总体上看,中国粮食消费刚性增长,产量波动性提高,总量供需矛盾时现。

二、中国粮食供需变化的主要影响因素

(一) 中国粮食生产的主要影响因素

影响粮食产量的因素包括耕地与水资源(郭淑敏等,2009)、农业基础设施建设水平(王圣云,2009)、科技水平、粮食政策(梁子谦,2007;庞增安,2004)、农民收入水平以及粮食价格(张利国,2008)等因素。

1. 耕地数量及耕地质量

粮食属于土地密集型产品,粮食最基本的生产要素就是土地。尽管中国国土面积很大,但是地形复杂,可用耕地数量非常有限。1997 年中国的耕地面积为 12 990.3 万公顷,到 2008 年下降到 12 171.6 万公顷。随后中国开始实施严格的耕地保护,并进行土地的复垦及开发整理,全国的耕地数量有所补充,2009 年的耕地数量增长到 13 538.5 万公顷。随着工业化与城市化进程的加快,中国的耕地面积仍然呈现出减少的趋势。根据自然资源部《2017 中国土地矿产海洋资源统计公报》,2016 年末全国农用地 64 512.66 万公顷,其中耕地为 13 492.1 万公顷(20.24 亿亩),比 2015 年末略有减少,只有世界平均水平的 40%。

中国不仅耕地数量严重不足,耕地质量也总体偏低。根据自然资源部《2017 中国土地矿产海洋资源统计公报》,2016 年末全国耕地平均质量等别为 9.96[①]。其中,优等地面积占全国耕地评定总面积的 2.90%,高等地面积占 26.59%,中等地面积占 52.72%,低等地面积占 17.79%。可以看出,中国耕地质量以中等地为主,低等地占比也较高。中国耕地质量偏低主要体现在:土壤肥力比较低,有机质含量低;由于连年耕种以及大量使用化肥和农药,土壤的退化现象比较严重;很多耕地由于缺水严重影响产出。

2. 农业基础设施

农业基础设施是确保粮食生产稳步增加的基础条件。农业基础设施一般指农业用电、公路建设和灌溉设施。农业灌溉设施和农村公路设施能够显著降低农业的生产成本,提高农业的生产率(吴清华,2015),农电设施对农业生产的促进作用也非常明显(李谷成,2015)。

---

① 全国耕地评定为 15 个等别,1 等耕地质量最好,15 等耕地质量最差。1—4 等、5—8 等、9—12 等、13—15 等耕地分别划为优等地、高等地、中等地、低等地。

3. 气候及水资源条件

中国的气候复杂多样,东部地区为季风性气候,夏季高温多雨,冬季寒冷;西北部属于温带大陆气候。大部分地区冬季降水较少,气温偏低。多样化的气候条件使得中国农作物种类丰富,适合种植玉米、小麦、稻谷等粮食作物。但近年频发洪涝、干旱等灾害性天气,对粮食生产造成不利影响。根据中经网统计数据库的数据显示,2020 年农作物受灾面积 1 996 万公顷,其中绝收 271 万公顷。这也说明中国在农业基础设施以及救灾技术等方面还有所欠缺。中国的水资源丰富,但在地区之间的分布不均匀,呈现典型的南多北少、东多西少的格局,尤其在中国西北内陆地区严重缺水,对粮食生产影响极大。

4. 农业国内支持政策

中国从 2004 年开始实行粮食的直接补贴政策,粮食直补实施以来,提高了农民种粮的积极性,粮食播种面积和粮食总产量出现了持续的增长,因此,粮食直补政策是保障国家粮食安全的重要措施。与此同时,中国实行了对稻谷和小麦的最低保护价收购和玉米的临时收储政策,这些政策有效稳定了国内粮食生产。但在当前国际粮食价格比较低迷的情况下,中国粮食收购保护价政策的实施造成的价格扭曲也使其可持续性面临新的挑战。另外,如果持续推行现行的粮食最低收购价政策,不仅对财政带来很大的负担(国家财政用于粮食的支出不断提高,2004 年是 1 542.84 亿元,到了 2011 年增加到了 6 757.53 亿元),而且很快将突破中国加入 WTO 承诺中关于"黄箱"政策使用的上限。因此应该逐步调整现行价格补贴政策,改用对市场及价格不产生扭曲效应的"绿箱"补贴政策。2015 年中国开始逐步降低甚至取消了玉米的临时收储价格,改为"市场化收购＋生产者补贴"的方式。2017 年以后逐步下调稻谷和小麦的最低收购价。2019 年小麦的最低收购价下降到 1.12 元/斤。

5. 农业生产技术

科学技术是推动农业发展的动力,在耕地数量非常有限的前提下,也是未来进一步提高粮食产量的重要途径。目前,中国农业生产技术与发达国家相比,还处于偏低水平,技术投入不足,技术的贡献率也不高。未来现代农业的发展,中国粮食产量的继续提高,必须依赖农业的技术进步和农业投资的增长。2011 年以来三大主粮的生产成本出现了快速的上升。根据《全国农产品成本收益资料汇编》的数据,三大主粮平均人工生产成本从 2006 年的 151 元/亩上涨到 2018 年的 419 元/亩;平均土地成本从 2006 年的 68 元/亩,上涨到 2018 年的 225 元/亩(杜志雄、韩磊,2020)。

(二) 中国粮食消费的主要影响因素

1. 消费升级导致优质粮市场需求增加

粮食消费中出现的一个新的变化为,粮食消费开始向优质化、品牌化、绿色化、特色化转变。消费者呈现出多样化的粮食消费需求。国家提出粮食产业的高质量发展,增加优质粮的供给。但也应看到,中国粮食产业供给与需求之间矛盾仍然比较突出,国产粮食总体品质不高,精深加工不够,优质特色产品偏少。

2. 粮食消费结构发生变化

人口增长及居民饮食结构变化,使得对口粮消费、饲料消费、工业消费在内的粮食需求持续增长。从三大类消费来看,工业用粮和饲料用粮增长较快,而口粮需求缓慢增长。中国居民的饮食消费结构正在并还将发生改变。1995 年后,中国的这种变化直接导致了粮食消费结构的变化。

3. 生物质能源、农产品深加工等的发展增加了对粮食的需求

近年生物质能源的兴起增加了对粮食的需求,如燃料乙醇的发展遭遇到诸如"与人争粮""与粮争地"等问题。中国在粮食深加工领域也发展很快,各种各样的方便食品、休闲食品等的需求量日益增多。这种变化也进一步增加了对粮食的需求。

4. 粮食金融属性的增强

粮食商品越来越表现出其经济属性和金融属性,具有一定的投融资价值。粮食品种已经成为期货交易所的重要商品,国际上金融资本进入粮食领域的数量也非常大。近年来中国农产品期货市场迅速发展,粮食期货受到各方越来越高的关注,粮食期货市场的套期保值及投资功能也备受关注,国内粮食价格与国际价格的联动性进一步增强。

三、粮食供需未来发展趋势分析

这里从粮食总产量方面分析中国粮食生产的未来发展趋势。

(一) 粮食生产未来发展趋势

选取 1995—2020 年中国稻谷、小麦、玉米产量为样本,首先做出趋势图,见图 4-1。可以看出,中国稻谷产量大部分年份在 20 000 万吨左右,年度间出现一定的波动,2004 年后中国稻谷产量出现持续增长,但 2010 年后稻谷产量增长速度开始放缓;小麦产量大部分年份在 10 000 万吨到 13 000 万吨之间,年度间出现一定的波动,2004 年后小麦产量出现持续增长;玉米产量在 2001 年后出现持续快速增长,但 2014 年后玉米产量增长速度开始放缓。

这里分别运用回归分析法、灰色系统预测法、指数平滑评估预测法对2021—2030年的三大主粮产量进行预测,对比分析发现:稻谷的预测值采用灰色系统预测法能得到比较满意的预测结果,玉米和小麦的预测值采用回归分析预测法的结果比较客观。玉米和小麦用 ARMA 模型进行建模与预测。运用 ARMA 模型进行建模与预测具体过程是:先对时间序列进行平稳性检验,再根据序列相关图对模型进行定阶,保留并采用数据最优的模型阶数,并对保留的模型进行相关检验,通过检验后利用所得模型对未来十年数据进行预测。具体的预测值见表 4-1。

可以看出,未来 10 年中国三大粮食作物产量的预测值会有一定的增长,其中玉米产量会保持较高的增长速度。2030 年中国稻谷的产量可能增长到15 822 万吨,玉米的产量增长到 31 652 万吨,小麦的产量增长到 13 630 万吨。

表 4-1   2021—2030 年中国三大主粮产量预测值　　　　　　(万吨)

	2021	2022	2023	2024	2025	2026	2027	2028	2029	2030
稻谷	14 919	15 017	15 115	15 214	15 314	15 414	15 515	15 617	15 719	15 822
玉米	26 441	26 873	27 428	27 996	28 574	29 165	29 768	30 383	31 011	31 652
小麦	13 604	13 608	13 611	13 614	13 617	13 620	13 623	13 626	13 628	13 630

(二)粮食消费发展趋势

1995 年以来,中国不同粮食品种的消费出现不同的变化特点:玉米消费保持较快的增长,从 1995 年的 10 120 万吨增长到 2020 年的 28 550 万吨;稻谷和小麦消费表现出缓慢增长的变化趋势,1995 年到 2010 年,消费的变化不大,2011 年以后,稻谷和小麦的消费出现一定幅度的增长。

这里分别运用回归分析法、灰色系统预测法、指数平滑评估预测法对2021—2030 年的三大主粮消费量进行预测,对比分析发现稻谷和小麦采用灰色系统预测法得到的结果更加合理,玉米采用回归分析预测法的预测结果更好。具体的预测值见表 4-2。

表 4-2   2021—2030 年中国三大主粮需求量预测值　　　　　　(万吨)

	2021	2022	2023	2024	2025	2026	2027	2028	2029	2030
稻谷	14 374	14 434	14 494	14 555	14 615	14 676	14 738	14 799	14 861	14 923
玉米	29 714	30 871	32 067	33 303	34 580	35 899	37 261	38 668	40 122	41 624
小麦	12 617	12 726	12 836	12 947	13 059	13 171	13 285	13 400	13 515	13 632

　　可以看出,未来10年中国稻谷和小麦预测的需求量会保持一定程度的增长,但稻谷消费增长幅度不大,小麦消费的增长幅度稍大于稻谷。2030年中国稻谷的消费量可能增长到14 923万吨的水平,小麦的消费量可能会增长到13 632万吨的水平。玉米的消费会有较大幅度的增长,2030年的消费量可能增长到41 624万吨。

(三)粮食供需未来发展趋势

　　总体上,中国粮食供需处于长期紧平衡的状态(齐驰名,2020),一方面是供给的过剩,另一方面是不能满足粮食的需求,库存压力大,存在部分粮食品种的大量进口。未来10年中国人口仍可能保持刚性增长,到2030年左右达到高峰,中国的城镇化进程也会继续加快,人均GDP继续提升。所有这些因素也将导致对粮食的需求保持持续增长。同时受到国内环境及资源约束,粮食生产的增长速度会慢于消费的增长速度。

　　1995年以来,中国玉米的产量和消费量都出现了较大幅度的增长。但2015年以前的大部分年份玉米的国内产量高于国内的消费量。这也导致2011年以来,中国玉米的库存大幅度增长,中国玉米储备占世界库存的比例不断提高。2011年中国玉米期末库存为5 934万吨。2015年的期末库存达到11 077万吨。2016年后玉米的产量有一定程度的下降,但玉米需求量却在继续增长。2015年国家执行了8年的玉米临时收储政策退出历史舞台。2016年后玉米去库存的压力比较大,玉米收购采用市场化收购,玉米价格开始大幅度下降。玉米收购政策的变化以及玉米价格的下跌,使得玉米种植户的生产热情下降,2017年玉米的种植面积和产量都有大幅度的下调,产量已经由2015年最高的2.25亿吨下降到2017年的2.15亿吨。玉米的需求主要集中在两个方面:饲料企业的需求和玉米深加工企业的需求。尤其是玉米深加工方面,近年对玉米的需求呈现明显的增长态势。在供需双方面变化的情况下,玉米的库存也出现了大幅度的下降,国内玉米市场的供需结构由以前的供应大于需求,开始向供不应求转变,年度缺口增大,这一趋势在未来10年仍将延续,有可能出现较大的缺口,产需缺口可能达到1亿吨。

　　小麦的供需方面,2005年后小麦供需都出现了缓慢的增长,而且大部分年份小麦的产量高于小麦的需求量,进口量也保持在了一个比较高的水平。这些因素在一定程度上推动了小麦的库存连续升高。2015年小麦库存为9 704万吨,到2016年进一步升高到11 850万吨。小麦的主要用途是口粮需求,是我国的第二大口粮。随着近年人口数量的增长,以及居民饮食消费结构的调整,小麦的需求呈现出缓慢的增长。未来10年小麦的供需将保持基本的平衡。

　　稻谷的供需方面与小麦类似,2005 年后稻谷供需都出现了缓慢的增长,而且大部分年份稻谷的产量高于需求量,且 2011 年以来稻谷进口量也保持在了一个比较高的水平。这些因素在一定程度上推高了稻谷的库存连续升高。2015 年稻谷库存为 7 850 万吨,到 2016 年进一步升高到 8 650万吨。稻谷的主要用途是口粮需求,是我国的第一大口粮。2020 年新冠疫情发生以来,国际稻谷价格出现一定程度的上涨,但中国稻谷的生产及库存都保持在了较高的水平,超过了国内稻谷的消费量。随着近年人口数量的增长,以及居民饮食消费结构的调整,人均稻谷消费量呈现下降趋势,稻谷的总体需求呈现出缓慢的增长。未来 10 年这一趋势仍将维持。

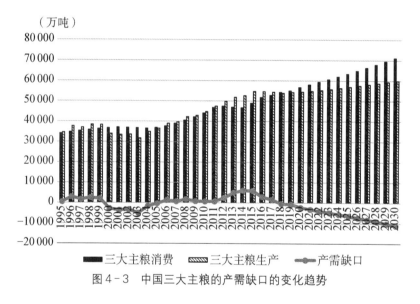

图 4-3　中国三大主粮的产需缺口的变化趋势

第二节　中国大豆国内供需状况及未来发展趋势

　　中国是大豆的原产地,大豆种植历史悠久,消费文化底蕴深厚。在中国,由于蛋白质含量丰富,大豆成为居民植物蛋白的重要来源,被誉为"营养之王"。中国国产大豆有 80% 被加工成豆制品或调味品。大豆在土壤养护方面还有重要作用,其具有根瘤共生固氮的作用。大豆成熟后,秸秆少、落叶多,养分归还率高,能起到培肥地力的作用。因此,大豆产业在中国占有重要的地位。从古至今,大豆一直被认为是中国的重要粮食作物,和稻谷、小麦、玉米并称为中国的四大粮食作物,并且这种划分方法在中国大田作物分类中一直沿用至今。如今,大豆在中国仍然具有重要的食用价值,但是其粮食作物的属性却更多地被经济作物的属性替代了。

一、大豆的国内生产情况

中国是大豆的发源地,种植大豆的历史超过 5000 年。司马迁的《史记》中有"五种,黍稷菽麦稻也"的说法,"菽"即为大豆。国内一直把小麦、水稻和玉米当作粮食,大豆原先也被视作粮食作物,但在 20 世纪 90 年代初期被划入了油料作物的范畴。

(一) 收获面积

由于大豆种植所需的气候条件相对宽松,在中国除了热量不足的高海拔、高纬度和年降水量在 250 毫米以下,又无灌溉条件的地区不适宜大豆作物成长以外,一般均有大豆种植。中国大豆的集中产区位于东北三省、内蒙古、黄淮海平原的一部分地区。

从中国的大豆收获面积来看,自新中国成立以来经历了一定的波折起伏。1995—2005 年期间,中国大豆收获面积处于缓慢上升态势,从 1995 年的 813 万公顷,增长到 2005 年的 959 万公顷,但由于进口大豆大量进入中国,大豆的种植效益相对低下,国产大豆销售困难。随后大豆收获面积缓慢下降,2015 年降低到了仅 651 万公顷,这是新中国成立以后中国大豆收获面积的最低水平。2016 年以后国家出台相关政策鼓励大豆的生产,大豆的收获面积缓慢回升,到 2019 年增长到 843 万公顷(图 4 - 4)。

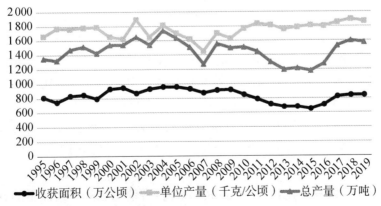

图 4 - 4　中国大豆收获面积、单位产量及总产量的变化

数据来源:联合国粮农组织数据库。

（二）总产量

1995 年以来,大豆的总产量年度间的变化不大。2004 年是一个分界点,1995—2004 年,大豆产量处于增长态势,2004 年以后大豆产量基本处于下降态势,大豆产量的下降主要原因在于种植面积的下滑。1995 年产量为 1350 万吨,随后缓慢增长到 2004 年的 1740 万吨;随后开始逐年下滑,2007 年降为 1273 万吨,2008 年恢复性增长到 1554 万吨,但从 2009 年开始又进入下降通道,2015 年中国大豆产量只有 1179 万吨,几乎是 1995 年以来的最低点,2016 年以后大豆产量缓慢上升,到 2019 年增长到 1573 万吨(图 4 - 4)。

（三）单位产量

1995 年以来,大豆的单位产量有所增加,但增长并不明显。1995 年大豆单位产量水平为 1662 千克/公顷,到 2019 年增长到 1867 千克/公顷,增长了 12.3%。

二、大豆的国内消费情况

（一）大豆在中国的主要用途

国产大豆的品质特点主要表现为蛋白含量高、非转基因、可食用。以东北春大豆为例,其营养价值很高,蛋白质含量丰富(蛋白含量约占 40%),还含有人体需要的多种氨基酸及矿物质。因此,国产大豆发展的定位就是满足国内食用大豆需求。国产大豆是重要的食品工业原材料,可以生产保健食品、豆粉等,还可以直接生产豆腐或豆芽。国产大豆还可作为重要的牲畜饲料来源。在作物轮作中,大豆具有固氮作用,可以提高土壤的肥力,减少化肥的使用。进口大豆以转基因大豆为主,主要用作榨油和生产饲用豆粕,国产大豆主要以食用大豆为主。价格方面,由于产量低,国产大豆及豆粕的价格比进口大豆、豆粕价格要每吨高出 800~1000 元。由此可见,受到消费习惯及传统文化的影响,中国大豆的消费结构与世界其他国家相比差别较大,在中国大豆是重要的植物蛋白来源,而世界其他国家大豆的主要用途是榨油和动物饲料的生产。随着中国大豆进口量的增大,大豆的榨油消费也变得越来越重要。国内的压榨企业越来越多地使用转基因大豆作为原材料。

与普通大豆相比,转基因大豆产量高,含油量也高。其油脂的含量比非转基因大豆高出 1%~2%,油脂含量在 20% 左右,豆粕的产出率是 80%。国内在大豆进口放开以前,食用油领域以花生油和菜籽油为主,大豆油数量很少。大豆进口放开以后,由于大豆油具有产量高、没有异味、营养价值高等优点,迅速成为食用油领域的主要品种,消费占比逐渐提高。当前,中国消费者的食用油消费已经转变为以大豆油为主。

(二) 大豆消费量不断增长

20 世纪 90 年代以前中国大豆的年消费量基本不超过 1 000 万吨。但是,随着中国经济的发展以及消费者消费水平和消费结构的变化,对大豆的消费需求开始快速上升。1995 年大豆的年消费量只有 1 408 万吨,2002 年就迅速超过了 3 000 万吨。2008 年大豆消费超过 5 000 万吨,2013 年则超过了 8 000 万吨。2020 年中国大豆消费量为 11 740 万吨,与 1995 年相比增长了 734%(图 4 - 5)。

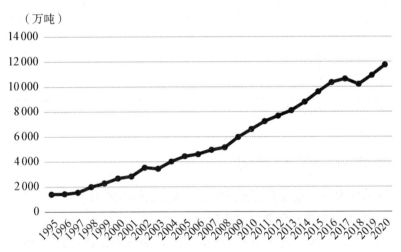

图 4 - 5　1995—2020 年中国大豆的消费量

数据来源:美国农业部数据库。

三、大豆的供需缺口分析

表 4 - 3 为 1995 年以来中国大豆的供需缺口。可以看出,中国大豆的供需缺口在逐年扩大。供需缺口的不断扩大,导致中国大豆进口量可能会不断增加。2020 年中国大豆的消费量已经达到 11 740 万吨,其中 9 990 万吨都是从国外进口的。未来一段时间,中国大豆的供需缺口可能将持续扩大。

表 4－3 中国大豆的供需缺口 （万吨）

	生产	需求	供需缺口		生产	需求	供需缺口
1995	1 350	1 408	58	2008	1 554	5 126	3 572
1996	1 322	1 431	109	2009	1 498	5 938	4 440
1997	1 473	1 547	74	2010	1 508	6 590	5 082
1998	1 515	1 993	478	2011	1 449	7 207	5 758
1999	1 425	2 285	860	2012	1 305	7 618	6 313
2000	1 541	2 671	1 130	2013	1 220	7 965	6 745
2001	1 541	2 831	1 290	2014	1 215	8 720	7 505
2002	1 651	3 529	1 878	2015	1 179	9 500	8 321
2003	1 539	3 438	1 899	2016	1 296	10 280	8 984
2004	1 740	4 021	2 281	2017	1 528	10 630	9 102
2005	1 635	4 444	2 809	2018	1 597	10 200	8 603
2006	1 508	4 613	3 105	2019	1 810	10 920	9 110
2007	1 273	4 942	3 669	2020	1 750	11 740	9 990

数据来源：美国农业部数据库。

四、大豆供需未来发展趋势分析

这里从大豆产量及需求方面分析中国大豆供需的未来发展趋势。

（一）大豆生产和消费发展趋势

选取 1995—2020 年中国大豆产量为样本，首先做出趋势图，见图 4－6。可以看出，中国大豆产量在 1995—2004 年间处于增长趋势，2004 年大豆产量达到 1 740 万吨，但从 2005 年以后大豆产量开始处于下滑趋势，2015 年的产量只有 1 200 万吨，2016 年以后总产量有一定增长。这里分别运用回归分析法、灰色系统预测法、指数平滑评估预测法对 2021—2030 年的大豆产量进行预测，发现运用 ARMA 模型进行回归分析能得到比较理想的预测结果。具体的预测值见表 4－4。可以看出，未来 10 年中国大豆产量的预测值缓慢下降。2030 年中国大豆的产量可能下降到 1 535 万吨。

1995 年以来，中国大豆的消费出现快速增长，从 1995 年的 1 408 万吨增长到 2020 年的 11 740 万吨，年均增长率为 8.8%。这里分别运用回归分析、灰色系统预测法、指数平滑评估预测法对 2021—2030 年的大豆消费量进行预测，对比分析发现采用回归分析预测法能得到比较满意的预测结果。用 ARMA(1,1)预测出未来十年的数据,预测显著水平很高。具体的预测值见表 4-4。可以看出,未来 10 年中国大豆需求量的预测值保持较快的增长。2030 年大豆的消费量可能增长到 21 547 万吨的水平。

表 4-4　2021—2030 年中国大豆产量和需求量预测值　　　　　（万吨）

	2021	2022	2023	2024	2025	2026	2027	2028	2029	2030
产量	1 679	1 631	1 598	1 576	1 561	1 551	1 544	1 540	1 537	1 535
需求量	12 475	13 256	14 086	14 968	15 905	16 901	17 959	19 083	20 278	21 547

(二) 大豆供需未来发展趋势

为了更加直观,这里做出 1995 年以来一直到 2030 年大豆供需的未来发展趋势图,并做出产需缺口的变化(图 4-6)。

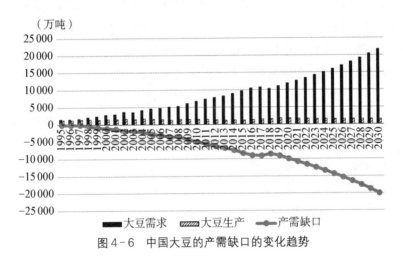

图 4-6　中国大豆的产需缺口的变化趋势

2017 年中国大豆产量有一定的增长,增产的主要原因:一是由于政府减小了对玉米的支持力度,很多农民转而改种大豆的热情较高;二是气候条件良好使得大豆的单产增加。2016 年国家在四个大豆的主产区开始实行"目标价格补贴"政策。具体实施办法为,当大豆的市场价格低于设定的目标价格时,农民可以获得补贴。政策的实行使得种植大豆的农民能够获得预期的最低收入。2017 年政府实施"大豆价格以市场导向为主,同时对豆农实行直接补贴",同时,调整了对玉米的支持政策,减少了玉米的种植收益。根据中国农业农村部的数据,2017 年大豆收获面积达到 819 万公顷,比 2016 年增长了 13.8%。相比之下,玉米的收获面积则比上年下降了 166 万公顷。

国内对大豆需求的快速增长,仍然超出了大豆产量的增长,美国及巴西大豆由于生产成本较低,价格相对低廉,导致大豆进口持续保持增长趋势。中国大豆需求以榨油及豆粕生产为主,2016 年以来中国养殖业的现代化程度进一步提高,这都刺激了对大豆类产品的需求。2016 年以来,政府加大了对环境的保护力度,很多地区低水平的小规模养殖企业被迫关闭。大规模养殖场规模的扩大,增加了对大豆粉及复合饲料的需求。由于耕地数量有限以及比较收益较低,中国大豆的种植面积和产量不可能有大幅度的提高。未来 10 年大豆产需缺口将进一步扩大。

第三节 中国棉花国内供需状况及未来发展趋势

棉花不是中国的原产,棉花传入中国有以下途径:亚洲棉最早(约 5000 年前)在印度河流域种植,后来传到东南亚各国及中国、朝鲜和日本;草原棉原产自非洲,后来传入中国的新疆;海岛棉原产南美洲安第斯山区,后来传入了中国华南地区;陆地棉原产于中美洲和加勒比海地区,19 世纪后期传入中国(于邵杰,1993)。中国早在汉代已经在南方地区进行棉花的栽培,公元 6 世纪以后,新疆地区已经有棉花种植,公元 13 世纪的宋末元初,棉花逐步传播到长江以南地区。公元 14 到 15 世纪,棉花普及到长江流域和黄河流域,成为中国重要的农作物(黄炳信,1993)。1930 年以前,中国棉花种植面积在 250 万公顷以下。新中国成立以来,棉花生产发展很快,棉花种植面积、单位产量、总产量等都有较大幅度的提高,在国际上的地位也逐步提高。

一、棉花的国内生产情况

(一) 主要的棉花生产区域

棉花是中国重要的经济作物。当前全国基本上存在三大棉区:西北内陆棉区、黄河流域棉区和长江流域棉区,棉花的种植主要分布在新疆、山东、河北、安徽、河南、江苏、湖北等省区。每年棉花的播种面积在 400 万～600 万公顷之间,占整个农作物播种面积的 3％左右[①]。棉花的商品率较高,高达 95％以上,因此具有较高的经济价值。

在中国的西北内陆棉区,尤其是在新疆棉区,20 世纪 90 年代以来,新疆棉花的总产量、种植面积、单产、品质等都居于全国领先的位置。新疆棉花的

---

① 根据中国统计数据库的数据计算。

总产量近年呈不断增长趋势,占全国的比例不断提高。新疆的地理、气候条件,植棉技术的发展程度以及相对先进的管理模式是形成棉花产业优势的重要原因。目前棉花已经成为新疆经济的支柱产业,棉花产值在全疆农业总产值中所占比重也越来越高,棉花在全疆农民收入中的占比较高,是农民收入的重要来源。同时,棉花生产属于劳动密集型农业,解决了大量农民就业。如新疆在棉花收获季节,每年需要大量的内地农民工。长江流域棉区和黄河流域棉区的棉花种植面积则在缓慢下降。这种变化反映了中国棉花生产逐渐向优势区域转移,一些不适宜种植棉花的区域正在逐步退出棉花种植。

(二)棉花种植面积

改革开放以前,中国棉花种植面积在 500 万公顷左右徘徊。1978 年以后,棉花种植面积有了较快增长,1984 年达到 692 万公顷的历史最高水平,1992 年再次达到 684 万公顷。随后,棉花种植面积基本稳定在 500 万公顷上下。2012 年以后棉花的种植面积处于下降态势,2016 年的种植面积为 320 万公顷,处于较低水平,2020 年为 317 万公顷(4 755 万亩),具体见表 4 - 5。

表 4 - 5　中国棉花的播种面积、产量、单产

年份	产量 (万吨)	单产(千克/公顷)	播种面积 (万公顷)	年份	产量 (万吨)	单产(千克/公顷)	播种面积 (万公顷)
1995	477	879	542	2008	723	1 370	528
1996	420	890	472	2009	624	1 390	448
1997	460	1 025	449	2010	577	1 322	437
1998	450	1 009	446	2011	652	1 441	452
1999	383	1 028	373	2012	661	1 516	436
2000	442	1 093	404	2013	628	1 509	416
2001	532	1 107	481	2014	630	1 508	418
2002	492	1 175	418	2015	591	1 565	377
2003	486	951	511	2016	534	1 671	320
2004	632	1 111	569	2017	565	1 769	319
2005	571	1 129	506	2018	610	1 819	335
2006	753	1 295	582	2019	589	1 764	334
2007	760	1 461	520	2020	591	1 865	317

数据来源:中国统计数据库。

中国棉花的种植面积在年度之间的波动较大,尤其是 2012 年以来,中国的棉花种植面积处于下滑的态势。2016年棉花种植面积出现大幅下滑,尤其是黄河、长江流域棉区减少较多。新疆、内地的棉花种植面积相差悬殊,棉花的价格、产量也相差较大。2020年新疆棉花种植面积为3752.85万亩,占全国种植面积的78.92%[①]。

(三) 棉花单产

1978年以来,中国棉花的单产出现较大幅度的提高。如1978年单产为445.3千克/公顷,到1984年上升到904千克/公顷,随后单产稳定在800千克/公顷左右。转基因抗虫棉开始在国内普及后,棉花单产出现大幅度的上升,1997年以后单产突破1000千克/公顷大关,2016年达到1671千克/公顷,2020年达到1865千克/公顷(表4-5)。新疆棉花的单产显著偏高,如2019年新疆棉花单产为每公顷1965公斤,高于全国平均水平12.5%。

中国棉花单产不断提高的原因在于:(1)科技进步加快。科技进步对棉花生产的支持力度不断提升,棉花新品种数量大幅增长,且新品种的抗病性和品质有明显改进和提高。国育抗虫棉(即Bt棉)完全替代美国品种,抗虫棉的种植节省了农药,保护了环境,减少了人工。棉花杂交品种的种植面积也不断扩大,有效提高了棉花的产量。育苗移栽、地膜覆盖和化学调控等棉花增产技术的采用也是中国棉花单产处于国际领先水平的关键。(2)发展统防统治,减轻病虫害的危害。通过加强测报,实行统防统治,提高了种植水平,病虫害的防治效果显著提高。棉田除草剂应用扩大,减少了人工使用。大面积使用精加工包衣种子,出苗率提高。(3)种植标准化和规模化。棉花生产的规模化、集约化、机械化生产,是大幅度提高劳动生产率的关键。目前新疆是中国棉花的主要种植区,是棉花规模化生产水平最高的地区,在生产建设兵团实现规模化、产业化经营。目前能够基本实现棉田的统一播种,统一进行施肥管理,统一采收,并统一进行籽棉的加工和销售。生产和加工的规模化与标准化提高了棉花种植的劳动生产率,大幅度降低了各项生产成本,还提高了棉花的一致性水平。(4)推进棉花生产的机械化,包括耕地、播种、覆膜、病虫害防治、脱叶催熟、采收等环节,逐渐推广机械化生产模式。

(四) 棉花总产量

自1978年以来,中国棉花总产量有较大的提高,从1978年的217万吨快速上升到1984年的626万吨,随后有一定程度的下降,但一直到2000年,中国棉花产量稳定在400万吨左右。2000年以后,中国棉花产量又进入快速上升期,2007年达到历史最高的760万吨。近年棉花产量虽有波

---

① 数据引自中国棉花网。

动,但维持在相对稳定的水平,在 600 万吨左右波动。中国棉花总产量已经持续多年世界第一,但 2014 年棉花产量下降到 630 万吨,被印度超过。2020 年棉花总产量为 591 万吨,其中新疆棉花产量为 516 万吨,占全国的比重为 87.3%,棉花生产区位优势进一步提升(表 4-5)。中国棉花产量的增长主要是因为单产的提高。棉花产量在年度间的波动较大。引起产量波动的主要原因是棉花种植面积的变化以及天气方面的原因。

1999 年以后,中国棉花产业在国际市场上的比较优势已逐步丧失,棉花产业处于劣势地位。不同棉区之间棉花生产存在较大差异。当前中国棉花种植有三大棉区,最大的产棉区为新疆,其棉花的生产效益相对较高,而长江流域棉区和黄河流域棉区种植效益较低,随着农业结构的调整,植棉面积逐年减少,棉花的种植逐渐向优势区域集中。根据国家统计局公布的棉花产量数据,2020 年新疆棉花单产为 2 062.7 千克/公顷,长江流域棉区棉花单产 1 011.1 千克/公顷,黄河流域棉区单产 1 175.0 千克/公顷,可以看出,新疆棉区棉花单产水平比另外两个棉区高出约 80%。中国棉花生产比较优势丧失的主要原因是生产成本居高不下(罗英姿等,2002)。中国的棉花生产成本始终高于美国的棉花生产成本,并且差距较大(庞守林,2006)。

二、棉花的消费情况

中国不仅是棉花生产大国,同时也是棉花消费大国。根据美国农业部统计数据,1995—2007 年中国棉花消费量增长趋势明显(图 4-7)。从图 4-7 中可以看出,棉花消费量呈现持续上升的态势,从 1995 年的 410 万吨上升到 2007 年的 1 056 万吨,平均增长率达到 7.53%,但从 2010 年以后,

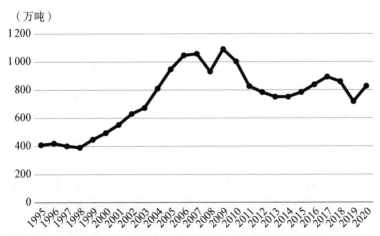

图 4-7　1995—2020 年中国棉花消费量变化趋势

数据来源:美国农业部。

棉花消费出现下滑,2020 年的消费量只有 827 万吨。由于中国国内棉花价格保持在较高水平,劳动力成本上升,以及更多便宜的纱线的进口,使得中国纺织行业受到较大冲击,纺织业逐渐开始向周边的东南亚国家转移。这是导致棉花消费量下降的重要原因。

长期以来,中国一直居世界最大棉花消费国的地位,并且在加入 WTO 以后,有了飞跃性发展。在这期间,中国棉花消费量占世界棉花总消费量比重一直在 25％以上。但中国棉花消费在世界的占比在持续下降。随着中国棉纺织品出口的放缓,棉花消费量将出现一定的变化。近几年纺织企业实际开台率不足,纱产量有所下降。随着市场需求的变化、生产成本上升以及非棉纤维的使用增多,棉花的消费减少,2014 年非棉纤维的使用率已经达到了65％左右。除此之外,纱线进口也对棉花消费产生了较大影响。2013 年和2014 年中国纱线进口都维持在较高的水平,每年进口量为 200 万吨左右。进口纱相比国内有较大的价格优势,且价格比较平稳。纱线进口的增加会减少对棉花的消费需求。2015 年以来,中国棉纺织行业的经营困难加大,市场消费相对低迷,纺织品服装价格下滑,出口不畅,生产成本增加。纺织服装增速放缓,大型棉纺织企业纷纷进行结构升级、技术调整以及新产品开发,而中小企业则普遍出现订单不足、开工率低的问题。这进一步影响了未来对棉花的需求。

近年中国棉花需求呈现恢复性增长态势,国内棉花产需缺口开始加大,近年国内年均产需缺口为 200 万吨左右。2015 年以来中国棉花一直在持续去库存,储备棉规模已经由临储政策刚结束时的 1 300 万吨下降到2020 年的 800 万吨左右,库存数量有所下降,但仍然处于较高水平。

中国是棉纺织品生产、消费及出口大国,棉花是纺织工业原料。根据中国棉花协会公布的数据,全国纱产量从 2001 年的 699.8 万吨增长到2015 年历史最高的 4 047.5 万吨,保持了较高的增长速度,但 2016 年以后全国纱产量持续下降,2020 年的产量只有 2 661.8 万吨。随着居民收入的快速增长,中国 2020 年人均 GDP 达到 72 447 元,与 2010 年相比,2020 年中国居民消费水平指数提高 97％[①],特别是农村居民可支配收入实现了倍增,居民消费水平得到全面提升,其对纺织品服装的消费需求将不断增加。与此同时,中国纺织品服装出口也保持了持续增长,海关公布的统计数据显示,2020 年纺织品服装出口 2 912.2 亿美元,同比增长 7.24％,纺织品服装出口占到中国货物出口总值的 11.24％。由此可见,由于棉纺织业产品国内需求及出口的持续增长,将对棉花产生比较高的需求,未来 5～10 年,

---

① 根据中经网统计数据计算。

中国棉花消费需求将保持稳定增长趋势。

国内外棉花在品质方面存在差异。中国的国产棉花在种植、运输和加工等各个环节都存在一定程度的问题,在国际竞争中不具备成本及品质方面的优势。目前,纺织行业处于转型升级的关键时期,纺织企业做中低端产品不赚钱。为了实现扭亏为盈,越来越多的纺织企业开始转型中高端路线。目前棉纺织企业在生产过程中日益关注棉花长度、强度、比强和马克隆值等品质指标,它们更多地需要优质棉花。当前国内市场上的内地棉花大多是中低等级,不符合纺企需求,新疆的棉花等级高、质量优,在市场上比较抢手。近年国产棉花整体质量有所下降,新疆棉的三丝和成纱强力不足仍然困扰高端产品生产。出现的主要问题为一致性较差、短绒率高、马克隆值高以及三丝多且难以形成批次。

三、棉花供需未来发展趋势分析

这里从棉花总产量及消费等方面分析中国棉花生产及消费的未来发展趋势。

(一) 棉花生产及消费未来预测

首先对中国棉花总产量进行预测。选取 1995—2020 年中国棉花产量为样本,首先做出趋势图。可以看出,中国棉花产量大部分年份在 400 万～600 万吨之间,年度间出现一定的波动,1995—2003 年期间棉花产量相对比较平稳,每年在 500 万吨左右。2004—2008 年中国棉花产量出现较大增长,但 2009 年后中国棉花产量基本处于下降态势,近年的产量在 600 万吨左右。这里分别运用回归分析法、灰色系统预测法、指数平滑评估预测法对 2021—2030 年的棉花产量进行预测,对比分析发现采用回归分析预测法能得到比较满意的预测结果。用 ARMA(1,1)预测出未来十年的数据,预测显著水平很好,具体的预测值见表 4-6。可以看出,未来 10 年中国棉花产量的预测值保持基本稳定。2030 年中国棉花的产量可能小幅增长到 619 万吨。

1978 年以来,中国棉花消费出现较明显的阶段性特点:1995—1999 年,棉花消费保持相对稳定的小幅增长,从 1995 年的 410 万吨增长到 1999 年的 448 万吨;2000—2007 年,棉花消费保持快速增长,到 2007 年棉花消费量达到 1 056 万吨;2008 年的消费有所下降,但 2009 年又增长到历史最高的 1 089 万吨;2010 年后中国棉花消费出现一定的下降,到 2015 年后消费量则开始缓慢上升。这里分别运用回归分析法、灰色系统预测法、指数平滑评估预测法对 2021—2030 年的棉花消费量进行预测,对比分析发现采用回归分析法能得到比较满意的预测结果,预测显著水平很好,具体的预测值见表 4-6。可以看出,未来 10 年中国棉花的需求量的预测值保持相对稳定。2030 年中国棉花的消费量可能保持在 863 万吨的水平。

表 4-6   2021—2030 年中国棉花产量及需求量预测值   （万吨）

年份	2021	2022	2023	2024	2025	2026	2027	2028	2029	2030
产量	603	606	609	611	613	615	616	617	618	619
消费量	833	838	843	847	851	854	857	859	861	863

（二）棉花供需未来发展趋势

2011 年以来,中国棉花库存大幅度增长,中国棉花储备占世界库存的比例不断提高,2014 年中国棉花期初库存为 1 281 万吨,占到全球库存总量的 58%。2015 年的期初库存达到 1 366 万吨。而中国棉花消费却出现一定程度的下降,新增的棉花产量很多直接进入了国储库,纺织厂使用更多的是进口棉花。连续三年实行的高价临时收储政策是造成中国棉花库存急剧增长的主要原因。中国棉花市场未来几年的重要任务就是如何消化偏高的库存。尽管中国的棉花生产与棉花消费之间存在较大的缺口,但巨量的棉花库存的存在必然会对棉花的生产和进口带来较大的负面影响。

2016 年以后中国棉花生产缓慢回升,近几年维持在 600 万吨左右,消费量保持了先减后增的趋势,近年在 800 万吨左右。可以看出棉花消费与生产之间始终存在 200 万吨左右的缺口。中国棉花库存也从历史高位逐步下降,但当前的库存水平仍然维持在较高水平(2020 年库存水平为 805 万吨)。图 4-8 为中国棉花的产需缺口的未来变化趋势,可以看出,未来

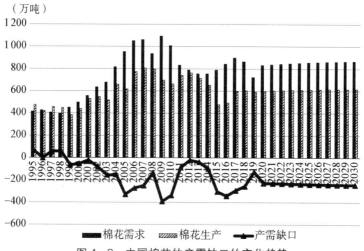

图 4-8   中国棉花的产需缺口的变化趋势

10年棉花的产需缺口可能维持在200万吨左右的水平。

第四节　中国食糖国内供需状况及未来发展趋势

一、食糖的国内生产情况

（一）糖料作物的种植

中国目前为世界第二大食糖进口国和消费国,同时也是世界第四大食糖生产国。中国糖料种植面积约占世界糖料种植面积的6%。国内食糖市场主要依靠国内供应满足。中国食糖生产的主要原料是甘蔗和甜菜等糖料作物,甘蔗的种植以广西、云南、广东等亚热带地区为主,而甜菜的种植主要在新疆、黑龙江、内蒙古等温带地区。

1995年以来,甘蔗的产量基本呈逐渐上升趋势,而且增速较快,从1995年的6 541.7万吨增长到2020年的10 812.1万吨,增长近一倍。而甜菜的产量波动性较大,尤其是2003年以来,甜菜生产大幅萎缩,2004年甜菜产量只有585.7万吨,近年维持在1 000万吨上下(表4-7)。

表4-7　中国糖料作物的生产量　　　　　　　　（万吨）

年份	甘蔗产量	甜菜产量	糖料产量合计	年份	甘蔗产量	甜菜产量	糖料产量合计
1995	6 541.7	1 398.4	7 940.1	2 008	12 415.2	1 004.4	13 419.6
1996	6 818.7	1 541.6	8 360.2	2009	11 558.7	717.9	12 276.6
1997	7 889.7	1 496.8	9 386.5	2010	11 078.9	929.6	12 008.5
1998	8 343.8	1 446.6	9 790.4	2011	11 459.0	1 058.0	12 516.5
1999	7 470.3	863.9	8 334.1	2012	12 311.4	1 174.0	13 485.4
2000	6 828.0	807.4	7 635.3	2013	12 820.1	926.0	13 746.1
2001	7 566.3	1 088.9	8 655.1	2014	12 561.1	800.0	13 361.2
2002	9 010.7	1 282.0	10 292.7	2015	11 686.8	803.2	12 500.0
2003	9 023.5	618.2	9 641.7	2016	11 382.5	956.7	12 340.7
2004	8 984.9	585.7	9 570.7	2017	10 440.4	938.4	11 378.8
2005	8 663.8	788.1	9 451.9	2018	10 809.7	1 127.7	11 937.4
2006	9 978.4	1 053.6	10 460.0	2019	10 938.3	1 227.3	12 165.6
2007	11 295.1	893.1	12 188.2	2020	10 812.1	1 198.4	12 010.5

数据来源:中经网统计数据库。

可以看出,甘蔗是中国主要的糖料作物,甘蔗的种植面积占中国糖料作物总面积的 90% 左右,产量占糖料作物总产量的 94% 左右。近年中国甘蔗种植面积不断扩大,由 2005 年的 135.4 万公顷增长至 2014 年的 176 万公顷。2014 年以后甘蔗播种面积开始有一定的下降,2019 年甘蔗的播种面积下降为 139 万公顷。广西是中国最大的甘蔗种植省份,占全国种植总面积的 60% 以上;其次为云南,其甘蔗种植面积占全国种植总面积的 18% 以上;广东、海南、贵州也是中国甘蔗主要的种植区域;其他省份甘蔗种植面积占比均比较小。

由于国家于 1998 年开始对制糖业进行调整,甜菜糖由于含糖低、制糖成本高,其生产逐步被压缩。中国甜菜种植面积近年出现较大萎缩,从 1995 年的 69.5 万公顷下降到 2019 年的 21.9 万公顷,下降幅度非常大。

(二)食糖生产情况

食糖的产量也表现出较大的波动性,业内人士认为中国食糖生产的周期性比较明显,基本上是 2~3 年连续增产,接下来的 2~3 年连续减产(马光霞,2011)。图 4-9 为中国食糖的生产量的变化。

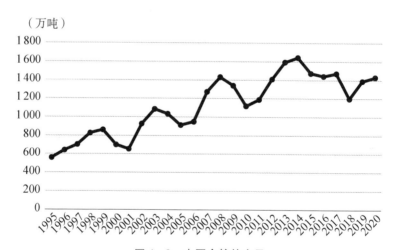

（万吨）

图 4-9 中国食糖的产量

注:此处的食糖指的是机制糖。
数据来源:中国统计数据库。

从中可以看出:食糖产量从 1996—2001 年为一个生产周期,其中,1996—1999 年连续增产,2000—2001 年连续减产;2002—2005 年为另一个生产周期,2002—2003 年连续增产,2004—2005 年连续减产;2006—2010 年为又一个周期,2006—2008 年连续增产,2009—2010 年连续减产。从 2011 年开始又进入一个新的生产周期之内,2011—2014 年为增产期,

2015 年食糖生产开始下降。国内食糖生产的波动性特征非常明显，1995—2014 年，食糖产量最低的年份如 1995 年只有 559 万吨，产量最高的年份如 2014 年达到了 1 643 万吨。2015—2018 年进入下降周期，2019 年以后又进入增产周期。2020 年中国食糖产量达到了 1 431 万吨。

二、食糖的消费情况

（一）食糖消费的变化趋势

中国是食糖的消费大国，近年食糖消费量有较大的增长。1995 年食糖年消费量为 795 万吨，到 2007 年食糖年消费量达到 1 350 万吨，2020 年达到 1 540 万吨（图 4 - 10）。

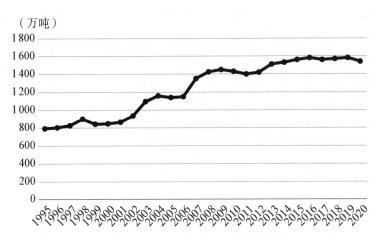

图 4 - 10　1995 年以来中国食糖的消费量

注：此处的食糖指离心糖（Centrifugal Sugar）。

数据来源：美国农业部。

（二）食糖的消费结构及特征

食糖是一种天然的甜味剂，是人们的生活必需品，同时也是食品工业和制药工业的重要原材料。OECD - FAO 预测未来 10 年全球糖消费量预计将继续以每年 1.4% 左右的速度增长，到 2030 年将达到 1.96 亿吨。全球人均消费量也将有一定上涨。一般来说，高收入经济体中会出现下降，而其他经济体应该会出现增长。中国食糖的消费以食品用糖为主，2001 年以后工业用糖的总量开始增加。2009 年中国食品用糖占到食糖消费的 60%，工业用糖占到 39%。中国的人均食糖消费水平非常低，人均年消费量为 11 千克[①]，

---

① OECD/FAO. 2021. OECD - FAO Agricultural Outlook 2021 - 2030, OECD Publishing, Paris, https://doi.org/10.1787/19428846-en.

是世界人均食糖消费量最少的国家之一,远远低于全球人均食糖消费水平。因此中国的食糖消费还有很大上升空间。未来 10 年,随着人口的增加、居民消费结构的升级、城市化进程的推进,中国对食糖的消费量仍将保持增长(徐雪、马凯,2015)。由于食糖产量增长受种植面积的制约可能跟不上消费增长,近年的供需缺口超过 500 万吨,需要通过进口进行平衡。

三、食糖供需未来发展趋势分析

(一) 食糖生产及消费未来发展趋势

这里对中国食糖总产量及消费量进行预测。

选取 1995—2020 年中国食糖产量为样本,首先做出趋势图。可以看出,中国食糖产量呈现明显的周期性特点,基本上每 5～6 年为一个周期,产量波动上升。这里分别运用回归分析法、灰色系统预测法、指数平滑评估预测法对 2021—2030 年的食糖产量进行预测,对比分析发现采用回归分析预测法能得到比较满意的预测结果。用 ARMA(1,1)预测出未来十年的数据,预测显著水平很好,具体的预测值见表 4 - 8。可以看出,未来 10 年中国食糖的产量的预测值有一定的增长。2030 年中国食糖的产量可能增长到 1 023 万吨。

1995 年以来,中国食糖消费出现较明显的增长趋势:1995 食糖消费 795 万吨,2016 年增长到 1 830 万吨,年均增长率为 4.05%。这里分别运用回归分析法、灰色系统预测法、指数平滑评估预测法对 2021—2030 年的食糖消费量进行预测,对比分析发现采用回归分析预测法能得到比较满意的预测结果。用 ARMA(1,1)预测出未来十年的数据,预测显著水平很好,具体的预测值见表 4 - 8。可以看出,未来 10 年中国食糖的需求量的预测值会保持一定增长。2030 年中国食糖的消费量可能增长到 1 668 万吨的水平。

表 4 - 8　2021—2030 年中国食糖产量及消费量预测值　　　　(万吨)

年份	2021	2022	2023	2024	2025	2026	2027	2028	2029	2030
产量	993	988	1 031	1 055	1 031	1 004	1 015	1 043	1 045	1 023
消费量	1 556	1 571	1 585	1 599	1 612	1 624	1 636	1 647	1 658	1 668

(二) 食糖供需未来发展趋势

由于 2016 年底到 2017 年初食糖价格处于较高的水平,带动了 2017

年甘蔗和甜菜的种植面积扩大。再加上 2017 年的气候条件有利于糖料作物的生产,单产水平也有一定程度的提高,2017 年中国食糖产量继续保持增长。地方政府也对糖料作物的种植农民给予种子、农业机械、塑料薄膜、化肥等方面的补贴。同时,中国对食糖进口开始实施保障措施[①],中国食糖进口出现较大幅度的下降。需求方面,由于中国近年食品加工业发展迅速,导致中国对食糖的需求仍然保持较快的增长。中国食糖供需缺口的变化情况见图 4-11。

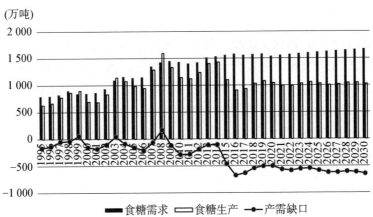

图 4-11　中国食糖的产需缺口的变化趋势

通过对未来十年食糖生产及需求量的预测,可以看出,食糖的生产和需求仍然保持了一定的增长,但增长速度开始放缓。但产量与需求量之间仍然存在 600 万吨左右的缺口,因此,未来中国食糖的进口仍将保持在较高的水平。

---

① 由于进口数量剧增,中国国内食糖产业受到了严重损害,中国自 2017 年 5 月 22 日起对进口食糖产品采取保障措施。对关税配额外进口食糖征收保障措施关税,实施期限为 3 年且实施期间措施逐步放宽,2017 年 5 月 22 日—2018 年 5 月 21 日税率为 45%,2018 年 5 月 22 日—2019 年 5 月 21 日税率为 40%,2019 年 5 月 22 日—2020 年 5 月 21 日税率为 35%。

第五章　中国重点农产品的进口增长状况及原因分析

受国内供需、国内支持政策及进口政策变动等的影响,近年三大主粮及大豆、棉花与食糖的进口数量出现较大幅度的增长,价格也出现大幅度波动。本章将重点分析 1995 年以来中国重点农产品的进口增长的状况。包括:进口总量的变化趋势,进口的结构特征的变化,进口来源地的变化。在此基础上,利用 CMS 模型进行分解,探讨粮食、大豆、棉花、食糖进口增长的原因。

第一节　中国粮食的进口增长状况及原因分析

近年中国粮食(这里指的是谷物)贸易基本处于净进口的状态中。稻谷、玉米以及小麦每年均有一定量的进出口,大部分年份以进口为主,尤其是最近几年进口增长的趋势比较明显,其中玉米、小麦的进口量增加较快。

一、谷物进出口贸易的发展情况

中国谷物每年均有一定量的进出口,根据联合国商品贸易统计数据库的数据,1995—2020 年中国谷物进出口情况见图 5-1。可以看出,无论是出口还是进口,数量波动性都较大。1997—2008 年的大部分年份(2004 年除外),谷物的出口大于进口,如 2003 年中国谷物出口 25.9 亿美元,进口4.4 亿美元。2009—2020 年,中国谷物的出口大幅度下降,进口增长较快,呈现净进口格局。2015 年谷物出口 3.2 亿美元,进口 93.5 亿美元,2020年的出口为 9.6 亿美元,进口 93.2 亿美元。谷物进口量比较大的为玉米、小麦、大麦、高粱、稻谷等,如 2020 年玉米进口达到 24.9 亿美元(1 129 万吨),小麦进口 22.6 亿美元(815 万吨),大麦进口 18.8 亿美元(808 万吨),高粱进口 11.6 亿美元(481 万吨)。

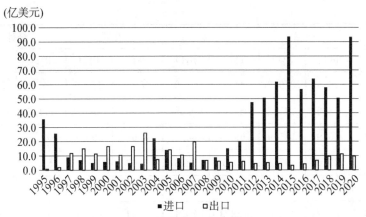

图 5 - 1　中国谷物进出口金额

注：此处的谷物包括 HS10 项下的产品。具体包括小麦、黑麦、大麦、燕麦、玉米、稻
谷、高粱、杂粮。

数据来源：联合国商品贸易统计数据库。

二、稻谷、小麦、玉米的进出口贸易

表 5 - 1 为中国三大主粮进出口贸易的数据。

进口方面，三大主粮合计进口量在 1995—2020 年期间波动幅度比较
大，表现为先大幅度下降，后大幅度上升。2008 年是进口量最低的年份，
合计进口总量为 37.7 万吨。2020 年是合计进口量最高的年份，进口
2 235.7 万吨。尤其是从 2009 年开始，三大主粮进口量开始迅速上升。

出口方面也同样表现出了较大的波动性，1995—2003 年，三大主粮出
口基本处于增长态势，从 1995 年的出口 17.6 万吨增长到 2003 年最高的
2 123.8 万吨。2004—2016 年，三大主粮出口转向下降趋势，到 2016 年出
口只有 49.9 万吨。2017 年以后出口有所上升。总体上，三大主粮的国际
贸易从开始的以净出口为主，转变为近年的净进口格局。

表 5 - 1　中国三大主粮进出口量变化　　　　　　　　　（万吨）

时间	稻谷		小麦		玉米		合计	
	进口	出口	进口	出口	进口	出口	进口	出口
1995	164.2	4.68	1 158.6	1.62	518.10	11.3	1 840.9	17.6
1996	76.1	26.5	824.6	0	44.1	15.9	944.9	42.4
1997	32.6	93.9	186.1	0.07	0.04	661.7	218.7	755.7
1998	24.4	373.7	148.9	0.60	25.1	468.6	198.4	842.9

续表

时间	稻谷		小麦		玉米		合计	
	进口	出口	进口	出口	进口	出口	进口	出口
1999	16.8	270.8	44.8	0.09	7.0	430.5	68.7	701.4
2000	23.9	295.3	87.6	0.25	0.03	1 046.6	111.5	1 342.2
2001	26.9	185.9	69.0	45.5	3.61	599.8	99.5	831.2
2002	23.6	197.8	60.5	68.8	0.63	1 167.4	84.7	1 434
2003	25.7	260.1	42.4	223.8	0.01	1 639.9	68.1	2 123.8
2004	75.7	89.6	723.3	78.4	0.24	231.8	799.2	399.8
2005	51.4	67.2	351.0	26.0	0.40	861.1	402.8	954.3
2006	71.9	123.7	58.4	111.4	6.52	307.0	136.8	542.1
2007	47.2	132.6	8.3	233.7	3.52	491.6	59.1	857.9
2008	29.6	96.9	3.2	12.6	4.92	25.3	37.7	134.8
2009	33.8	78.4	89.4	0.84	8.36	13.0	131.5	92.2
2010	36.6	62.0	121.9	0.00	157.2	12.7	315.7	74.7
2011	57.8	51.6	124.9	3.98	175.3	13.6	358.0	69.2
2012	234.5	27.9	368.9	0.00	520.7	25.7	1 124.0	53.6
2013	224.4	47.8	550.7	0.25	326.5	7.76	1 101.6	55.8
2014	255.4	41.9	287.4	0.10	249.2	2.0	791.9	44.0
2015	334.8	0.5	296.6	30.2	458.5	28.6	1 089.9	30.2
2016	353.4	48.4	337.4	1.1	316.7	0.4	1 007.5	49.9
2017	399.3	119.6	429.6	1.0	282.6	6.9	1 111.5	127.4
2018	302.9	208.9	287.6	0.7	352.2	1.2	942.7	210.8
2019	248.9	274.8	320.5	0.9	479.1	2.6	1 048.5	278.3
2020	291.1	230.4	815.2	0	1 129.4	0.3	2 235.7	230.7

数据来源:中国商务部贸易数据分析系统。

(一) 稻谷贸易

1995—2020 年中国稻谷出口贸易表现为先增长,后逐渐下降,然后有所增加的趋势:从 1995 年的出口 4.68 万吨,增长到 1998 年的 373.7 万吨,又逐渐下降到 2016 年的 48.4 万吨,2019 年增长到 274.8 万吨。稻谷进口量 1995—1997 年明显下降,1999—2011 年稻谷进口处于低位,总体平缓。但从 2012 年以后,稻谷进口量呈现较大增长,2017 年进口量达到 399.3 万吨。

总体上,中国稻谷的国际贸易量不是太大,1995—1996 年表现为净进口,1997—2010 年表现为净出口格局,2011—2020 年重新转变为净进口格局。

(二) 小麦贸易

中国小麦出口贸易量不大,只有 2001—2007 年间有一定的出口,如 2007 年出口了 233.7 万吨,其他年份小麦的出口量非常小。小麦进口量年度之间波动幅度较大,与稻谷相比,小麦进口量相对较高。

1995 年小麦进口量达到了 1 158.6 万吨,这是一个比较高的数量。随后进口量迅速下降,1997 年进口只有 186.1 万吨。1999—2003 年间进口量比较小,2004 年出现较大增长,后面一直到 2012 年小麦进口都处于较低水平。2013 年小麦进口为 550.7 万吨,2017 年的进口量下降到 429.6 万吨,2020 年又增长到 815.2 万吨。

总体上,中国小麦的国际贸易量超过稻谷的贸易量,除了 2002 年、2003 年、2006 年、2007 年、2008 年表现为净出口,其他大部分年份表现为净进口格局。

(三) 玉米贸易

2007 年以前中国玉米贸易在大部分年份以出口为主。1995—2020 年玉米出口贸易表现为先增长、后逐渐下降的趋势:从 1995 年的出口 11.3 万吨,增长到 2003 年的 1 639.9 万吨,又逐渐下降到 2017 年的 6.9 万吨。

相对于出口,2009 年以前中国玉米的进口量较小,1997 年的进口量只有 0.04 万吨。但 2010 年以后玉米进口出现较大的增长,到 2020 年玉米的进口量达到了 1 129.4 万吨。总体来说,2010 年以后,中国玉米贸易开始由净出口转变为净进口,2008 年以后出口大幅度减少,进口则迅速提高。

三、中国三大主粮进口来源地的变动

(一) 稻谷进口来源地变动

2011 年以来稻谷进口来源地的变化具体见表 5 - 2。可以看出,大体上中国的稻谷进口来源地主要集中在泰国、越南、巴基斯坦、老挝、缅甸等国。

表 5 - 2 2011—2020 年中国稻谷前三大进口来源地所占份额变化　　（％）

	2011		2012		2013		2014		2015	
1	泰国	56.29	越南	65.90	越南	65.99	越南	52.87	越南	53.56
2	越南	40.42	巴基斯坦	24.72	巴基斯坦	18.58	泰国	28.47	泰国	27.80
3	老挝	1.30	泰国	7.48	泰国	13.36	巴基斯坦	15.92	巴基斯坦	13.21
	合计	98.01	合计	98.10	合计	97.93	合计	97.26	合计	94.58
	2016		2017		2018		2019		2020	
1	越南	45.80	越南	56.72	越南	47.8	巴基斯坦	24.1	缅甸	31.3
2	泰国	26.27	泰国	27.97	泰国	29.6	缅甸	21.8	越南	27.0
3	巴基斯坦	19.91	巴基斯坦	6.83	巴基斯坦	11.3	泰国	21.0	巴基斯坦	16.3
	合计	91.98	合计	91.52	合计	88.7	合计	66.9	合计	74.7

数据来源:联合国商品贸易统计数据库。

2011—2015 年中国稻谷从前三大主要市场进口的数量之和占当年稻谷进口总量的比重大部分年份超过 95％。2016—2018 年前三大市场进口的数量之和占比有所下降,在 90％左右。2019 年以后前三大市场的进口之和占比出现大幅度下降,2019 年只有 66.9％。2012—2018 年越南成为中国稻谷进口的第一大来源国,泰国占比大幅度下降。2019 年以来,来自缅甸的稻谷进口大幅度增长,前三大市场的占比相对也比较均衡。2020 年前三大市场缅甸、越南、巴基斯坦的占比分别为 31.3％、27.0％和16.3％。这说明中国稻谷进口高度锁定的局面出现了一定程度的改变。

（二）小麦进口来源地的变动

2011 年以来中国小麦的进口主要集中于澳大利亚、美国、加拿大、哈萨克斯坦等国家,具体见表 5 - 3。从中可以看出,2017 年以前小麦前三大市场的进口量之和占比非常高,大部分年份超过 90％。2013 年仅美国和加拿大的进口量之和的占比就达到了 85％。2018 年以后,小麦进口来源地出现一定的变化,来自哈萨克斯坦和法国的进口增加,进口的集中度持续下降。

2020 年中国小麦进口前三大市场分别为法国(占比 29.24％)、加拿大(占比 28.18％)、美国(占比 20.26％),前三大市场的集中度下降到77.68％。而且三大市场的占比相对比较均衡。

表 5-3　2011—2020 年中国小麦前三大进口来源地所占份额变化　　（%）

	2011		2012		2013		2014		2015	
1	澳大利亚	51.02	澳大利亚	65.75	美国	69.37	澳大利亚	46.82	澳大利亚	42.22
2	美国	34.83	美国	17.49	加拿大	15.74	美国	29.05	加拿大	33.37
3	加拿大	13.80	加拿大	10.88	澳大利亚	11.10	加拿大	13.83	美国	20.28
	合计	99.65	合计	94.12	合计	96.21	合计	89.7	合计	95.87
	2016		2017		2018		2019		2020	
1	澳大利亚	40.22	澳大利亚	44.21	加拿大	48.05	加拿大	51.89	法国	29.24
2	加拿大	26.45	美国	36.20	哈萨克斯坦	18.87	法国	15.01	加拿大	28.18
3	美国	25.28	加拿大	12.17	澳大利亚	17.06	哈萨克斯坦	12.43	美国	20.26
	合计	91.94	合计	92.57	合计	83.97	合计	79.33	合计	77.68

数据来源：联合国商品贸易统计数据库。

（三）玉米进口来源地变动

从表 5-4 中可以看出，中国玉米的进口主要集中于前二大市场乌克兰和美国。2011—2013 年排在玉米进口第一位的美国占比在 90% 以上，2014 年开始美国的占比迅速下降，而乌克兰的占比迅速提升，大部分年份乌克兰的占比在 80% 以上。2020 年排在玉米进口第一位的乌克兰占比为 55.8%，第二位美国的占比为 38.4%，其他国家的占比则非常小。2010 年以来中国成为玉米的净进口国，玉米进口高度锁定的局面仍没有改变。

表 5-4　2011—2020 年中国玉米前三大进口来源地所占份额变化　　（%）

	2011		2012		2013		2014		2015	
1	美国	96.16	美国	98.19	美国	90.90	美国	39.53	乌克兰	80.97
2	老挝	2.01	老挝	1.01	乌克兰	3.34	乌克兰	39.11	美国	10.07
3	缅甸	1.62	缅甸	0.36	老挝	2.51	泰国	11.12	保加利亚	3.37
	合计	99.79	合计	99.56	合计	96.74	合计	78.75	合计	94.41

续表

	2016		2017		2018		2019		2020	
1	乌克兰	84.01	乌克兰	64.48	乌克兰	83.2	乌克兰	86.4	乌克兰	55.8
2	美国	7.04	美国	26.78	美国	8.9	美国	6.6	美国	38.4
3	老挝	4.39	老挝	5.33	老挝	4.0	老挝	3.0	保加利亚	2.3
	合计	95.44	合计	96.58	合计	96.0	合计	95.9	合计	96.5

数据来源:联合国商品贸易统计数据库。

四、粮食进口增长的原因分析

三大主粮的进口贸易出现较大幅度的增长,但进口增长的主要影响因素是什么? 这里采用恒定市场份额模型(Constant Market Share,简称CMS 模型)来分析中国三大主粮进口增长的原因。

(一) 模型的设定与分解

1. 恒定市场份额模型简介

恒定市场份额模型是目前国际上比较广泛使用的贸易分析工具,它最初由泰森斯基(Tyszynski,1951)提出,现已成为研究贸易波动因素和出口产品国际竞争力的重要模型之一。CMS 模型将一国出口增长分解为四个部分:世界的总需求、出口的国别结构、出口的产品结构和产品的竞争力。这一划分是基于"一国某种出口商品的竞争力不变,则它的市场份额也不变"的重要假设,该命题等价于"若一国出口某种商品的市场份额发生变化,则它的竞争力变化",从而为测算出口竞争力找到一种可以测量的手段。实践中,在这一思想方式下演化出各种分解模型,并得到较好运用。

近些年,一些学者开始使用CMS 模型分析进口波动的影响因素,比如李岳云、钟钰、黄军(2005)从需求、商品构成、竞争力三个方面讨论中国农产品进口波动的成因,进而对农产品贸易逆差的诱发因素进行分析,研究表明需求因素对进口逆差的影响程度最重要,商品结构和竞争力影响次之,且竞争力的不足阻碍了出口,进一步扩大了逆差。在多数研究中,CMS模型只做了一阶分解,可解释程度不高,帅传敏、程国强、张金隆(2003)在对中国农产品国际竞争力的研究中,将 CMS 模型进行了二阶分解,增强了模型的解释力。已有文献中,采用 CMS 模型分析中国农产品进口贸易的影响因素的并不多。在模型构造过程中,CMS 模型能很好地将商品因素、市场结构因素、需求因素等众多因素融入贸易增长的结构框架中,因而更能直接反映农产品进口波动的影响因素。为此,这里引入 CSM 模型分析中国重点农产品进口增长的原因。

2. 模型的建立与分解

本书借鉴了周力(2008)、李岳云(2005)等学者对进口贸易增长研究所采用的方法,构建了一个用于研究进口增长的 CMS 模型。模型最初由三个要素构成:(1)结构效应,指由于世界农产品总体进口需求的变化而引起的中国重点农产品进口额的变化;(2)引力效应,指由于中国重点农产品国内消费市场对其他国家进口引力的变化而引起的进口额的变化;(3)二阶效应,指由于中国重点农产品进口引力的变化和世界进口需求的变化交互作用引起的进口额变化。模型的公式表达如下。

第一层分解公式为:

$$\Delta q = \sum_j S_j^0 \Delta Q_j + \sum_j Q_j^0 \Delta S_j + \sum_j \Delta S_j^0 \Delta Q_j$$

　　（结构效应）　（引力效应）　（竞争与结构交叉效应）

将上述三因素效应进一步拓展为五因素效应,由此第二层分解公式为:

$$\Delta q = S^0 \Delta Q + (\sum_j S_j^0 \Delta Q_j - S^0 \Delta Q) + \Delta S Q^0 + (\sum_j \Delta S_j Q_j^0 - \Delta S Q^0) +$$

　　（增长效应）（市场结构效应）（综合引力）（市场引力）

$$\sum_j \Delta S_j \Delta Q_j$$

（交叉效应）

其中:

Δq 表示中国在两个时期之间该重点农产品进口的差额;

上标 0 表示期初年份;

j 为国家或地区;

Δ 表示两个时期之间的变化量;

S 为中国重点农产品的进口额占世界该产品进口额的比重;

S_j 表示中国从 j 国进口该产品总额占世界从 j 国进口该产品总额的比重;

Q 为世界该产品进口总额;

Q_j 为世界从 j 国进口该产品总值。

第二层分解效果含义如表 5-5 所示。

表5-5 第二层分解效果释义

结构效应	增长效应	由于世界该重点农产品进口需求增长而增长的部分。正值表示世界该重点农产品进口需求的增长拉动了中国该产品进口的增长,负值表示世界该重点农产品进口需求的减少致使中国该产品进口的减少。
	市场结构效应	中国进口该产品的市场分布与该产品出口增长较快市场之间的匹配程度,如果中国的进口主要集中在那些出口增长较快的国家上,则该项为正值。
引力效应	综合引力	由于中国对世界该重点农产品整体出口市场的引力变化而带来的中国该产品进口值的变化。数值反映了该产品整体引力的大小。
	市场引力	由于中国对世界该重点农产品具体出口市场的引力变化而带来的中国该产品进口值的变化,数值反映了中国该产品市场引力的大小。
交叉效应	交叉效应	由于中国该产品进口结构的变化与世界该产品进口结构变化的交互作用而带来的中国该产品进口值的变化。正值表示中国该产品在世界增长较快的市场上进口份额增长较快,负值则相反。

通过分析不同效果在商品增长额中所占的份额,可发现中国重点农产品进口增长各影响因素的贡献份额,并可揭示促使商品进口增长的主要因素所在。

(二) 中国三大主粮进口增长的影响因素分解

1. 数据来源

鉴于数据的统一性和可获得性,采用的数据都是来源于联合国商品贸易统计数据库。

三大主粮中小麦的总类的编码为1001(HS分类方法),根据历年中国小麦进口数据及主要的进口来源国,选定澳大利亚、加拿大、美国、哈萨克斯坦、法国、其他国家作为中国小麦进口的贸易对象主体。玉米的总类的编码为1005(HS分类方法),根据历年中国玉米进口数据及主要的玉米出口国,选定乌克兰、美国、巴西、阿根廷、法国、其他国家作为中国玉米进口的贸易对象主体。稻谷的总类的编码为1006(HS分类方法),根据历年中国稻谷进口数据及主要的进口来源国,选定印度、泰国、越南、美国、巴基斯坦、其他国家作为中国稻谷进口的贸易对象主体。

1995—2020年中国三大主粮进口贸易呈现波动上升的趋势,本研究将其划分为三个时期,分别为第一期(1995—2003年)、第二期(2004—2012年)和第三期(2013—2020年)。每个时期的进口增长的实际值取该期间的平均值。

2. 模型的测算结果与分析

（1）中国小麦进口 CMS 模型分解

根据联合国商品贸易统计数据库获得的 26 年的数据，运用 CMS 模型的二层次分解公式计算出各阶段的进口因素分解情况，具体如表 5-6 所示。

表 5-6　中国小麦进口 CMS 模型分解结果　　（万吨，％）

项目	第一期到第二期		第二期到第三期	
	进口量	占比	进口量	占比
测算增长	−85.9	100	211.5	100
结构效应	43.17	−50.25	−10.18	−4.81
增长效应	−2.66	3.10	3.15	1.49
市场结构效应	45.83	−53.35	−13.34	−6.31
引力效应	−81.16	94.47	205.54	97.20
综合引力效应	−171.76	199.92	111.05	52.52
市场引力效应	90.60	−105.46	94.50	44.69
交叉效应	−47.93	55.78	16.09	7.61

综观三个时期可以发现，世界小麦总需求因素、引力因素与小麦进口结构因素共同左右着中国小麦进口波动。从第一期（1995—2003 年）到第二期（2004—2012 年），小麦进口减少总量为 85.9 万吨，其中，结构效应为正值，引力效应和交叉效应为负值，说明在该时期中国小麦的进口量的减少主要是引力效应与交叉效应起到了负面的影响，结构效应的作用是正面的。从第二期（2004—2012 年）到第三期（2013—2020 年），小麦进口增长总量为 211.5 万吨，引力效应为正值，占到 89.69％，是中国小麦进口增长的主要影响力；结构效应为负值，占到−4.81％；交叉效应为正值，占到 7.61％。说明中国小麦进口引力和世界小麦需求的变化趋同，中国进口小麦的市场分布与小麦出口增长较快市场之间的匹配程度变好。

结构效应。世界小麦供给增加是拉动中国小麦进口的重要因素之一。整体上，结构效应在第一个阶段为正值，第二个阶段变为负值。第二层次分解后发现，增长效应在两个时期的取值都不高，第一阶段为负值，第二阶段为正值，表明世界小麦市场供给的增加对中国小麦进口影响不大。市场效应的拉动作用在第一个阶段为正值，第二个阶段变为负值：第一个阶段的取值较高，表明中国在此时期更集中地从快速增长的市场进口小麦；第两个阶段的取值有较大幅度的下降。中国小麦进口由于世界小麦出口的增长而带来的增长效应不明显。市场效应贡献率由第一阶段到第二阶段出现大幅度下降,表明在第一时期中国比世界更集中地从小麦出口快速增长的国家(地区)进口小麦,但第二时期这种效应下降。加拿大、美国、俄罗斯、法国、澳大利亚是全球最大的五个小麦出口国,但中国小麦进口主要来源于法国、加拿大、美国、哈萨克斯坦等国家,在中国小麦进口国家(地区)中,这几个国家一直保持着较高份额,来自其他国家的份额则非常少。20世纪90年代以后,中国小麦在国际市场上已经不再具有比较优势。相比而言,加拿大、美国、澳大利亚等国家的劳动力投入在减少,机械化程度在持续增加,其小麦生产总成本的变化趋势是降低的,而中国小麦生产的总成本的变化趋势却在增长。小麦生产属于土地密集型产业,中国从加拿大、美国和澳大利亚等国市场上进口小麦符合中国的比较优势原则。

引力效应。引力效应在第一阶段为负值,且数值较高,在第二阶段变为正值,表明中国对世界小麦整体出口市场的引力而带来的中国小麦进口量变化的作用在第二阶段上升明显。其中,综合引力效应在第二阶段所占份额为52.52%,表明中国对世界小麦整体出口市场的引力变大带来的中国小麦进口量的增长。市场引力效应第二阶段的占比为44.69%,表明中国对世界小麦具体出口市场的引力变大。可以看出,在第二阶段,中国对世界小麦整体出口市场的引力是影响进口增长的最为重要的因素。需求对供给的拉动作用是显著且有效的。中国是粮食生产、消费大国,国内对小麦保持了持续比较高的需求。

交叉效应。中国小麦进口的交叉效应在第一个阶段为负值,到第二个阶段变为正值,但取值较小。表明由于中国小麦进口结构的变化与世界小麦进口结构变化的交互作用而带来的中国小麦进口值的增长,效果并不明显,中国小麦在世界增长较快的市场上进口份额增长不明显。中国需要有意识地从增长较快的市场上进口小麦。例如加大从加拿大、俄罗斯、法国的进口,这些国家的小麦生产、出口份额也在扩张,更多的进口来源应该成为中国新增小麦需求的最直接来源。随着农业基础设施的不断改善、育种技术和新品种的应用,以及化肥、技术等投入的增加,全球小麦总产量出现持续的增长,说明了世界小麦还是保持着较高的生产能力。中国市场小麦价格与国际市场小麦价格之间一直存在着一定的价格差。在大部分月度国内小麦价格均高于国际价格水平。但由于中国小麦进口实行关税配额制度,以及国家对粮食安全的重视,中国小麦进口量在国际小麦市场中占有较低的比重,对全球小麦市场的影响较小。

（2）中国玉米进口 CMS 模型分解

根据联合国商品贸易统计数据库获得的 26 年的数据，运用 CMS 模型的二层次分解公式计算出各阶段的进口因素分解情况，具体如表 5-7 所示。

表 5-7　中国玉米进口 CMS 模型分解结果　　（万吨，%）

项目	第一期到第二期		第二期到第三期	
	进口量	占比	进口量	占比
测算增长	30.95	100	354.9	100
结构效应	3.97	12.83	−1.04	−0.29
增长效应	0.27	0.86	3.00	0.84
市场结构效应	3.71	11.97	−4.03	−1.14
引力效应	67.93	219.49	118.24	33.31
综合引力效应	−0.92	−2.98	196.58	55.38
市场引力效应	68.86	222.47	−78.34	−22.07
交叉效应	−40.95	−132.32	237.74	66.98

综观三个时期可以发现，总需求因素、引力因素与进口结构因素共同左右着中国玉米进口波动。从第一期（1995—2003 年）到第二期（2004—2012 年），玉米进口增长总量为 30.95 万吨，其中，结构效应、引力效应为正值，交叉效应为负值，说明在该时期中国玉米进口的增长主要是引力效应与结构效应起到了正面的影响，而交叉效应的作用是负面的。从第二期（2004—2012 年）到第三期（2013—2020 年），玉米进口增长总量为 354.9万吨，交叉效应和引力效应为正值，分别占到 66.98% 和 33.31%，是中国玉米进口增长的主要影响因素。结构效应为负值，但取值很小。说明中国玉米进口引力和世界玉米需求的变化趋同，中国进口玉米的市场分布与玉米出口增长较快市场之间的匹配程度变好。

结构效应。整体上，结构效应在第一个阶段为正值，第二阶段变为负值，但取值都非常小。第二层次分解后发现，增长效应在两个时期的取值都不高，且都为正值，表明世界玉米市场供给的增加对中国玉米进口影响不大。市场结构效应的拉动作用在第一个阶段为正值，第二个阶段的取值变为负值，取值很小，表明中国玉米进口由于世界玉米出口的增长而带来的增长效应不明显。市场结构效应贡献率由第一阶段到第二阶段出现下降，表明中国并没有从玉米出口快速增长的国家（地区）进口玉米。美国、阿根廷、巴西、乌克兰、法国是全球最大的五个玉米出口国,但中国玉米进口主要来源于乌克兰、美国、老挝、保加利亚,在中国玉米进口国家(地区)中,这几个国家一直保持着较高份额,来自其他国家的份额则非常少。20世纪90年代以后,中国玉米在国际市场上已经不再具有比较优势。相比而言,巴西、美国、阿根廷等国家的劳动力投入在减少,机械化程度在持续增加,玉米生产属于土地密集型产业,中国从巴西、美国和阿根廷这些市场上进口玉米符合比较优势原则。

引力效应。引力效应在第一阶段为正值,占比达到 219.49%,在第二阶段为正值(占到 33.31%),表明中国对世界玉米整体出口市场的引力而带来的中国玉米进口量变化的作用在两个阶段都比较高,但在第二阶段有一定下降。其中,综合引力效应在第二阶段所占份额为 55.38%,表明中国对世界玉米整体出口市场的引力变大带来的中国玉米进口量的增长。市场引力效应从第一阶段的正值变化到第二阶段的负值,表明中国对世界玉米具体出口市场的引力变小了。需求对供给的拉动作用是显著而有效的。中国是粮食生产、消费大国,国内对玉米保持了持续比较高的需求。

交叉效应。中国玉米进口的交叉效应在第一个阶段为负值,表明由于中国玉米进口结构的变化与世界玉米出口结构变化的交互作用而带来的中国玉米进口值的增长,效果并不明显,中国玉米在世界增长较快的市场上进口份额增长不明显。交叉效应在第二阶段变为正值,且占比较高,达到 66.98%,交叉效应成为中国对世界玉米进口增长最为重要的影响因素。中国需要有意识地从增长较快的市场上进口。例如加大从巴西、阿根廷、法国的进口,这些国家的玉米生产、出口份额也在扩张,更多的进口来源国应该成为中国新增玉米需求最直接的来源。

(3)中国稻谷进口 CMS 模型分解

根据联合国商品贸易统计数据库获得的 26 年的数据,运用 CMS 模型的二层次分解公式,计算出各阶段的中国稻谷进口的影响因素分解情况,具体如表 5-8 所示。

表 5-8　中国稻谷进口 CMS 模型分解结果　　　　　(万吨,%)

项目	第一期到第二期		第二期到第三期	
	进口量	占比	进口量	占比
测算增长	24.90	100	230.5	100
结构效应	11.32	45.46	5.76	2.50

项目	第一期到第二期		第二期到第三期	
	进口量	占比	进口量	占比
增长效应	0.63	2.52	5.10	2.21
市场结构效应	10.69	42.94	0.67	0.29
引力效应	−1.29	−5.18	196.70	85.34
综合引力效应	−6.33	−25.43	149.16	64.71
市场引力效应	5.04	20.25	47.54	20.62
交叉效应	14.87	59.72	28.03	12.16

综观三个时期可以发现,总需求因素、引力因素与进口结构因素共同左右着中国稻谷进口增长。从第一期(1995—2003 年)到第二期(2004—2012 年),稻谷进口增长总量为 24.90 万吨,其中,结构效应和交叉效应为正值,引力效应为负值,说明在该时期中国稻谷的进口增长主要是交叉效应和结构效应起到了正面的影响,但这两种效应的取值不高,而引力效应的作用是负向的。从第二期(2004—2012 年)到第三期(2013—2020 年),稻谷进口增长总量为 230.5 万吨,三个效应都是正值,引力效应占到 85.34%,是中国稻谷进口增长的主要影响因素;交叉效应占到 12.61%,也是此时期中国稻谷进口的重要影响效应;结构效应占到 2.50%。说明中国稻谷进口引力和世界稻谷需求的变化趋同,中国进口稻谷的市场分布与稻谷出口增长较快市场之间的匹配程度变好。

结构效应。整体上,结构效应在两个阶段都为正值,但取值不高。从第二层次分解看,增长效应在两个时期的取值都不高,表明世界稻谷市场供给的增加对中国稻谷进口影响不大。市场结构效应的拉动作用在两个阶段为正值,但两个阶段的取值都不高。中国稻谷进口由于世界稻谷出口的增长而带来的增长效应不明显。印度、泰国、越南、巴基斯坦、美国是全球最大的五个稻谷出口国,中国稻谷进口主要来源于缅甸、越南、泰国、巴基斯坦等,在中国稻谷进口国家(地区)中,这几个国家一直保持着较高份额,来自其他国家的份额则非常少,尤其是来自印度的进口份额非常少。

引力效应。引力效应在第一阶段为负值,在第二阶段变为正值(占到 85.34%),表明中国对世界稻谷整体出口市场的引力而带来的中国稻谷进口量变化的作用在第二阶段上升明显。其中,综合引力效应在第二阶段所占份额为 64.71%,表明中国对世界稻谷整体出口市场的引力变大带来的中国稻谷进口量出现较大的增长。市场引力效应在两个阶段的取值不高，表明中国对世界稻谷具体出口市场的引力较小。可以看出，在第二阶段，中国对世界稻谷整体出口市场的引力是影响进口增长最为重要的因素。需求对供给的拉动作用是显著而有效的。

交叉效应。中国稻谷进口的交叉效应在两个阶段都为正值，但两个阶段的取值都较小，第一阶段交叉效应对稻谷进口增长的贡献率达到了59.72%。表明由于中国稻谷进口结构的变化与世界稻谷进口结构变化的交互作用而带来的中国稻谷进口值的增长，效果较明显，中国稻谷在世界增长较快的市场上进口份额增长，中国正在从增长较快的市场上进口稻谷。例如从越南、泰国、巴基斯坦的进口，这些国家的稻谷在生产、出口方面的份额也在扩张。但中国稻谷进口的集中度偏高，更多的进口来源应该成为中国新增稻谷需求最直接的来源。

第二节　中国大豆的进口增长状况

一、大豆进出口贸易的现状

大豆是国际贸易中重要的大宗农产品之一。1998年之前，中国仅靠国内生产的大豆就可以自足，进口量较小，中国大豆还大量出口韩国、日本和东南亚等国家和地区。近年来，国内大豆生产持续下滑。与此同时，中国消费者对肉蛋奶等高蛋白产品的需求持续增长，由于大豆压榨以后产出约20%的食用油，以及约80%的饲料用豆粕，这直接带来了大豆进口的持续增长。

从1996年开始中国调整了大豆贸易政策，大豆进口逐渐放开，调整后的大豆进口政策规定，对大豆进口实行关税配额管理，配额外普通税率为180%，最惠国税率为40%，配额内税率为3%。但是当时的关税配额制度没有起到应有的限制作用，主要原因在于国内部分合资企业拥有独立的大豆进出口的专营权，其大豆进口执行的是3%的低税率。2000年中国大豆进口量突破了1000万吨，中国成为全球首屈一指的大豆进口大国。2001年以后，中国逐步取消了对大麦、大豆、花生油、油菜籽、玉米油、葵花籽油和棉花籽油的进口关税配额管理。此后，中国大豆进口完全放开。1995年以来大豆进口量与进口额具体见图5-2所示。

1995年中国大豆进口只有29万吨，2007年大豆进口超过3000万吨，2009年大豆进口超过4000万吨，2013年进口又超过了6000万吨。2014

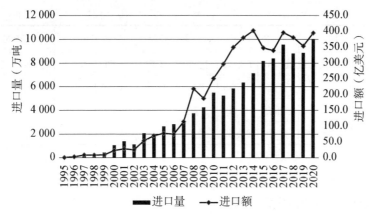

图 5-2　1995—2020 年中国大豆进口量及进口额

数据来源:联合国商品贸易统计数据库。

年大豆进口量达到 7 140 万吨,2017 年进口量更是达到了 9 553 万吨,尽管随后 2 年受中美贸易摩擦影响,大豆进口有所回落,但 2020 年大豆进口仍然达到了历史最高的 10 033 万吨。现在,中国大豆进口约占到了世界大豆出口总量的 60%。

二、大豆进口来源地的变化

　　世界大豆的主要生产区域排名前五位的国家分别是巴西、美国、阿根廷、中国和巴拉圭。这五个国家的大豆产量之和占全球大豆总产量的比重近 90%。由于中国市场对大豆的需求量高,所以中国大豆进口的市场集中度较高,前三大市场分别为巴西、美国、阿根廷。大部分年份,来自这三个国家的大豆进口占到中国大豆总进口的 95% 以上。巴西和美国的占比最高,近 10 年间两国的市场份额之和大部分年份超过 80%。其余仅有不到 5% 从世界其他国家如乌拉圭、加拿大和俄罗斯等进口。2018 年以来受中美贸易摩擦的影响,来自巴西的大豆进口进一步增加,美国占比下降。2020 年巴西的占比为 64.1%,美国占比 25.8%,阿根廷占比 7.4%(表 5-9)。

表 5-9　2011—2020 年中国大豆前三大进口来源地所占份额变化　　　(%)

	2011		2012		2013		2014		2015	
1	美国	42.37	美国	44.48	巴西	50.19	巴西	44.82	巴西	49.06
2	巴西	39.32	巴西	40.92	美国	35.09	美国	42.06	美国	34.77
3	阿根廷	14.84	阿根廷	10.10	阿根廷	9.66	阿根廷	8.41	阿根廷	11.55
	合计	96.52	合计	95.50	合计	94.94	合计	95.29	合计	95.39

	2016		2017		2018		2019		2020	
1	巴西	45.53	巴西	53.31	巴西	75.1	巴西	65.1	巴西	64.1
2	美国	40.72	美国	34.39	美国	18.9	美国	19.2	美国	25.8
3	阿根廷	9.55	阿根廷	6.89	加拿大	2.0	阿根廷	9.9	阿根廷	7.4
	合计	95.80	合计	94.59	合计	96.0	合计	94.2	合计	97.3

数据来源:联合国商品贸易统计数据库。

三、大豆进口增长的原因分解

继续采用恒定市场份额模型(CMS 模型)分解大豆进口增长的原因。

(一) 数据来源及处理

鉴于数据的统一性和可获得性,采用的数据来源于联合国商品贸易统计数据库,大豆的总类编码为 HS1201,选定巴西、美国、阿根廷、乌拉圭、加拿大、其他国家作为中国大豆进口的贸易对象主体。1995—2020 年中国大豆进口贸易呈现快速上升的趋势,本研究将其划分为三个时期,分别为第一期(1995—2003 年)、第二期(2004—2012 年)和第三期(2013—2020年)。每个时期的进口增长的实际值取该期间的平均值。从第一期到第二期属于第一阶段的进口增长,从第二期到第三期属于第二阶段的进口增长。

(二) 模型的测算结果与分析

根据联合国商品贸易统计数据库获得的 26 年的数据,运用 CMS 模型的二层次分解公式计算出各阶段的进口因素分解情况,具体如表 5 - 10 所示。

表 5 - 10　中国大豆进口 CMS 模型分解结果　　　　(万吨,%)

项目	第一期到第二期		第二期到第三期	
	进口量	占比	进口量	占比
测算增长	3 147.69	100	4 497.48	100
结构效应	574.06	18.24	2 682.29	59.64
增长效应	456.28	14.50	2 165.19	48.14
市场结构效应	117.77	3.74	517.10	11.50
引力效应	1 313.46	41.73	879.27	19.55
综合引力效应	1 511.50	48.02	971.93	21.61
市场引力效应	−198.05	−6.29	−92.66	−2.06
交叉效应	1 260.17	40.03	935.93	20.81

综观三个时期可以发现,世界大豆总需求因素、引力因素与大豆进口结构因素共同左右着中国大豆进口增长。从第一期(1995—2003 年)到第二期(2004—2012 年),大豆进口增长总量为 3 147.69 万吨,其中,引力效应占 41.73%,交叉效应占 40.03%,结构效应占到 18.24%,说明在该时期中国大豆进口增长主要是引力效应和交叉效应的作用。从第二期(2004—2012 年)到第三期(2013—2020 年),大豆进口增长总量为 4 497.48 万吨,结构效应上升为 59.64%,是中国大豆进口增长的主要影响因素,引力效应下降到 19.55%,交叉效应下降到 20.81%,说明中国大豆进口引力和世界大豆需求的变化趋同。

1. 结构效应

世界大豆供给增加是拉动中国大豆进口的重要因素之一。整体上,结构效应在两个阶段都为正值(占比分别为 18.24% 和 59.64%),并保持了较快的上升趋势。第二层次分解后发现,增长效应在两个时期都是正值,表明世界大豆市场供给的增加拉动着中国大豆进口的增长,并在第二阶段达到最高峰,增长效应的贡献率由第一阶段的 14.50% 上升到第二阶段的 48.14%。市场结构效应的拉动作用在两个阶段都为正值,但占比较小,第二阶段有明显上升,表明中国在第二阶段开始比较集中地从出口快速增长的市场进口大豆。世界大豆市场的供给增加速度较快,中国应该更集中地从出口快速增长的国家(地区)进口大豆,中国从巴西、美国进口大豆满足这一特征。和世界相比,美国、巴西大豆出口稳定增长,在中国大豆进口国家(地区)中,美国、巴西一直保持着较高份额,但中国从阿根廷、巴拉圭、乌拉圭和加拿大的大豆进口份额偏小,这些国家也是大豆出口增加速度较快的国家,中国进口有朝向传统大豆出口大国集中的趋势。

20 世纪 90 年代以后,中国大豆产业在国际市场上已经完全不再具有比较优势。巴西、美国、阿根廷等国家大豆生产总成本的趋势在减少,而中国大豆生产总成本的变化趋势却在增长。中国从这些市场上进口大豆,符合中国的比较优势原则。

2. 引力效应

整体上,引力效应在两个阶段都为正值(占比分别为 40.03% 和 19.55%),第二阶段份额有较大下降,表明中国对世界大豆整体出口市场的引力而带来的中国大豆进口量变化的作用下降。其中,综合引力效应取值较高,表明中国对世界大豆整体出口市场的引力较大,从而带来中国大豆进口量的增长,但其所占份额从第一阶段到第二阶段有一定程度的下降,市场引力效应第一阶段和第二阶段都为负值,表明中国对世界大豆具体出口市场的引力作用不明显。可以看出,在第一阶段中国对世界大豆整体出口市场的引力是影响进口增长最为重要的因素。

3. 交叉效应

中国大豆进口的交叉效应在两个阶段都为正值(占比分别为 41.49%和 20.81%),表明由于中国大豆进口结构的变化与世界大豆出口结构变化的交互作用而带来的中国大豆进口值的增长,中国大豆在世界增长较快的市场上进口份额增长较快。中国有意识地从增长较快的市场上进口大豆,市场份额增长较快。例如中国从巴西、美国的大豆进口份额在不断扩大,而这类国家的大豆生产、出口份额也在急剧扩张,但其他的大豆出口国如阿根廷、巴拉圭、乌拉圭等,在中国大豆进口中所占份额不高,未来这些国家应该构成中国新增大豆需求增长的最直接来源。

随着农业基础设施的不断改善及转基因育种技术和杂交新品种的应用,全球大豆总产量出现持续增长,说明世界大豆还是保持着较高的生产能力。中国大豆进口量在国际市场中有着举足轻重的地位,"中国因素"也成为影响国际大豆价格走势的重要因素,中国大豆进口量对世界大豆价格变动的影响非常大。

第三节　中国棉花的进口增长状况

加入 WTO 后,中国的棉花产业发展发生了巨大的变化。虽然中国是棉花生产大国,但棉花的生产和需求之间仍存在一定的缺口,棉纺织品服装业的迅速发展需要进口一定量的外国棉花来满足。中国是世界上最大的棉花进口国,棉花进口量呈上升的趋势。但棉花出口量非常小,尤其是近年每年的出口量有时只有几千吨,如 2014 年中国出口棉花出口数量为 1.43 万吨。

一、棉花的进口规模

1995 年以来中国棉花进口的金额及数量具体见图 5-3 所示。

2002 年以前,棉花进口量较小,基本在 100 万吨以下,进口金额不超过 20 亿美元。从 2003 年开始,棉花进口出现较大增长。2006 年进口量达到 398 万吨,进口金额为 49.7 亿美元。随后棉花进口出现一定程度的下降。但 2009 年后,棉花进口又一次出现较大增长,2012 年中国棉花进口量达到历史最高的 541 万吨,进口额为 120 亿美元。2013 年以后中国棉花进口迅速回落,2016 年的进口量和进口额分别为 124 万吨和 17.8 亿美元,2020

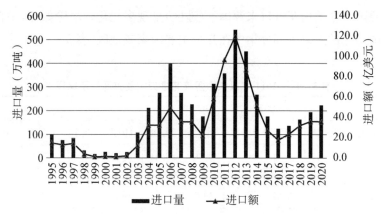

图 5-3 中国棉花进口额及进口数量的变化
资料来源:联合国商品贸易统计数据库。

年棉花进口有所回升,进口量和进口额分别为 223 万吨和 35.9 亿美元。

2003—2012 年棉花进口规模增长的主要原因:一方面是因为中国纺织业的迅速发展,对棉花原材料产生了较大的需求;另一方面,加入 WTO 后中国棉花进口贸易政策发生了一定的变化,带动了中国棉花进口的增长。2013 年后棉花进口量大幅减少的主要原因是:国内经济总体下行,全球经济复苏缓慢,纺织品出口形势持续恶化,棉花需求量下降,而棉花供给相对充裕;2014 年以来中国对关税配额实施从严从紧政策,除入市承诺的 89.4 万吨 1‰关税配额外,不再增发其他形式配额;中国巨量的棉花库存亟待消化,国内棉花供应充足;国内外棉花差价从 4 000 元以上下降到 1 000 元左右,国内棉花现货价格以下跌为主,外棉价格优势持续减弱。

从 2017 年至今中国棉花进口又出现了缓慢持续增长。主要原因是,尽管去库存是这几年的主基调,但中国棉花需求仍然保持了一定的增长。2020 年以来新冠疫情的突发,给全球棉纺织行业带来较大的风险和挑战。中国棉纺织企业依赖完备的产业链和先进的商业模式,很快复工复产,海外市场也逐步恢复,中国纺织品服装出口得到迅速发展。由此带来棉花消费需求的进一步上涨。因此中国在进口棉花关税配额的管理政策方面,进一步放松了配额的发放数量,增发了滑准税进口棉花配额。并于 2020 年 12 月调低了滑准税的税率。

二、棉花进口的主要来源国

中国棉花进口来源地较多,如 2017 年中国棉花进口来源国家(地区)为 54 个,2020 年为 37 个。世界上绝大多数棉花生产国都成为中国棉花进口来源国。中国棉花进口来源国家(地区)呈现多元化。尽管如此,一直以来中国棉花的进口大部分集中在几个主要国家或地区(表5-11)。

表5-11　2011年以来中国棉花进口主要来源地及比重　　　(%)

	2011		2012		2013		2014		2015	
1	印度	30.16	印度	23.74	印度	29.36	印度	33.74	美国	30.21
2	美国	29.13	美国	21.98	美国	26.16	美国	22.56	印度	19.70
3	澳大利亚	15.14	巴基斯坦	11.88	澳大利亚	17.71	澳大利亚	20.32	澳大利亚	14.32
	合计	74.43	合计	57.60	合计	73.23	合计	76.62	合计	64.23
	2016		2017		2018		2019		2020	
1	美国	21.84	美国	37.96	美国	32.81	巴西	26.43	美国	44.27
2	澳大利亚	17.62	澳大利亚	18.94	澳大利亚	26.04	澳大利亚	20.52	巴西	28.69
3	印度	16.17	印度	12.58	印度	11.86	美国	18.71	印度	12.03
	合计	55.63	合计	69.48	合计	70.71	合计	65.66	合计	84.99

数据来源:联合国商品贸易统计数据库。

"入世"前,美国棉花在中国进口中占据绝对地位,约一半以上的进口棉花来源于美国,而其他国家的占比则不足10%。"入世"后,中国加大了从印度、澳大利亚等国的棉花进口,特别是2011年到2014年之间,印度成为中国的第一大棉花进口来源国。如2014年从印度进口棉花82.3万吨,占比为33.74%,美国的市场份额则下降到22.56%。2019年受中美贸易摩擦影响,从美国的棉花进口占比下降到18.71%。但2020年美国以占比44.27%又一次成为中国棉花进口第一大来源国。此外,多数年份中国棉花进口前三大市场的比重合计约占70%,以美国、印度和澳大利亚等国家为主。前五名比重合计占中国棉花进口总量的80%以上。2020年前三大进口来源市场分别为美国、巴西和印度,合计占比大幅度提高到了84.99%。

一方面世界产棉大国构成中国棉花进口的主要国家,另一方面由于邻近国家的区位优势以及中国"一带一路"倡议的提出,从周边国家及"一带一路"沿线国家的棉花进口也构成中国棉花进口的重要组成部分。从时间趋势上分析,中国棉花进口越来越依赖世界范围内具有比较优势的产棉大国。随着国际货物运输的便利化,区位因素在棉花进口中的影响减小,棉花生产、出口大国的竞争力显现出来。棉花进口来源国的集中和缺乏稳定的棉花供应直接影响了中国国内棉花市场的稳定,不利于中国棉花产业安全以及上下游产业的平稳发展。

三、棉花的进口价格变动

这里使用中国进口棉花价格指数来代表进口棉花的价格。该指数选取具有代表性的进口棉花品种,以在中国主港的 CFR(即成本加运费,不包括关税、增值税和港口费用)即期报价作为计算基础,按各国在中国进口棉花市场中所占的份额作为计算权重,经过一整套计算公式和数学模型的推算,同时参考 Cotlook 远东指数和外商在远东港口的报价作为校正参数,经过加权校准后生成,反映了进口棉花到中国主港的综合报价水平[①]。

中国进口棉花价格指数英文简称为"FC Index"。具体包括高、中、低共三个指数,其中 FC Index L 指数代表低等级(相当于 SLM)的棉花报价,FC Index M 指数代表中等级(相当于 M)棉花报价,FC Index S 指数代表高等级(相当于 SM)棉花报价。该指数由中国棉花协会、全国棉花交易市场、英国 Cotlook 公司三方于 2006 年 6 月起共同发布,并追溯了 2005 年 8 月以来的进口棉花价格指数,目前每个工作日下午 2 点前在中国棉花协会网站、英国 Cotlook 公司网站和中国棉花信息网上同时发布。图 5 - 4 为 2005 年以来中国进口棉花 FC Index M 指数价格变动情况。

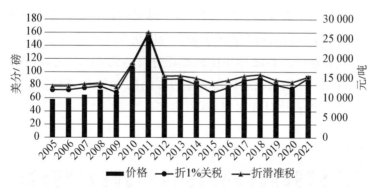

图 5 - 4　中国进口棉花价格指数(FC Index M)年度变动
数据来源:中国棉花协会。

可以看出,2005 年以来,与国际棉花价格变动趋势相近,进口棉花价格波动幅度较大。以 FC Index M 级棉花为例,价格从 2005 年的 58.08 美分/磅,上涨到 2011 年的 159.21 美分/磅。随后棉花价格又出现大幅度回

---

①　参见中国棉花协会网站:中国进口棉花价格指数,http://www.china-cotton.org/data。

调,2012 年及 2013 年维持在 100 美分/磅左右。2015 年的价格基本维持在 70 美分/磅左右。2016 年以后,进口棉花的价格出现一定程度的上涨,2020 年进口棉花价格平均为 73.06 美分/磅,2021 年以来进口棉花价格出现了大幅度上涨,截止到 2021 年 8 月,2021 年进口棉花价格指数平均值为 94.85 美分/磅。

全球棉花价格的变动受多种因素的影响,包括产量、消费量、经济景气程度、气候状况、战争、化纤的价格等,棉花的品种以及品质也都会影响到棉花的价格。而各个国家(如美国等)实施的补贴政策也会对棉花价格产生一定影响。但影响棉花价格波动主要是供求关系的变化。由于中国棉花产量在国际棉花市场中有着举足轻重的地位,"中国因素"也成为影响国际棉花价格走势的重要因素,中国棉花的生产及进口量对世界棉花价格变动的影响较大。

四、中国棉花进口在全球棉花贸易中的地位

根据 FAO 的数据,亚洲是全球棉花最大的进口地区,在全球棉花进口中所占份额在 80% 左右;其次是欧洲,在全球棉花进口中所占份额近年在 10% 左右,但呈下降趋势;美洲、非洲、大洋洲在全球棉花进口中所占份额不高。

全球主要的棉花进口国有中国、越南、土耳其、印尼、巴基斯坦、泰国、马来西亚、韩国、墨西哥等。可以看出,全球棉花进口的市场集中度非常高,中国从 2003 年以后成为世界上最大的棉花进口国,在世界棉花国际贸易中占有重要地位。2012 年中国的棉花进口达到 541.3 万吨,占到全球 59.5% 的份额。中国棉花进口在全球的占比在 2013 年以后呈下降趋势,2020 年在全球的占比只有 23.1%(图 5-5)。

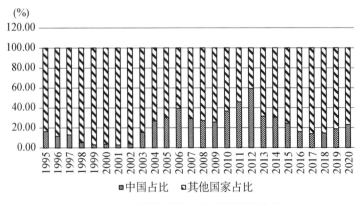

图 5-5　中国棉花进口在世界所占份额

数据来源:根据 ITC 数据库(International Trade Center)的数据计算。

五、棉花进口增长的影响因素分解

从上文的分析可以看出,中国棉花进口出现较大的波动性,但进口波动的原因到底是什么? 这里使用 CMS 模型对棉花进口波动的原因进行分解。

(一) 数据来源

鉴于数据的统一性和可获得性,采用的数据来源于联合国商品贸易统计数据库,棉花的总类编码为 SITC 263(棉花总类),选定美国、印度、澳大利亚、巴西、巴基斯坦、其他国家作为中国棉花进口的贸易对象主体。中国棉花进口贸易呈现波动上升的趋势,本研究将其划分为三个时期,分别为第一期(1995—2003 年)、第二期(2004—2012 年)和第三期(2013—2020 年)。每个时期的进口增长的实际值取该期间的平均值。从第一期到第二期属于第一阶段的进口增长,从第二期到第三期属于第二阶段的进口增长。

(二) 模型的测算结果与分析

根据联合国商品贸易统计数据库获得的 26 年的数据,运用 CMS 模型的二层次分解公式计算出各阶段的进口因素分解情况,具体如表 5‑12 所示。

表 5‑12　中国棉花进口的 CMS 模型分解结果　　　(万吨,%)

项目		第一期到第二期		第二期到第三期	
		进口量	占比	进口量	占比
测算增长		254.04	100	−91.27	100
结构效应		39.95	15.73	37.56	−41.16
	增长效应	21.34	8.40	−32.51	35.62
	市场结构效应	18.61	7.33	70.08	−76.78
引力效应		158.77	62.50	−124.87	136.81
	综合引力效应	172.23	67.80	−119.61	131.06
	市场引力效应	−13.46	−5.30	−5.25	5.75
交叉效应		55.32	21.78	−3.97	4.35

综观三个时期可以发现,世界棉花总需求因素、引力因素与棉花进口结构因素共同左右着中国棉花进口波动。从第一期(1995—2003 年)到第

二期(2004—2012 年),棉花进口增长总量为 254.04 万吨,其中,引力效应占 62.50%,交叉效应占 21.78%,结构效应仅占 15.73%,说明在该时期中国棉花进口增长主要是引力效应的作用。从第二期(2004—2012 年)到第三期(2013—2020 年),棉花进口减少总量为 91.27 万吨,引力效应为负值,作用占比为 136.81%,成为中国棉花进口下降的主要影响因素;结构效应为正值,作用占比为 -41.16%,交叉效应为负值,作用占比为4.35%。说明中国棉花进口结构变得更为合理,中国进口棉花的市场分布与棉花出口增长较快市场之间的匹配程度变好。

1. 结构效应

世界棉花供给增加是拉动中国棉花进口的重要因素之一。整体上,结构效应在两个阶段都为正值(作用占比分别为 15.73% 和 -41.16%),并保持了上升趋势。表明世界棉花市场供给的增加拉动着中国棉花进口的增长。具体来说,增长效应的贡献率在第一阶段是 8.4%,第二阶段变为负值(贡献率为 35.62%),表明增长效应没有发挥太大作用。市场结构效应的拉动作用在两个阶段为正值,且有较大增长,表明中国集中地从快速增长的市场进口棉花。中国棉花进口由于世界棉花出口的增长而带来的增长效应明显。20 世纪 90 年代以后,中国棉花产业在国际市场上已经完全不再具有比较优势。相比而言,美国、澳大利亚等国家的劳动力投入在减少,机械化程度在持续增加,其棉花生产总成本的变化趋势是减少的,而中国棉花生产的总成本的变化趋势却在增长。棉花生产在中国属于劳动密集型产业,而在美国和澳大利亚等发达国家却是资本或技术密集型产业。中国从这些市场上棉花的进口符合中国的比较优势原则。

2. 引力效应

整体上,引力效应在第一个阶段为正值(作用占比为 62.50%),第二阶段变为负值(作用占比为 136.81%),表明在第一阶段中国对世界棉花整体出口市场的引力而带来的中国棉花进口量变化的作用较明显,但到了第二阶段这种引力效应明显变小。具体来说,综合引力效应在第一阶段取值较高,第二阶段明显下降,引力不足导致中国棉花进口量的减少。表明中国对世界棉花整体出口市场的引力明显变小,带来了中国棉花进口量的下降。市场引力效应在两个阶段都为负值,表明中国对世界棉花具体出口市场的引力效应不明显。总体上,中国对世界棉花整体出口市场的引力是影响进口增长最为重要的因素。

中国是棉纺织品生产、消费及出口大国,棉花是纺织工业的重要原材料。棉纺织业对棉花保持了持续比较高的需求。中国居民纺织品消费水平增长较快,对纺织品的消费需求也将稳步增加。在国内生产无法满足需求的情况下,进口棉花便成了必然的选择。中国纺织品服装出口保持了较高的增长速度。随着全球纺织行业整体处于复苏态势,中国纺织品服装的出口数量恢复增长,中国纺织企业对棉花的需求也在提升,从而提振了进口棉市场。

3. 交叉效应

中国棉花进口的交叉效应在第一个阶段为正值(作用占比为 21.78%),第二个阶段变为负值(作用占比为 4.35%)。表明第一阶段由于中国棉花进口结构的变化与世界棉花出口结构变化的交互作用而带来的中国棉花进口值增长,但第二阶段这种作用减弱。第一阶段中国棉花在世界增长较快的市场上进口份额增长较快。中国有意识地从增长较快的市场上进口棉花,市场份额增长较快。例如中国从印度、澳大利亚的棉花进口份额在不断扩大,而这类国家的棉花生产、出口份额也在急剧扩张,新兴棉花生产大国构成了中国新增棉花需求增长的最直接来源。

随着农业基础设施的不断改善、转基因育种技术和杂交新品种的应用,以及化肥、农药等投入的增加,全球棉花总产量出现一定的增长。中国市场棉花价格与国际市场棉花价格之间一直存在着一定的价格差。在大部分月度国内棉花价格水平高于国际棉花价格水平。尽管中国对配额外进口的棉花实施滑准税进行控制,但内外价格差的存在使国产棉花失去竞争优势,造成棉花进口量不断上升。

第四节　中国食糖的进口增长状况及原因分解

加入 WTO 后,中国的食糖产业发展发生了较大的变化。虽然中国也是食糖生产大国,但是食糖的供应和需求之间仍存在较大的缺口,需要进口一定量的外国食糖来满足国内市场的需要。中国是世界上最大的食糖进口国,食糖进口量呈上升的趋势。

一、食糖进口贸易的现状

(一) 食糖进口年度间出现较大波动

中国的食糖贸易表现为净进口状态。1995—1999 年,食糖进口量处于下降趋势,1995 年进口量为 295 万吨,到 1999 年下降到 42 万吨。2000—2009 年,中国食糖进口量变化不大,进口数量也不是太高,进口维持在 100 万吨到 150 万吨之间,均在 194.5 万吨的关税配额内。2010 年以后进口量出现快速增长,2013 年增长到 454 万吨,2015 年中国食糖进口量达到 485 万吨,2016 年和 2017 年食糖进口出现较大的下降,2017 年的进口量只有 229 万吨。2018 年以后食糖进口又出现了大幅度增长,2020 年中国食糖进口增长到 527 万吨(图 5-6)。

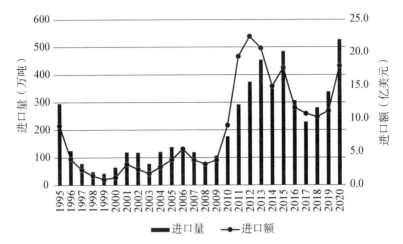

图 5-6　中国食糖进口贸易情况

注:此处的食糖为 HS1701 号下的产品。

数据来源:联合国商品贸易统计数据库。

中国食糖出口呈现逐渐下降趋势,从 1995 年的出口 48 万吨,下降到 2007 年的 11 万吨,2008 年以后,食糖出口一般都不超过 10 万吨,但 2016 年和 2017 年食糖出口量分别达到了 14.9 万吨和 15.8 万吨。

当前,中国食糖进口在全球占有重要的地位。在最近的大部分年份,印尼、美国是全球最大的食糖进口国,中国在国际食糖进口中排到第三或第四的位置。随着最近两年食糖进口量的持续上升,中国在国际食糖贸易中的比重上升。2008 年中国食糖进口占世界食糖进口总量的比重为 2.4%,2015 年中国食糖进口在全球所占比重提升至 8.36%,2017 年中国食糖进口在全球所占比重只有 3.48%,2020 年中国食糖进口在全球所占比重上升到 8.20%。

(二) 主要的进口品种

在中国食糖进口中,主要的进口品种为甘蔗原糖和砂糖,两者占到食糖进口总量的 99% 以上。其中主要以甘蔗原糖进口为主,砂糖的进口量近年在 50 万吨左右。2015 年甘蔗原糖进口 413 万吨,占到食糖总进口的比重为 85.3%,砂糖进口 17 万吨,占到食糖总进口的比重为 14.6%;2020

年甘蔗原糖进口 466 万吨,占到食糖总进口的比重为 88.5%,砂糖进口 61 万吨,占到食糖总进口的比重为 12.5%(图 5-7)。

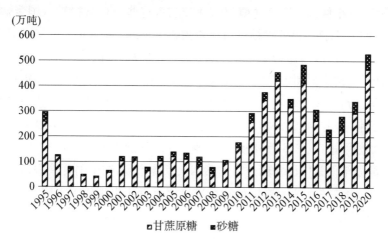

图 5-7　中国食糖进口中甘蔗原糖与砂糖进口量
数据来源:联合国商品贸易统计数据库。

(三) 主要的进口来源国

中国食糖的进口来源比较集中,主要来自巴西、泰国、古巴、韩国、澳大利亚等国,1995 年以来,来自这 5 个国家的食糖在大部分年份超过了 90%,尤其是巴西、古巴、泰国所占份额比较高(表 5-13)。

表 5-13　中国食糖进口主要来源地及比重　　　　　　　　(%)

	2011		2012		2013		2014		2015	
1	巴西	68.2	巴西	53.1	巴西	72.4	巴西	60.2	巴西	56.5
2	古巴	13.8	泰国	25.0	古巴	9.6	泰国	15.4	泰国	12.5
3	泰国	9.4	古巴	11.4	危地马拉	7.5	古巴	12.3	古巴	10.8
	合计	91.4	合计	89.5	合计	89.5	合计	87.9	合计	79.8
	2016		2017		2018		2019		2020	
1	巴西	64.96	巴西	34.51	巴西	26.3	巴西	41.0	巴西	74.6
2	古巴	14.26	古巴	17.56	古巴	13.3	泰国	21.8	古巴	8.7
3	澳大利亚	6.44	泰国	12.62	泰国	10.3	古巴	12.6	韩国	3.7
	合计	85.65	合计	64.70	合计	49.9	合计	75.4	合计	87.0

注:此处的食糖指 HS1701 目下的产品。
资料来源:联合国商品贸易统计数据库。

2010 年以前,来自古巴的食糖进口一直保持在较高的水平,而且进口量相对比较稳定,这主要是因为中国政府与古巴政府签订了长期进口原糖的协议,每年从古巴进口食糖 40 万吨左右,这些进口直接转入国家储备。2011 年后,来自古巴的食糖进口比重大幅度下降,2013 年中国从古巴进口食糖 43.6 万吨,占比为 9.6%。从 2010 年开始,中国从巴西食糖进口剧增,巴西超越泰国和古巴成为中国食糖进口第一大来源地,2013 年从巴西进口量达到 328.5 万吨,占比达到 72.4%。2020 年从巴西食糖进口达到 393 万吨,占比 74.6%,排在第二位的是古巴和韩国,2020 年中国从这两个国家分别进口了 46 万吨和 20 万吨,占比分别为 8.7% 和 3.7%。韩国在大部分年份是中国食糖进口的第四大来源市场,在中国食糖进口中所占份额在 5% 左右。来自泰国的食糖进口比重近年出现较大下降,而且年度间波动较大。

二、食糖进口产生较大波动的主要原因

(一) 国内食糖供需缺口扩大

中国是国际上重要的食糖生产国和消费国,糖料作物是传统的种植作物之一,在农业发展中一直占有重要地位,其产量和产值仅次于粮食、油料以及棉花。加入 WTO 以来,随着居民生活水平的提高以及消费结构的升级,中国的食糖消费出现快速增长,1995 年食糖[1]的国内消费量只有 795 万吨,但到 2020 年增长到 1540 万吨,增长近一倍。而产量方面,受到自然条件、比较收益等因素的影响,食糖产量增长相对缓慢且波动较大。食糖产量从 1995 年的 630 万吨,增长到 2020 年的 1 040 万吨。食糖的供需缺口在 2014 年以前为 200 万吨左右,但近年有扩大的趋势,2014 年以后扩大到 500 万吨左右。持续存在的产需缺口是食糖进口波动的主要原因。

(二) 国内外价格差扩大

近几年,国际食糖价格出现较大波动,食糖进口的攀升和价格的波动开始引起国内外的广泛关注。作为食糖净进口国,当前中国食糖进口已经成为影响食糖国际市场价格的重要因素。国内食糖市场与国际市场的联动性增强。来自世界市场的价格波动也影响了中国国内的食糖市场价格,使国内食糖价格呈现出较大的波动。近年国际糖价维持在较低水平,与此相对应的是中国食糖的生产成本在不断上升,这导致进口食糖具有较大的成本优势。中国食糖进口受关税配额政策的影响,食糖国内外价差扩大。

---

[1]　此处食糖专指离心糖,生产和消费数据来源于美国农业部。

2011 年后,国内食糖价格开始高于配额内进口的成本价(15％关税)。而且 2013 年后国内糖价开始超过配额外进口成本价(50％关税)。2015 年国际糖价继续走低,但国内糖价却在减产预期下处于上升态势,食糖国内外价差继续扩大,国内食糖现货价格高于配额外食糖进口成本价达到每吨1 000 元以上。持续的价格倒挂导致中国食糖进口大幅增加。

(三) 国内政策性因素的影响

对中国食糖产业来说,政策因素主要包括国内支持政策、进口政策与收储政策等。

国内支持政策方面,当前中国对糖料作物的生产者支持力度较小,并没有建立起如粮食直补那样的支持体系,对食糖生产的直接支持很少。进口政策方面,加入 WTO 后中国对食糖进口实行关税配额制度。目前中国进口配额及关税维持在 2004 年的水平上,为 194.5 万吨,配额内关税降为15％。由于 2010 年以后中国食糖进口出现了较大的增长,进口食糖给国内食糖产业造成了严重的损害,中国商务部从 2017 年 5 月 22 日开始对食糖进口采取保障措施,实施期限为 3 年。对进口食糖实施保障措施以后,食糖的进口数量开始迅速回落。

国内制糖生产成本相对较高,为稳定国内食糖价格,保护农民利益和生产积极性,中国政府从 2011 年起实行食糖收储政策。这些调控措施的实施,对控制食糖价格波动发挥了积极的作用,也保护了糖料种植农民和食糖生产者的利益。但食糖临时收储政策的实施,也使得市场价格被扭曲,国内糖价虚高,失去了市场在资源配置中应该发挥的作用。中国食糖消费量相对比较稳定,消费者对糖价变动不是特别敏感,食糖价格的波动对需求的影响并不是太大。

从食糖政策性因素来看,国内政策对食糖供需起到一定的调节作用,但进口配额对国内食糖供求的作用相对比较明显,导致国内食糖价格高于国际食糖价格,当国内供需缺口较大时,配额量却没有相应增加,使国内食糖价格出现更大程度的上涨。国家食糖收储政策实施以来,中国食糖库存保持在较高的水平,近年库存水平在 500 万吨左右。

三、食糖进口增长的影响因素分解

从上文的分析可以看出,中国食糖进口出现较大的波动性,但进口波动的原因到底是什么? 这里使用 CMS 模型对食糖进口波动的原因进行分解。

(一) 数据来源

鉴于数据的统一性和可获得性,采用的数据来源于联合国商品贸易统计数据库,食糖总类的编码为 HS1701,选定巴西、泰国、澳大利亚、危地马拉、墨西哥、其他国家作为中国食糖进口的贸易对象主体。1995—2020 年中国食糖进口贸易呈现波动上升的趋势,本研究将其划分为三个时期,分别为第一期(1995—2003 年)、第二期(2004—2012 年)和第三期(2013—2020 年)。每个时期的进口增长的实际值取该期间的平均值。从第一期到第二期属于第一阶段的进口增长,从第二期到第三期属于第二阶段的进口增长。

(二) 模型的测算结果与分析

根据联合国商品贸易统计数据库获得的 26 年的数据,运用 CMS 模型的二层次分解公式计算出各阶段的进口因素分解情况,具体如表 5－14 所示。

表 5－14　中国食糖进口 CMS 模型分解结果　　　　　　(万吨,%)

项目	第一期到第二期		第二期到第三期	
	进口量	占比	进口量	占比
测算增长	63.72	100	199.8	100
结构效应	−1.33	−2.09	28.35	14.19
增长效应	2.39	3.75	6.89	3.45
市场结构效应	−3.72	−5.84	21.46	10.74
引力效应	−7.22	−11.33	159.17	79.66
综合引力效应	−10.78	−16.92	138.98	69.55
市场引力效应	3.56	5.59	20.19	10.10
交叉效应	72.27	113.42	12.30	6.16

综观三个时期可以发现,世界食糖总需求因素、引力因素与结构因素共同左右着中国食糖的进口增长。从第一期(1995—2003 年)到第二期(2004—2012 年),食糖进口增长总量为 63.72 万吨,其中,结构效应和引力效应都是负值,交叉效应为正值,说明在该时期中国食糖的进口增长主要是交叉效应的作用。从第二期(2004—2012 年)到第三期(2013—2020 年),食糖进口增长总量为 199.8 万吨,三个效应都是正值,引力效应最明显,占比 79.66%,是中国食糖进口增长的主要影响力,结构效应占比 14.19%,交叉效应占比 6.16%,说明中国进口食糖的市场分布与食糖出口增长较快市场之间的匹配程度一般。

1. 结构效应

中国食糖进口的结构效应在第一阶段为负值,到第二阶段变为正值,并保持了上升趋势。说明中国食糖的进口结构正在逐步变得合理。其中,增长效应在两个时期都是正值,表明世界食糖市场供给的增加拉动着中国食糖进口的增长,并在第二阶段保持了一定的增长。其次,市场结构效应的拉动作用在第一阶段为负值,第二阶段变为正值,表明中国正在从快速增长的市场进口食糖。中国食糖进口由于世界食糖出口的增长而带来的增长效应并不明显。增长效应的贡献率偏低,表明虽然世界食糖市场的供给增长速度较快,但与其他食糖进口国家相比,中国并没有更集中地从食糖出口快速增长的国家(地区)进口,尤其是 2010 年以前,中国食糖进口量不是很大,没有出现较大增长。2010 年以后食糖的进口才出现了明显的增长,并且开始从巴西、泰国、危地马拉等国家大量进口食糖。

20 世纪 90 年代以后,中国食糖产业在国际市场上已经不再具有比较优势。相比而言,巴西、泰国、危地马拉等国家的生产总成本大幅度降低,而中国食糖生产成本的变化趋势却在增长。中国从这些市场上进口食糖符合中国的比较优势原则。

2. 引力效应

引力效应在第一阶段为负值,第二阶段变为正值。第二阶段的份额增长非常明显,成为拉动食糖进口增长最重要的因素,表明中国对世界食糖整体出口市场的引力而带来的中国食糖进口量变化的作用在明显上升,其中,综合引力效应在第二阶段上升明显,所占份额达到 69.55%,表明中国对世界食糖整体出口市场的引力变大带来的中国食糖进口量的增长。市场引力效应在两个阶段都为正值,且第二阶段有一定增长,表明中国对世界食糖具体出口市场的引力在第一阶段较小,但第二阶段的引力上升。可以看出,中国对世界食糖整体出口市场的引力是影响进口增长最为重要的因素。

3. 交叉效应

中国食糖进口的交叉效应在两个阶段都为正值,但在第二阶段出现较大下降。表明在第一阶段交叉效应是促进食糖进口增长最重要的影响因素,中国食糖进口结构的变化与世界食糖进口结构变化的交互作用带来了中国食糖进口值的增长,中国食糖在世界增长较快的市场上进口份额有一定增长。但第二阶段交叉效应明显变小。中国应该有意识地从增长较快的市场上进口食糖。例如从巴西、泰国、墨西哥的进口份额应该进一步扩大,这类国家或地区的食糖生产、出口份额也在增加,新兴食糖生产大国应该构成未来中国新增食糖需求增长的最直接来源。

第六章 开放环境下农业产业安全评价指标体系

农业产业安全并不排除中国充分利用国际市场,有效参与国际分工,获取更多的比较利益。充分利用国际市场资源,可以保障国内供应,增加市场的稳定性,增强抗击市场波动的能力。对产业安全的评价,目前国内的通行做法是建立相应的模型和指标体系。本章根据农业产业安全自身的特点,借鉴已有的研究成果,基于农业高水平开放视角,在广泛调查并征求专家意见建议的基础上,建立开放环境下农业产业安全的评价指标体系。本章安排如下:首先介绍中国农业产业安全的评价指标体系的评价标准和方法,然后构建具体的评价指标体系,并确定农业产业安全各指标的取值标准。

第一节 中国农业产业安全评价指标体系的设计方法

任何系统具有整体性的特点,同时还具有一定的层次性,由不同的子系统构成。指标系统的建立,需要对一定的评价指标进行分解,再按照重要程度及功能性的区别,考虑到系统性、层次性、动态性的特点,选择具体的子指标。

一、层次设计

本书的评价目标是重点农产品的农业安全水平,因此首先需要根据指标体系的设计原则把这个指标进行分解,分解为多个相互联系、相互作用的子指标。需要的时候还要对每个子指标进行二次分解,直到我们认为已经具有实际的可操作性,能够得到具体的数据。这就形成了一级指标、二级指标和三级指标等。

产业安全的评价指标体系,是联系评价专家、评价方法与评价对象的桥梁(杜栋等,2008)。指标可以由设计者自建,也可以借鉴以往的研究成果,或者通过调查或征询专家意见获得。我们认为,农业产业安全指标体系应该满足以下几方面的要求:能够描述某一时刻农业产业安全各个方面的现状,能够反映农业产业安全发展变化的趋势,能够反映农业产业安全各个方面相互协调的作用。所选指标具体应该具有可测性、科学性、系统性、可获得性等特点。

根据前面章节关于农业产业安全影响机理的探讨已经知道,反映农业产业安全的指标很多,很多学者也从不同的角度进行了评价。如学者们经常会选择农业产业竞争力、农业产业生存环境、产业对外依存度、产业发展等指标。并对这些指标进行进一步的分解,从而构建一个相对全面、相对复杂的指标体系。本书并不准备面面俱到进行全方位评价。我们的目标是希望考察在当前农业扩大开放的大背景下,如何更有效地在充分利用国际农业资源的同时,避免国内重要产业受到外部的不良冲击。因此我们的指标体系更侧重于对重点农产品市场供需平衡的考察,把国内供给、国际供给、国内需求放在同等重要的地位。

根据农业产业自身的特点,遵循评价指标体系的设计原则,本章将产业安全评价指标体系分为三个层次、三级指标:第一层次为总的评价指标,即重点农产品产业安全状态;第二层次选择 3 个评价指标,具体为资源安全、市场安全和进口安全;第三层次则更为具体,又称为指标层,这些指标必须是可测、可得的。

二、农业产业安全的具体评价标准

综前所述,影响农业产业安全的因素非常多,包括资源、技术发展、产业政策、竞争环境、经济增长、人口等方面。因此涉及农业产业安全的指标数量众多。本书通过广泛查阅资料并咨询专家意见,认为在当前农产品贸易自由化的发展趋势背景下,重点农产品产业安全需要做到以下方面:总体上应该做到确保重点农产品的有效供给,并使得供给与需求保持相对的均衡,重点农产品价格保持相对稳定。要想做到确保重点农产品的有效供给,首先应该以一定的国内生产水平为基础,同时保证一定的库存水平;其次在中国农产品比较优势欠缺的形势下,尽可能有效利用国际供给,能够以合理的价格获得充足的外部资源。确保农业产业安全,并不是不能大量进口,相反,进口对于弥补国内供需缺口,获得低成本原材料资源是必不可少的,因此,适度合理进口是保障农业产业安全的重要方面。

由此可见,重点农产品产业安全应该包括以下方面:一是确保资源安全,保持一定程度的自给率和合理安全的库存水平;二是确保市场安全,即重点农产品的生产及消费保持合理的增长速度,不出现大的波动,价格相对稳定;三是保持适度有效的进口水平,即一定的进口依存度、合理的进口市场集中度以及相对稳定的进口增长速度等。

第二节 开放环境下重点农产品产业安全评价指标体系的构建

本书根据重点农产品产业安全自身的特点,借鉴已有的研究成果(柯佑鹏,2012;龚文龙,2007;张淑荣等,2011),经过比较分析及综合考虑,基于农业开放视角,将农业产业安全指标体系分为三层:第一层次即一级指标,表示农业开放视角下重点农产品产业安全状态;第二层次即二级指标,本书选取资源安全、市场安全、进口安全三大指标作为第二层指标;第三层次即三级指标,具体包括库存水平、自给率、产量波动、需求波动、国际市场价格波动、进口增长、进口波动、进口依存度、进口市场集中度等指标。

一、资源安全

所谓资源安全是指重点农产品国内资源的拥有及储备情况,包括两个分指标:库存消费比和自给率。

(一) 库存消费比

库存水平的高低是衡量重点农产品产业安全的重要指标,这里使用库存消费比作为衡量库存水平的指标。库存消费比指的是某种产品的库存水平与当年消费量之比,用以衡量农产品的资源安全水平,最早由联合国粮农组织提出,美国农业部公布的报告中也会报告农产品的库存消费比指标。一般认为,库存消费比太高或者太低都不好。太高不仅不必要,还会增加库存成本,增加农产品变质的概率。太低的话会导致处于一定的风险之中。

库存消费比的计算公式为:$\xi_i = \dfrac{X_{is}}{X_{ic}}$

其中,ξ_i 表示 i 时期产品的库存消费比,X_{is} 表示 i 时期产品的期末库存量,X_{ic} 表示 i 时期农产品的消费量。

目前,对于重点农产品的库存消费比来说,世界上主要的农产品生产国和消费国,建议采用30%的标准作为警戒值,即低于30%时被认为是不安全的。美国农业部将粮食库存消费比的警戒值设定为 $26\%\sim29\%$ 的区间内。

（二）自给率

自给率是反映资源安全的另一重要指标。其含义是指在一定时期内，一国某产品的生产量与消费量的比值。自给率反映的是一国重点农产品的消费总量中，有多少是由该国自己所生产的。一般来说，自给率越高表明本国消费以自主供给为主，对进口的依赖越低。

计算公式如下：$\pi_i = \dfrac{X_{ip}}{X_{ic}}$

其中，π_i 表示 i 时期农产品的自给率，X_{ip} 表示 i 时期农产品的国内生产数量，X_{ic} 表示 i 时期农产品的国内消费数量。

二、市场安全

市场安全反映了国内农产品市场的供需及价格的稳定状况，共包括三个分指标：生产波动系数、需求波动系数、价格波动系数。

（一）生产波动系数

这里使用产量波动系数 λ 来代表重点农产品生产的波动状况。波动系数通常表示经济变量短期的波动程度，其经济学含义是经济变量实际变动相对于模拟趋势值的偏离程度。计算公式为：

$$\lambda = \frac{Y - Y_f}{Y_f}$$

其中，Y 为某时期农产品的实际产量，Y_f 为某时期农产品产量模拟的趋势值。这个模拟的趋势值一般需要采用相应的模拟方法得到。生产波动系数的绝对值表示实际产量偏离长期趋势的程度：取值越小表示实际值与趋势值越接近，即生产越稳定；取值越大表示实际值与趋势值越远离，生产稳定性越差。

（二）需求波动系数

这里使用需求量波动系数 γ 表示重点农产品需求量的波动性。计算公式为：

$$\gamma = \frac{D - D_f}{D_f}$$

其中，D 为某时期农产品的实际需求量，D_f 为某时期农产品需求量模拟的趋势值，这个模拟的趋势值需要采用相应的模拟方法得到。需求波动系数的绝对值表示实际需求量偏离长期趋势的程度:取值越小表示实际值与趋势值越接近,即需求越稳定;取值越大表示实际值与趋势值越远离,需求稳定性越差。

(三) 价格波动系数

这里使用国际市场价格波动系数 μ 表示价格波动的状况。其经济学含义是某种农产品价格的实际值与趋势值之间的差异程度。价格波动系数的计算公式为:

$$\mu = \frac{P - P_f}{P_f}$$

其中,μ 表示的是农产品的价格波动系数。P 为某时期农产品实际价格,P_f 为某时期农产品的模拟价格。这个模拟价格需要通过采用相应的模拟方法得到。价格波动系数的绝对值表示实际价格偏离长期趋势的程度:取值越小表示实际值与趋势值越接近,即价格越稳定;取值越大表示实际值与趋势值越远离,价格稳定性越差。

三、进口安全

进口安全反映重点农产品对进口的依赖程度以及进口增长的稳定性以及进口市场集中度,包括四个分指标:进口依存度、进口增长速度、进口波动系数、进口市场集中度。

(一) 进口依存度

进口依存度反映一国产业对进口的依赖程度。其经济学含义表示,进口依存度值越高,该产业受到进口贸易的影响越大。计算公式为:

$$\sigma_i = \frac{X_{im}}{X_{ic}}$$

其中,σ 表示进口依存度,X_{im} 表示一定时期内农产品的进口量,X_{ic} 表示一定时期内农产品的国内消费量。

但任何事物都需要辩证看待,进口依存度也不是越低越好。就农业产业而言,重点农产品进口保持一定的依存度,说明一国农业的对外开放程度比较高,能够充分利用国际资源。但进口依存度过高时,会带来对国际市场的严重依赖,对产业安全是不利的。进口依存度用某一时期内农产品进口量与消费量之比来衡量。

(二) 进口增长速度

这里使用进口增长率来表示,计算比较简单,就是当年的进口量减去前一年的进口量再除以前一年的进口量。计算公式如下：

$$\varepsilon_i = \frac{X_{im} - X_{(i-1)m}}{X_{(i-1)m}}$$

其中，ε_i 表示某时期重点农产品进口增长速度，X_{im} 表示当年重点农产品进口量，$X_{(i-1)m}$ 表示前一年重点农产品进口量。如果所得数据为正值，表示进口出现增长，如果所得数据为负值，表示进口出现下降。

(三) 进口波动系数

进口波动系数是指农产品的实际进口量与预测进口量之间的差异程度。差异程度越大，表明实际进口量越远离长期发展趋势，不利于农业产业安全。计算公式为：

$$\beta = \frac{X_t - X_{ft}}{X_{ft}}$$

其中，β 的绝对值表示进口波动系数，X_t 为 t 时期农产品的实际进口量，X_{ft} 为 t 时期农产品进口量的模拟趋势值，或者说预测值。进口波动系数的绝对值表示实际进口量偏离长期趋势的程度：取值越小表示实际值与趋势值越接近，即进口越稳定；取值越大表示实际值与趋势值越远离，进口稳定性越差。

(四) 进口市场集中度

这里主要借鉴行业集中度的衡量指标，通过计算进口来源国集中度来衡量进口市场的集中度。进口来源国集中度表示在所有进口来源国中，中国进口自前 n 位进口来源大国的数量占其进口总量的份额。这里采用 CR4 来代表。进口市场集中度太高或太低都不好，进口市场集中度太高，说明进口过分依赖于某些大国，而进口市场集中度太低说明进口来源过于分散，难以发挥规模优势，进口成本较高。

第三节　农业产业安全各指标取值标准的确定

一、农业产业安全指标的取值标准

前面分析过影响农业产业安全的因素很多，而每个因素涉及不同的指标。这里首先在借鉴张淑荣(2012)、李孟刚(2006)产业安全度估算方法的基础上，结合农业产业特点，针对各指标的内涵，并征求专家意见，将农业产业安全各指标不同范围内的情况给予相应的取值,取值分为 10 个等级,最低取 0 分,最高取 100 分。取值越低说明安全程度越低,取值越高说明安全程度越高(表 6 - 1)。

表 6 - 1　农业产业各指标处于不同状态的取值标准

取值	库存消费比	自给率	生产波动系数	消费波动系数	价格波动系数	进口依存度	进口增长率	进口波动系数	进口市场集中度
0	≤0.05, ≥1.30	≤0.10	>0.70	≥0.70	>0.70	>0.95	>0.60	>0.70	≥0.97, <0.05
10	0.06~0.08, 1.20~1.29	0.11~ 0.15	0.61~ 0.70	0.61~ 0.70	0.61~ 0.70	0.86~ 0.95	0.51~ 0.60	0.61~ 0.70	0.06~0.10, 0.94~0.96
20	0.09~0.11, 1.10~1.19	0.16~ 0.20	0.51~ 0.60	0.51~ 0.60	0.51~ 0.60	0.76~ 0.85	0.41~ 0.50	0.51~ 0.60	0.11~0.15, 0.91~0.93
30	0.12~0.14, 1.00~1.09	0.21~ 0.30	0.41~ 0.50	0.41~ 0.50	0.41~ 0.50	0.66~ 0.75	0.31~ 0.40	0.41~ 0.50	0.16~0.20, 0.86~0.90
40	0.15~0.17, 0.90~0.99	0.31~ 0.40	0.31~ 0.40	0.31~ 0.40	0.31~ 0.40	0.56~ 0.65	0.26~ 0.30	0.31~ 0.40	0.21~0.25, 0.81~0.85
50	0.18~0.20, 0.80~0.89	0.41~ 0.50	0.26~ 0.30	0.26~ 0.30	0.26~ 0.30	0.46~ 0.55	0.21~ 0.25	0.26~ 0.30	0.26~0.30, 0.76~0.80
60	0.21~0.23, 0.70~0.79	0.51~ 0.60	0.21~ 0.25	0.21~ 0.25	0.21~ 0.25	0.36~ 0.45	0.16~ 0.20	0.21~ 0.25	0.31~0.35, 0.71~0.75
70	0.24~0.26, 0.60~0.69	0.61~ 0.70	0.16~ 0.20	0.16~ 0.20	0.16~ 0.20	0.26~ 0.35	0.11~ 0.15	0.16~ 0.20	0.36~0.40, 0.66~0.70
80	0.27~0.29, 0.50~0.59	0.71~ 0.80	0.11~ 0.15	0.11~ 0.15	0.11~ 0.15	0.16~ 0.25	0.06~ 0.10	0.11~ 0.15	0.41~0.45, 0.61~0.65
90	0.30~0.32, 0.40~0.49	0.81~ 0.90	0.06~ 0.10	0.06~ 0.10	0.06~ 0.10	0.06~ 0.15	0~ 0.05	0.06~ 0.10	0.46~0.50, 0.56~0.60
100	0.33~0.39	≥0.90	≤0.05	≤0.05	≤0.05	≤0.05	<0	≤0.05	0.51~ 0.55

注:各指标的取值标准依据各指标的含义并征求专家意见确定。

二、农业产业安全状态评价标准的确定

产业安全评价是对农业产业安全状态的定量分析,从总体上对农业的产业安全进行数量化的研究。农业产业安全各分指标仅仅从某些方面反映农业产业安全的基本情况,无法从总体上加以判断与评价,因此单个指

标是不能反映中国农业产业安全总体状况的,为此,基于系统性的考虑,这里引入一个综合性的指标,在综合衡量各项评价指标的基础上,分别赋予各项指标一定的权重,经过加权平均后,得到农业产业安全的总体数值(表6-2)。

表6-2 农业产业安全评价体系与安全度估算表

二级指标	评价值	权重	三级指标	评价值	权重	安全度	状态
资源安全			库存消费比 自给率				
市场安全			产量波动系数 需求波动系数 价格波动系数				
进口安全			进口波动系数 进口增长率 进口依存度 进口市场集中度				

可以看出,指标体系建立以后,需要对各分指标赋予相应的权重。一般常用的赋权方式有两种:一种是主观赋权,如层次分析法、等权法等;另一种是通过模型计算赋权,如灰色关联度分析法、熵权法等。不同的赋权方法有不同的适用对象,结果也有所差异。

在对农业产业安全状态进行评价打分以后,需要对产业安全的总体状况作出判断,并进行预警。产业安全预警在现实中的主要作用是进行产业安全预测,以及产业安全的警报。因此预警更多地展望于未来,在这个方面预警不同于产业安全评价。因此,农业产业安全预警是在产业安全评价的基础上,根据评价指标变量,向相关经济单位发出警告,协助相关决策部门制定应对措施,从而抵御经济风险,维护农业产业安全。

在农业产业安全预警中,本书参照李孟刚(2015)的标准,把农业产业安全状态划分为五个区间,并界定一个相应的安全级别:很不安全(或高度危险)、不安全(或中度危险)、一般安全(或轻度危险)、基本安全、安全。由于各指标加权平均后的取值区间是在[0,100]之间,本书对这五种产业安全状态,分别规定不同的分数值范围。最终的分数值越大,就表示越安全:[0,25]表示处于高度危险状态,[26,45]表示处于中度危险状态,[46,65]表示处于轻度危险状态,[66,85]表示处于基本安全状态;[86,100]表示处于安全状态。

第四节　评价指标体系中各指标权重的确定

要想进行农业产业安全评价,在评价指标体系建立以后,要选择评价方法,构造权重,确定评价指标体系的标准值,或者确定评价规则。本书尝试多种评价方法进行评价,以期避免采用单一评价方法可能带来的偏差。这里将分别采用层次分析法、熵权法、等权法、灰色关联度分析法等,作为重点农产品产业安全的评价方法。

一、层次分析法

层次分析法(Analytic Hierarchy Process,AHP)由美国运筹学家萨蒂(T. L. Satty)教授于 20 世纪 70 年代提出,是一种定性与定量相结合的决策分析方法。它将决策者对复杂系统的决策过程进行模型化和数量化。将复杂问题分解为若干的层次以及若干的因素,在各因素之间进行简单比较和计算。利用较少的定量信息,根据决策问题自身的最终目标,构建层次结构模型,得出不同方案的权重,为选择最佳方案提供依据。其基本原理是采用两两比较,确定判断矩阵,把判断矩阵的最大特征值相对应的特征向量分量作为相应的系数,最后综合计算出各方案的权重,或优先程度。本书将首先采用这一方法,计算出重点农产品各子指标相对于各分指标以及最高层目标的权重。

在弄清问题的范围以及各因素之间关系的基础上,运用 AHP 方法基本的分析过程大致分为五步:建立层次分析模型、构造判断矩阵、层次单排序、层次总排序、一致性检验。下面将运用层次分析法确定指标权重。

(一) 建立层次分析模型

首先需要建立层次分析模型,确定决策问题的总体目标。由于本书选取的决策问题目标是明确的,即评价 1995 年以来农业开放背景下,中国重点农产品产业安全水平,此即为最高层次目标,标为 A,最高层我们也称之为目标层。在此基础上,选择各个分指标和子指标,并根据指标间的相互关系,建立决策问题的层次结构模型。第二层次,我们称之为准则层,根据前面的分析,包括资源安全、市场安全、进口安全三大指标,分别标记为 B1、B2 以及 B3,这就构成了层次结构模型的二级指标体系。第三层次即为最低一层,称之为指标层,根据指标的可测性原则,这里选取了 9 个指标,即库存消费比、自给率、产量波动系数、需求量波动系数、国际市场价格波动系数、进口增长率、进口波动系数、进口对外依存度、进口市场集中度构成指标层 Ci，即三级指标层体系（图 6-1）。

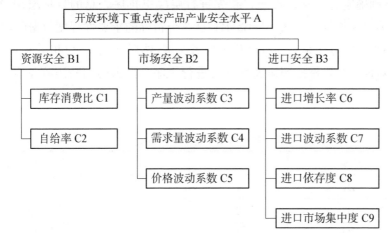

图 6-1　重点农产品产业安全评价的层次结构模型

（二）判断矩阵的构造

这个步骤是一个关键的步骤。所谓判断矩阵，是表示针对上一层次中的某个指标而言，本层次中各子指标的相对重要性程度。前面我们已经确定了上下层指标之间的关系。假设有 n 个指标，$\{A_1，A_2\cdots A_n\}$，a_{ij} 表示 A_i 相对于 A_j 的重要程度的判断值。a_{ij} 一般的取值为 1，3，5，7，9 五个等级标度（表 6-3）。

表 6-3　a_{ij} 取值的方法

	标度值	含义
a_{ij}	1	表示 A_i 相对于 A_j 来说，两者同等重要
	3	表示 A_i 比 A_j 重要一点
	5	表示 A_i 比 A_j 重要得多
	7	表示 A_i 比 A_j 更加重要
	9	表示 A_i 比 A_j 极端重要

当然也可以采用 2，4，6，8 表示相邻判断的中间值。也就是说，五个等级不够时可以使用这几个标度值。a_{ij} 的取值也可以是以上标度值的倒数。取倒数 $1/a_{ij}$ 是指 A_j 与 A_i 相比的重要性程度。

(三) 层次单排序和层次总排序

这里需要确定各子指标重要性的次序。层次分析法是按照两两比较的原则确定各指标的权重。首先进行层次单排序。总的目标层用 A 表示,第二级指标分别为 B1,B2,B3,这 3 个指标的重要性程度数据的获取,本书采用的方法是首先查阅相关参考文献,然后征询 10 位相关专家的意见,对这 3 个指标按照重要性程度进行排序。得出的判断矩阵见表 6 - 4 所示。

表 6 - 4　A 判断矩阵的构造

A	B1	B2	B3
B1	1	1/2	1/3
B2	2	1	1/2
B3	3	2	1
单层权重	0.163 4	0.297 0	0.539 6

按照同样的方法,对于重点农产品的产业安全评价体系来说,第三级指标分别为 C1,C2,…,C9。这 9 个指标的重要性程度数据的获取,本书采用的方法是首先查阅相关参考文献,然后征询 10 位相关专家的意见,对这些指标按照重要性程度进行排序,见表 6 - 5(1)—(3)所示。

表 6 - 5(1)　B1 判断矩阵的构造

B1	C1	C2
C1	1	1
C2	1	1
单层权重	0.500	0.500

表 6 - 5(2)　B2 判断矩阵的构造

B2	C3	C4	C5
C3	1	2	1/2
C4	1/2	1	1/3
C5	2	3	1
单层权重	0.297 0	0.163 4	0.539 6

表 6-5(3)　B3 判断矩阵的构造

B3	C6	C7	C8	C9
C7	1	2	3	5
C6	1/2	1	2	3
C8	1/3	1/2	1	2
C9	1/5	1/3	1/2	1
单层权重	0.483 2	0.271 7	0.156 9	0.088 2

(四)一致性检验

为了评价总排序结果的一致性程度,需要进行一致性检验。选取发展比较成熟且被广泛使用的特征根方法,进行一致性检验。

设 λ 为 A 的最大特征根,取权重向量 $W=(w_1, w_2 \cdots w_n)^T$,则有 $AW=\lambda W$,W 则是 A 对应于 λ 的特征向量。

为了检验判断矩阵的一致性,需要计算一致性指标:

$$CI = \frac{\lambda_{\max} - n}{n - 1} \qquad (6-1)$$

当 $CI=0$ 时,判断矩阵具有完全的一致性,CI 越大,判断矩阵的一致性就越差。这里需要将 CI 与平均随机一致性指标 RI 进行比较。一般而言,1 阶和 2 阶判断矩阵具有完全一致性,2 阶以上的判断矩阵其一致性指标 CI 与同阶的平均随机一致性指标 RI 之比,称为判断矩阵的随机一致性比率,记为 CR。

$$CR = CI/RI < 0.10 \qquad (6-2)$$

一般,当 $CR<0.10$ 时,认为判断矩阵具有令人满意的一致性,否则就需要调整判断矩阵,直到满意为止。不同阶数的平均随机一致性指标见表 6-6。

表 6-6　平均随机一致性指标

n	1	2	3	4	5	6	7	8	9
RI	0	0	0.58	0.94	1.12	1.24	1.32	1.41	1.45

本处利用 Matlab R2012a 软件,求解判断矩阵的最大特征根,并且计算出 CI 值,利用表 6-6 查出其 RI 值,根据公式计算出 CR 值。

A 判断矩阵：$\lambda_{\max} = 3.0092$，$CI = 0.0046$，$RI = 0.58$，$CR = 0.0079$。

B1 判断矩阵：由于是 2 阶，认为具有完全的一致性，不需要计算。

B2 判断矩阵：$\lambda_{\max} = 3.0092$，$CI = 0.0046$，$RI = 0.58$，$CR = 0.0079$。

B3 判断矩阵：$\lambda_{\max} = 4.0145$，$CI = 0.0048$，$RI = 0.9$，$CR = 0.0054$。

可以看出，所有层次单排序 CR 值都小于 0.1，符合一致性要求。故所设定的比较判断矩阵 A，B1，B2，B3 是合理的，不需要进行调整。

（五）计算各指标的权重

根据表 6 - 4 与表 6 - 5，第三层次与第二层次的指标的权重已经得出。但此时矩阵 B1，B2，B3 所计算出的指标的权重，反映的仅仅是三级指标层中的各子指标相对于二级指标层中对应的分指标的权重，并不能用来直接表示相对于总目标的权重是多少。因此，有必要重新计算各指标层相对于最高目标层的权重。计算方法为：由指标层各子指标的权重，乘以其对应的准则层相对于目标层的权重，最后得到的结果见表 6 - 7 所示。

表 6 - 7　层次分析法确定的农业产业安全指标体系的权重

目标层	准则层	权重	指标层	明细权重	综合权重
A	B1	0.163 4	C1	0.500 0	0.081 7
			C2	0.500 0	0.081 7
	B2	0.297 0	C3	0.297 0	0.088 2
			C4	0.163 4	0.048 5
			C5	0.539 6	0.160 3
	B3	0.539 6	C6	0.483 2	0.260 7
			C7	0.271 7	0.146 6
			C8	0.156 9	0.084 6
			C9	0.088 2	0.047 6

二、熵权法

根据信息论的理论，所谓信息度量的是系统的有序程度，而熵度量的是系统的无序程度。因此信息与熵之间是一种反比例的关系，如果某系统提供的熵越小，则该系统提供的信息量就越大。在系统的综合评价中，我们希望能够提供更大的信息量，信息量越大，那么熵值就越小，在综合评价

中的作用也就越大,相应地其权重就应该越高。具体而言,熵权法是一种
权重的估计方法,是在综合考量各指标所提供的信息量的基础上,对各个
指标的权重进行确定的数学方法,因此熵值法是一种客观的综合评价方
法。在进行农业产业安全评价时,评价指标体系是一个复杂的系统,反映
的信息量相对比较复杂,我们有时很难对其进行量化,所以使用熵权法来
确定权重会更加客观一些。其不再依赖于专家的判断或者作者主观的感
受,减少了人为因素对评价过程的影响。通过对熵的计算来确定熵权,或
者说通过考察各个评价指标数值的差异化程度来确定指标的权重。利用
熵权法来确定权重的步骤如下。

(一) 定义评价矩阵

假设有 n 个评价对象(可能是在 n 个不同时期的观测值,或 n 个不同
的评价对象),m 个评价指标,由此形成的原始评价矩阵 X 为:

$$X = (x_{ij})_{m \times n}$$

根据熵的定义,对某项指标 i 来说,指标 x_{ij} 值的差异化程度越大,则
该指标在我们的综合评价体系中所占的权重就越大。

$$X = (x_{ij})_{m \times n} = \begin{matrix} x_{11} & x_{12} & \cdots & x_{1n} \\ x_{21} & x_{22} & \cdots & x_{2n} \\ \vdots & \vdots & \ddots & \vdots \\ x_{m1} & x_{m2} & \cdots & x_{mn} \end{matrix} \qquad (6-3)$$

(二) 对原始数据进行标准化处理

为了去除不同指标的量纲,需要对原始的评价矩阵进行标准化处理
(归一化)。标准化后得到的矩阵为 R。

$$R = (r_{ij})_{m \times n},$$

式中 $r_{ij} \in [0, 1]$

对于正向指标(大者为优)来说,标准化的方法为:

$$r_{ij} = \frac{x_{ij} - \min(x_{ij})}{\max(x_{ij}) - \min(x_{ij})} \qquad (6-4)$$

对于反向指标(小者为优)来说,标准化的方法为:

$$r_{ij} = \frac{\max(x_{ij}) - x_{ij}}{\max(x_{ij}) - \min(x_{ij})} \qquad (6-5)$$

$\min x_{ij}$ 和 $\max x_{ij}$ 表示的是第 i 个指标在 n 个不同的评价对象中的

最大值与最小值。

（三）计算熵及熵权

在评价系统中，计算第 i 个指标的熵值，计算方法为：

$$H_i = k \sum_{j=1}^{n} (f_{ij} \ln f_{ij}) \quad i = 1, 2, \cdots, m \tag{6-6}$$

其中，$f_{ij} = r_{ij} \Big/ \sum_{j=1}^{n} r_{ij}$，$k = 1/\ln n$

$f_{ij} = 0$ 时，令 $f_{ij} \ln f_{ij} = 0$。

（四）利用熵权法确定各指标的权重

第 i 个指标的熵权定义为：

$$w_i = \frac{1 - H_i}{m - \sum_{i=1}^{m} H_i} \tag{6-7}$$

式中，

$$0 \leqslant w_i \leqslant 1, \qquad \sum_{i=1}^{m} w_i = 1。$$

具体到本书来说，可以利用前面建立的指标体系，共有 9 个评价指标，26 个年份的评价对象。对原始数据进行标准化，使用熵权法确定各评价指标的权重。

可以看出，熵权法赋权是一种客观赋权方法，其充分考虑了已有信息的多少和质量，并克服了层次分析法确定指标权重时主观因素的影响。但其也存在一定的局限性，如评价指标所包含的信息量是否足够全面，数据是否完整准确，因此其评价效力也会受到影响。

三、等权法

等权法的基本原理是认为农业产业安全各评价指标的权重是相同的，即：

$w_i = 1/m$（$i = 1, 2 \cdots, m$），其中 w_i 为各指标权重，m 为指标的个数。

利用前面建立的指标体系，共有 9 个评价指标，26 个年份的评价对象。重点农产品产业安全指标的取值区间及基准表、得分值在前面已经得出，各指标的权重均为 1/9。故重点农产品资源安全、进口安全、市场安全的得分值及安全状态综合分数值可以计算得出。

四、灰色关联度分析

灰色关联度分析是一种灰色综合评价方法,其根据因素之间发展态势的相似或者相异的程度,来衡量因素之间的关联程度。关联度表示的是被评价对象与理想对象的接近程度,一般认为灰色关联度最大的评价对象是最优的。所以要进行关联度分析,首先需要确定数据的序列,数据序列能够反映出该系统的行为特征,然后利用关联度的计算公式,即可计算出关联程度。

灰色关联度分析是按照发展趋势作出的分析,对样本量的大小没有太高要求,也不需要有典型的分布规律,数据多少都可以分析,是一种非统计的数学方法。当我们对评价对象的某些因素了解不多,或者说掌握的信息不够精确,致使评价的依据不充分等情况下,使用灰色关联度分析具有较高的适用性。其基本的评价步骤如下。

(一)建立评价指标体系

下面是基于灰色关联度分析的重点农产品产业安全综合评价模型。农业产业安全评价指标体系由三层指标构成:第一层即目标层,为农业产业安全(A);第二层为准则层,这里仍然选择资源安全(B_1)、市场安全(B_2)、进口安全(B_3)三大指标;第三层为指标层,选取库存消费比(C_1)、自给率(C_2)、产量波动系数(C_3)、需求量波动系数(C_4)、国际市场价格波动系数(C_5)、进口增长率(C_6)、进口波动系数(C_7)、进口依存度(C_8)、进口市场集中度(C_9)构成指标层。

资源安全方面,库存消费比(C_1)采用 0.30 的比值作为库存消费比的最优取值,过高与过低都不好;自给率(C_2)取值越高表明对进口重点农产品的依赖性越低,取值越高越安全。

市场安全方面,产量波动系数(C_3)表示重点农产品生产的波动状况,其绝对值越小说明生产稳定性越好;需求量波动系数(C_4)表示重点农产品需求量的波动性,其绝对值越小说明稳定性越好;市场价格波动系数(C_5)表示进口价格的实际值与趋势值之间的差异程度,其绝对值越小,说明具有较好的稳定性。

进口安全方面采用了 4 个指标:进口依存度(C_8)反映国内某一重点农产品消费对进口的依赖程度,取值越高说明该重点农产品的国内消费越依赖于进口贸易;进口增长速度(C_6)为后一年的进口量减去前一年的进口量再除以前一年的进口量,如果所得数据为正值,表示进口出现增长,如果所得数据为负值,表示进口出现下降;进口波动系数(C_7)反映进口量的实际值与预测值之间的差异程度，绝对值越小说明进口量波动的稳定性越好；进口市场集中度(CR4)(C_9)太高或太低都不好，进口市场集中度太高，说明进口过分依赖于某些大国，而进口市场集中度太低说明进口来源过于分散，难以发挥规模优势，进口成本较高。这里选取 CR4＝55％作为最优市场集中度的数值。

(二) 确定指标值数列和参考评价标准数列

这里重点农产品产业安全的评价区间为 1995—2020 年，以各指标的理想取值作为参考数列 V_0，于是有：

$$V_0 = \{V_0(1), V_0(2), \cdots, V_0(n)\} \tag{6-8}$$

关联分析中的被比较数列记为 V_i，设 i 为第 i 个评价单元的序号。

$$V_i = \{V_i(1), V_i(2), \cdots, V_i(n)\}, \quad i = 1, 2, \cdots, 26 \tag{6-9}$$

V_{ik} 表示的是具体评价值，其中 k 是评价指标的序号，在本例中有 9 个评价指标，则：$k = 1, 2, \cdots, 9$。

$$\text{因此存在矩阵：} V = (V_{ik})_{m \times n} = \begin{matrix} V_{11} & V_{12} & \cdots & V_{1n} \\ V_{21} & V_{22} & \cdots & V_{2n} \\ \vdots & \vdots & \ddots & \vdots \\ V_{m1} & V_{m2} & \cdots & V_{mn} \end{matrix} \tag{6-10}$$

其中，$n = 1, 2, \cdots, 9$；$m = 1, 2, \cdots, 26$。

为了使各指标之间可以进行比较，对各指标值进行规范化处理，转化为无量纲，规范化的公式为：

$$X_{ik} = \frac{V_{ik} - \min V_{ik}}{\max V_{ik} - \min V_{ik}}, \text{进行规范化处理之后，}$$

$$\text{存在矩阵：} X = (X_{ik})_{m \times n} = \begin{matrix} X_{11} & X_{12} & \cdots & X_{1n} \\ X_{21} & X_{22} & \cdots & X_{2n} \\ \vdots & \vdots & \ddots & \vdots \\ X_{m1} & X_{m2} & \cdots & X_{mn} \end{matrix} \tag{6-11}$$

其中，$n = 1, 2, \cdots, 9$；$m = 1, 2, \cdots, 26$。

(三) 计算关联系数

把规范后的数列 $X_0 = \{x_0(1), x_0(2), \cdots, x_0(9)\}$ 作为参考数列，$X_i = \{x_i(1), x_i(2), \cdots, x_i(9)\}$ 作为比较数列，计算关联系数。这里使用综合评价软件 MCE 计算关联系数。

进一步求得最高层指标重点农产品产业安全度不同评价单元的关联

度。关于农业产业安全度的判断,这里确定如果关联度取值处于[0,0.25)表示高度危险状态,处于[0.25,0.45)表示中度危险状态,处于[0.45,0.65)表示轻度危险状态,处于[0.65,0.85)表示基本安全状态,处于[0.85,1]表示安全状态。

第七章 中国重点农产品产业安全状况

本章使用第六章建立的农业产业安全评价指标体系,分别采用层次分析法、熵权法、等权法、灰色关联度分析法等方法,全方位评价开放环境下三大主粮、大豆、棉花和食糖的产业安全。

第一节 中国三大主粮产业安全度估算

一、三大主粮产业安全度的估算

首先从总体上估算中国三大主粮[①]的产业安全水平,收集三大主粮的生产、消费、进口、价格数据,使用农业产业安全评价指标体系进行评价。然后计算各指标的具体数值,具体的计算公式参见本书第六章的相关内容。计算结果见表7-1。

表7-1 三大主粮产业安全度评估各指标具体数值

	库存消费比	自给率	生产波动系数	需求波动系数	价格波动系数	进口依存度	进口增长率	进口波动系数	进口市场集中度
1995	0.770	1.015	−0.038	−0.008	0.100	0.054	0.000	0.884	0.934
1996	0.833	1.085	0.052	0.002	0.290	0.027	−0.487	0.171	1.000
1997	0.842	1.048	0.038	0.009	0.094	0.006	−0.768	−0.661	0.976
1998	0.887	1.072	0.082	0.014	0.035	0.006	−0.093	−0.605	1.000
1999	0.898	1.056	0.085	0.018	−0.104	0.002	−0.654	−0.821	1.000
2000	0.787	0.924	−0.037	0.020	−0.190	0.003	0.626	−0.619	1.000
2001	0.653	0.902	−0.052	0.021	−0.239	0.003	−0.108	−0.563	0.987

[①] 此处的粮食把小麦、玉米、稻谷放在一起进行测算。

	库存消费比	自给率	生产波动系数	需求波动系数	价格波动系数	进口依存度	进口增长率	进口波动系数	进口市场集中度
2002	0.514	0.910	−0.053	0.006	−0.177	0.002	−0.149	−0.548	1.000
2003	0.362	0.862	−0.119	−0.010	−0.205	0.002	−0.196	−0.595	1.000
2004	0.315	0.957	−0.047	−0.029	−0.172	0.022	10.735	3.845	1.000
2005	0.291	0.991	−0.030	−0.037	−0.189	0.011	−0.496	1.334	1.000
2006	0.297	1.035	0.001	−0.036	−0.139	0.004	−0.660	−0.287	1.000
2007	0.292	1.017	−0.015	−0.022	−0.033	0.004	−0.569	−0.738	1.000
2008	0.321	1.044	0.009	−0.013	0.438	0.001	−0.361	−0.864	1.000
2009	0.333	1.019	−0.014	−0.001	0.073	0.003	2.488	−0.619	1.000
2010	0.336	1.016	−0.009	0.016	−0.008	0.007	1.400	−0.268	1.000
2011	0.349	1.014	0.014	0.049	0.215	0.008	0.134	−0.324	1.000
2012	0.411	1.051	0.032	0.035	0.230	0.024	2.136	0.766	0.997
2013	0.550	1.107	0.041	−0.006	0.131	0.023	−0.034	0.459	0.983
2014	0.706	1.130	0.030	−0.038	−0.023	0.017	−0.260	−0.057	0.981
2015	0.814	1.120	0.048	−0.019	−0.149	0.023	0.377	0.151	0.998
2016	0.846	1.056	0.025	0.009	−0.165	0.020	−0.088	−0.061	1.000
2017	0.879	1.030	0.005	0.000	−0.133	0.021	0.103	−0.066	0.996
2018	0.858	0.991	−0.019	0.000	−0.041	0.017	−0.152	−0.283	0.965
2019	0.853	0.985	−0.025	−0.014	−0.044	0.019	0.112	−0.277	0.978
2020	0.779	0.922	−0.033	0.028	0.101	0.038	1.132	0.406	0.968

（一）基于层次分析法的三大主粮产业安全度估算

1995—2020 年中国重点农产品各指标的安全状态分数值及权重已求出（见本书第六章），故三大主粮资源安全、市场安全、进口安全的得分值及安全状态综合分数值可以计算得出。三大主粮的产业安全度计算结果见表 7-2。

可以看出，中国三大主粮的产业安全保持在较高的水平，大部分年份处于安全或者基本安全状态，平均得分 78.5 分。

表 7 - 2　基于层次分析法的 1995—2020 年三大主粮产业安全度估算

年份	1995	1996	1997	1998	1999	2000	2001	2002	2003	2004	2005	2006	2007
资源安全	13.1	12.3	12.3	12.3	12.3	13.1	13.9	14.7	16.3	15.5	14.7	15.5	14.7
市场安全	28.1	21.7	28.1	28.8	27.2	24.9	23.3	24.9	21.5	24.9	24.9	26.5	29.7
进口安全	38.1	44.0	39.0	39.0	38.1	26.9	42.4	42.4	42.4	23.5	38.1	45.0	40.7
综合得分	79.3	78.0	79.3	80.0	77.6	64.9	79.6	82.0	80.3	63.9	77.7	87.0	85.1
安全状态	基本安全	基本安全	基本安全	基本安全	基本安全	轻度危险	基本安全	基本安全	基本安全	轻度危险	基本安全	安全	安全
年份	2008	2009	2010	2011	2012	2013	2014	2015	2016	2017	2018	2019	2020
资源安全	15.5	16.3	16.3	16.3	15.5	14.7	13.1	12.3	12.3	12.3	12.3	12.3	13.1
市场安全	18.5	28.1	29.7	23.3	23.3	26.5	29.7	26.5	26.5	26.5	29.7	29.7	28.1
进口安全	40.7	26.9	30.3	39.7	26.1	40.7	48.3	37.2	48.3	45.4	45.0	40.6	28.6
综合得分	74.7	71.1	76.3	79.3	64.9	81.9	91.1	76.0	87.1	84.2	86.9	82.5	69.8
安全状态	基本安全	基本安全	基本安全	基本安全	轻度危险	基本安全	安全	基本安全	安全	基本安全	安全	基本安全	基本安全

注:[0,25]表示高度危险状态,[26,45]表示中度危险状态,[46,65]表示轻度危险状态,[66,85]表示基本安全状态,[86,100]表示安全状态。

(二) 基于熵权法的三大主粮产业安全水平估算

利用前面建立的指标体系,共有 9 个评价指标,26 个年份的评价对象。对原始数据进行标准化。使用第六章熵权法的计算方法,确定各评价指标的权重,结果见表 7 - 3。

表 7 - 3　基于熵权法的中国三大主粮产业安全评价各指标权重

指标	库存消费比	自给率	生产波动系数	需求波动系数	价格波动系数	进口增长率	进口波动系数	进口依存度	进口市场集中度
权重	0.111	0.111	0.112	0.114	0.115	0.117	0.113	0.110	0.097

从上面的结果可以看出,指标体系中各因素的影响程度差别不大。农业产业安全指标的取值区间及基准表、得分值在前面已经得出,各指标的权重也已经求出,故三大主粮资源安全、市场安全、进口安全的得分值及安全状态综合分数值可以计算得出。基于熵权法的三大主粮的产业安全度具体计算结果见表 7 - 4。

表7-4 基于熵权法的1995—2020年三大主粮产业安全度估算

年份	1995	1996	1997	1998	1999	2000	2001	2002	2003	2004	2005	2006	2007
资源安全	17.8	16.7	16.7	16.7	16.7	17.8	18.9	20.0	22.2	21.1	20.0	21.1	20.0
市场安全	33.0	28.4	33.0	33.0	31.8	30.7	29.5	30.7	27.3	30.7	30.7	31.8	34.1
进口安全	21.8	29.5	22.9	22.9	21.9	12.8	25.2	25.2	25.2	10.5	21.8	28.5	22.9
综合得分	72.5	74.5	72.5	72.5	70.3	61.2	73.6	75.8	74.7	62.3	72.4	81.4	77.1
安全状态	基本安全	基本安全	基本安全	基本安全	基本安全	轻度危险	基本安全	基本安全	基本安全	轻度危险	基本安全	基本安全	基本安全
年份	2008	2009	2010	2011	2012	2013	2014	2015	2016	2017	2018	2019	2020
资源安全	21.1	22.2	22.2	22.2	21.1	20.0	17.8	16.7	16.7	16.7	16.7	16.7	17.8
市场安全	26.1	33.0	34.1	29.5	29.5	31.8	34.1	31.8	31.8	31.8	34.1	34.1	33.0
进口安全	22.9	12.8	17.2	24.0	11.7	25.1	32.9	23.9	32.9	30.6	28.5	25.1	15.0
综合得分	70.1	68.0	73.5	75.7	62.3	76.9	84.8	72.4	81.4	79.1	79.2	75.9	65.7
安全状态	基本安全	基本安全	基本安全	基本安全	轻度危险	基本安全	基本安全	基本安全	基本安全	基本安全	基本安全	基本安全	基本安全

注：[0,25]表示高度危险状态，[26,45]表示中度危险状态，[46,65]表示轻度危险状态，[66,85]表示基本安全状态，[86,100]表示安全状态。

可以看出，与层次分析法的估算相比，利用熵权法评估三大主粮产业安全，得分值相对偏低，大多数年份处于66～85分之间，大部分年份处于基本安全状态。在测算的26年中，得分最低的2000年得分61.2分，得分最高的2014年得分84.8分，平均得分73.3分。

二、小麦产业安全度的估算

关于小麦产业安全度，这里分别使用层次分析法、熵权法、等权法及灰色关联度分析法进行计算。

（一）基于层次分析法的小麦产业安全度估算

1995—2020年中国重点农产品各指标的安全状态分数值及权重已求出（见本书第六章），故小麦资源安全、市场安全、进口安全的得分值及安全状态综合分数值可以计算得出。小麦的产业安全度计算结果见表7-5。

表7-5 基于层次分析法的1995—2020年小麦产业安全度估算

年份	1995	1996	1997	1998	1999	2000	2001	2002	2003	2004	2005	2006	2007
资源安全	13.1	13.1	12.3	11.4	11.4	12.3	12.3	13.9	14.7	16.3	16.3	16.3	16.3
市场安全	25.6	20.1	26.3	26.5	22.4	23.3	24.0	27.2	24.7	25.6	23.3	28.1	24.9
进口安全	24.9	40.7	42.4	42.4	40.7	27.8	41.6	41.6	40.7	23.5	40.7	42.4	40.7
综合得分	63.6	73.9	81.0	80.4	74.6	63.3	77.8	82.7	80.2	65.4	80.4	86.9	82.0
安全状态	轻度危险	基本安全	基本安全	基本安全	基本安全	轻度危险	基本安全	基本安全	基本安全	基本安全	基本安全	安全	基本安全
年份	2008	2009	2010	2011	2012	2013	2014	2015	2016	2017	2018	2019	2020
资源安全	15.5	14.7	14.7	15.5	15.5	14.7	13.9	12.3	11.4	10.6	9.8	9.0	10.6
市场安全	20.1	28.1	28.1	24.4	24.4	24.9	26.5	26.5	23.3	26.5	29.7	28.1	27.6
进口安全	40.7	27.8	33.0	41.8	29.5	26.4	47.5	45.2	43.1	39.5	44.1	39.7	26.0
综合得分	76.3	70.6	75.8	81.7	69.4	66.0	87.9	83.9	77.8	76.7	83.6	76.8	64.2
安全状态	基本安全	基本安全	基本安全	基本安全	基本安全	基本安全	安全	基本安全	基本安全	基本安全	基本安全	基本安全	轻度危险

注:[0,25]表示高度危险状态,[26,45]表示中度危险状态,[46,65]表示轻度危险状态,[66,85]表示基本安全状态,[86,100]表示安全状态。

分指标方面,资源安全得分较高并在近年有所上升,主要原因在于中国小麦一直保持比较高的自给率,而且20世纪90年代库存消费比水平处于偏高的状况,而在近年库存消费比逐渐趋于合理状况。

市场安全方面的得分年度之间有一定的波动,总体上保持在较高水平,主要原因在于:小麦产量在20世纪90年代有一定的波动,而2005年以后产量比较平稳;小麦的消费也一直没有出现较大波动;价格方面,国际小麦市场价格一直波动较大,尤其是21世纪以来波动较大,得分较低。

进口安全方面,年度之间的得分差距较大,波动剧烈,得分总体上不是太高,主要是因为:虽然小麦的进口依存度保持在较低的水平,但小麦进口在年度之间的波动很大。1995年、1996年、2004年都出现了小麦进口的急剧增长,2009—2013年小麦进口也出现了大幅度的增长。而且小麦的进口市场集中度非常高,小麦的进口主要集中于美国、澳大利亚和加拿大。前三大市场的进口份额超过90%,甚至在部分年份如2006年、2007年、2008年前三大市场进口总和占比为100%。

总体上,中国小麦产业安全状态分数值较高,处于安全状态的有2006年和2014年,处于轻度危险状态的年份为1995年、2000年和2020年,其余年份都是处于基本安全状态。得分最低的是2000年的63.3分,得分最高的是 2014 年的 87.9 分,平均得分 76.3 分。中国小麦产业安全的得分年度之间有一定的波动,总体上处于上升趋势。影响小麦产业安全状况的主要因素是进口市场过于集中的状况以及进口的剧烈波动,除此之外,近年库存消费比偏高以及国际市场价格较大的波动也影响了小麦产业安全的得分。

(二)基于熵权法的小麦产业安全度估算

利用前面建立的指标体系,共有 9 个评价指标,26 个年份的评价对象。对原始数据进行标准化,结果见表 7-6。

表 7-6　中国小麦产业安全评价指标标准化处理后的数据

	库存消费比	自给率	生产波动系数	需求波动系数	价格波动系数	进口依存度	进口增长率	进口波动系数	进口市场集中度
1995	0.438	0.436	0.523	0.865	0.648	0.000	0.979	0.848	1.000
1996	0.480	0.660	0.887	0.984	0.077	0.296	0.990	0.910	0.000
1997	0.627	1.000	0.000	0.893	0.828	0.845	0.972	0.865	0.368
1998	0.654	0.614	0.724	0.932	0.680	0.876	0.993	0.865	0.000
1999	0.696	0.706	0.340	0.804	0.433	0.965	0.975	0.806	0.002
2000	0.571	0.251	0.861	0.685	0.474	0.930	0.965	0.859	0.000
2001	0.422	0.118	0.567	0.778	0.588	0.944	0.993	0.856	0.192
2002	0.271	0.101	0.376	0.976	0.828	0.950	0.996	0.858	0.000
2003	0.086	0.000	0.125	0.937	0.662	0.965	0.990	0.838	0.000
2004	0.047	0.244	0.438	0.720	0.646	0.349	0.404	0.865	0.000
2005	0.000	0.437	0.701	0.653	0.448	0.684	0.982	0.616	0.000
2006	0.044	0.778	0.734	0.644	0.804	0.950	0.970	0.879	0.000
2007	0.036	0.679	0.833	0.907	0.609	0.996	0.969	0.785	0.000
2008	0.117	0.802	0.800	0.755	0.000	1.000	0.978	0.775	0.000
2009	0.194	0.809	0.806	0.836	0.766	0.926	0.000	0.910	0.000
2010	0.224	0.707	0.961	0.983	0.762	0.902	0.987	0.936	0.000
2011	0.137	0.439	0.984	0.220	0.494	0.910	1.000	0.917	0.000
2012	0.113	0.478	0.923	0.178	0.522	0.733	0.928	0.878	0.049
2013	0.268	0.744	1.000	1.000	0.567	0.577	0.983	0.767	0.254
2014	0.386	0.873	0.892	0.883	0.707	0.777	0.983	1.000	0.284
2015	0.562	0.994	0.788	0.732	0.697	0.770	1.000	0.984	0.025
2016	0.724	0.965	0.862	0.680	0.400	0.741	0.996	0.990	0.000

	库存消费比	自给率	生产波动系数	需求波动系数	价格波动系数	进口依存度	进口增长率	进口波动系数	进口市场集中度
2017	0.862	0.933	0.901	0.646	0.628	0.676	0.991	1.000	0.064
2018	0.901	0.739	0.876	0.738	1.000	0.791	0.989	0.925	0.523
2019	1.000	0.768	0.906	0.599	0.869	0.768	0.997	0.927	0.510
2020	0.729	0.222	0.863	0.000	0.840	0.502	0.944	0.890	0.418

使用熵权法确定各评价指标的权重,结果见表 7-7。

表 7-7　基于熵权法的中国小麦产业安全评价各指标权重

指标	库存消费比	自给率	生产波动系数	需求波动系数	价格波动系数	进口增长率	进口波动系数	进口依存度	进口市场集中度
权重	0.110	0.113	0.114	0.113	0.114	0.114	0.114	0.114	0.094

从上面的结果可以看出,指标体系中各因素的影响程度差别不大,权重较高的依次是进口增长率、进口波动系数和进口依存度,这与实际情况是相吻合的。

农业产业安全指标的取值区间及基准表、得分值在前面已经得出,各指标的权重也已经求出,故小麦资源安全、市场安全、进口安全的得分值及安全状态综合分数值可以计算得出。基于熵权法的小麦的产业安全度具体计算结果见表 7-8。

可以看出,小麦产业安全得分值大多数年份处于 66~85 分之间,大部分年份处于基本安全状态。在测算的 26 年中,得分最低的 1995 年得分59.9 分,得分最高的 2014 年得分 82.7 分,平均得分 70.6 分。1995 年、2000 年、2004 年、2013 年、2020 年处于轻度危险状态,其余都是基本安全状态。中国小麦产业安全的得分年度之间有一定的变化。

表 7-8　基于熵权法的 1995—2020 年小麦产业安全度估算

年份	1995	1996	1997	1998	1999	2000	2001	2002	2003	2004	2005	2006	2007
资源安全	17.9	17.9	16.8	15.7	15.7	16.8	16.7	18.9	20.0	22.3	22.3	22.3	22.3
市场安全	30.6	27.2	30.6	31.7	28.3	29.5	29.5	31.7	29.5	30.6	29.5	32.9	30.6
进口安全	11.4	22.8	25.1	25.1	22.8	13.7	24.0	24.0	22.8	10.3	22.8	25.1	22.8

续表

综合得分	59.9	67.9	72.5	72.5	66.8	59.9	70.2	74.7	72.3	63.1	74.6	80.3	75.7
安全状态	轻度危险	基本安全	基本安全	基本安全	基本安全	轻度危险	基本安全	基本安全	基本安全	轻度危险	基本安全	基本安全	基本安全
年份	2008	2009	2010	2011	2012	2013	2014	2015	2016	2017	2018	2019	2020
资源安全	21.2	20.1	20.1	21.2	21.2	20.1	19.0	16.8	15.7	14.6	13.5	12.4	14.5
市场安全	27.2	32.9	32.9	29.5	29.5	30.6	31.7	31.7	29.5	31.7	34.0	32.9	31.8
进口安全	22.8	13.7	18.3	25.1	16.0	12.5	32.0	29.7	28.6	26.3	27.4	24.0	13.7
综合得分	71.2	66.6	71.2	75.8	66.6	63.2	82.7	78.2	73.7	72.6	74.9	69.2	60.0
安全状态	基本安全	基本安全	基本安全	基本安全	基本安全	轻度危险	基本安全	基本安全	基本安全	基本安全	基本安全	基本安全	轻度危险

注:[0,25]表示高度危险状态,[26,45]表示中度危险状态,[46,65]表示轻度危险状态,[66,85]表示基本安全状态,[86,100]表示安全状态。

(三)基于等权法的小麦产业安全度评价

利用前面建立的指标体系,共有 9 个评价指标,26 个年份的评价对象。小麦产业安全指标的取值区间及基准表、得分值在前面已经得出,1995—2020 年中国小麦各指标的权重为 1/9。故小麦资源安全、市场安全、进口安全的得分值及安全状态综合分数值可以计算得出。

计算后得出中国小麦产业安全的结果见 7-9。可以看出,基于等权法的小麦产业安全评价结果与基于熵权法所得的结果基本类似。

表 7-9 基于等权法的 1995—2020 年小麦产业安全度估算

年份	1995	1996	1997	1998	1999	2000	2001	2002	2003	2004	2005	2006	2007
资源安全	17.8	17.8	16.7	15.6	15.6	16.7	16.7	18.9	20.0	22.2	22.2	22.2	22.2
市场安全	30.0	26.7	30.0	31.1	27.8	28.9	28.9	31.1	28.9	30.0	28.9	32.2	30.0
进口安全	11.1	22.2	24.4	24.4	22.2	13.3	23.3	23.3	22.2	10.0	22.2	24.4	22.2
综合得分	58.9	66.7	71.1	71.1	65.6	58.9	68.9	73.3	71.1	62.2	73.3	78.9	74.4
安全状态	轻度危险	基本安全	基本安全	基本安全	基本安全	轻度危险	基本安全	基本安全	基本安全	轻度危险	基本安全	基本安全	基本安全
年份	2008	2009	2010	2011	2012	2013	2014	2015	2016	2017	2018	2019	2020
资源安全	21.1	20.0	20.0	21.1	21.1	20.0	18.9	16.7	15.6	14.4	13.3	12.2	14.4
市场安全	26.7	32.2	32.2	28.9	28.9	30.0	31.1	31.1	28.9	31.1	33.3	32.2	31.1

进口安全	22.2	13.3	17.8	24.4	15.6	12.2	31.1	28.9	27.8	25.6	26.7	23.3	13.3
综合得分	70.0	65.6	70.0	74.4	65.6	62.2	81.1	76.7	72.2	71.1	73.3	67.8	58.9
安全状态	基本安全	基本安全	基本安全	基本安全	基本安全	轻度危险	基本安全	基本安全	基本安全	基本安全	基本安全	基本安全	轻度危险

注:[0,25]表示高度危险状态,[26,45]表示中度危险状态,[46,65]表示轻度危险状态,[66,85]表示基本安全状态,[86,100]表示安全状态。

(四）基于灰色关联度分析法的小麦产业安全度估算

利用前面介绍的灰色关联度分析法,评价小麦的产业安全状况。资源安全方面,库存消费比采用0.30的比值作为库存消费比的最优取值;自给率取值越高表明对进口玉米的依赖性越低,取值越高越安全。市场安全方面,产量波动系数、需求量波动系数、市场价格波动系数都是绝对值越小,说明指标的稳定性越好。进口安全方面,进口依存度值越高,产业的安全度就越低;进口增长速度越快,对产业安全的影响越大;进口波动系数的绝对值越小,说明指标的稳定性越好;进口市场集中度(CR4)太高或太低都不好,这里选取CR4＝55%作为最优市场集中度的数值。各评价指标的权重根据等权法得到。进一步求得最高层指标小麦产业安全度不同评价单元的关联度(表7－10)。

表7－10　基于灰色关联度分析法的小麦产业安全评价输出结果

年份	1995	1996	1997	1998	1999	2000	2001	2002	2003
关联度R	0.695	0.782	0.656	0.651	0.627	0.617	0.640	0.644	0.641
安全状态	基本安全	基本安全	基本安全	基本安全	轻度危险	轻度危险	轻度危险	轻度危险	轻度危险
年份	2004	2005	2006	2007	2008	2009	2010	2011	2012
关联度R	0.717	0.780	0.689	0.626	0.620	0.747	0.717	0.680	0.779
安全状态	基本安全	基本安全	基本安全	轻度危险	轻度危险	基本安全	基本安全	基本安全	基本安全
年份	2013	2014	2015	2016	2017	2018	2019	2020	
关联度R	0.753	0.844	0.822	0.749	0.755	0.700	0.703	0.734	
安全状态	基本安全	基本安全	基本安全	基本安全	基本安全	基本安全	基本安全	基本安全	

注:关于小麦产业安全度的判断,这里确定如果关联度取值处于[0,0.25]表示高度危险状态,处于[0.25,0.45]表示中度危险状态,处于[0.45,0.65]表示轻度危险状态,处于[0.65,0.85)表示基本安全状态,处于[0.85,1]表示安全状态。

可以看出,测评的 26 年小麦的产业安全状态大部分年份为基本安全状态,少数年份为轻度危险。

三、玉米产业安全度的估算

关于玉米产业安全度,这里分别使用层次分析法、熵权法、等权法及灰色关联度分析法进行计算。

（一）基于层次分析法的玉米产业安全度估算

基于层次分析法的玉米产业安全度具体计算结果见表 7–11。

可以看出,玉米产业安全状态分数值总体上略低于小麦:处于基本安全状态的年份有 22 年,处于轻度危险状态的年份有 3 年,处于安全状态的年份为 1 年。得分最低的是 2005 年的 62.1 分,得分最高的是 2014 年的 89.6 分,平均得分 74.4 分,低于小麦的产业安全得分值。与小麦类似,中国玉米产业安全的得分年度之间有一定的波动。影响玉米产业安全状况的主要因素是进口市场过于集中的状况以及进口的剧烈波动,除此之外,国际市场价格较大的波动以及 20 世纪 90 年代库存消费比偏高也影响了玉米产业安全的得分。

表 7–11　基于层次分析法的 1995—2020 年玉米产业安全度估算

年份	1995	1996	1997	1998	1999	2000	2001	2002	2003	2004	2005	2006	2007
资源安全	11.4	9.8	11.4	10.6	10.6	11.4	13.9	14.7	16.3	14.7	13.9	13.9	13.9
市场安全	29.7	16.7	27.2	25.5	25.6	23.1	24.0	26.5	24.7	26.5	21.7	24.9	29.7
进口安全	34.9	40.7	40.7	26.9	40.7	41.2	32.0	40.7	42.2	26.1	26.5	26.9	40.7
综合得分	76.0	67.2	79.4	63.0	77.0	75.8	69.9	81.9	83.2	67.3	62.1	65.7	84.3
安全状态	基本安全	基本安全	基本安全	轻度危险	基本安全	基本安全	基本安全	基本安全	基本安全	基本安全	轻度危险	基本安全	基本安全
年份	2008	2009	2010	2011	2012	2013	2014	2015	2016	2017	2018	2019	2020
资源安全	14.7	13.9	13.1	14.7	16.3	14.7	12.3	11.4	12.3	12.3	13.1	13.1	13.9
市场安全	23.3	25.6	29.7	20.1	20.1	22.4	29.2	25.6	24.9	23.1	28.1	29.7	29.7
进口安全	30.5	26.1	32.0	44.8	26.1	46.7	48.1	30.3	45.8	43.3	38.3	35.5	27.8
综合得分	68.5	65.6	74.8	79.6	62.5	83.8	89.6	67.4	83.0	78.8	79.4	78.3	71.4
安全状态	基本安全	基本安全	基本安全	基本安全	轻度危险	基本安全	安全	基本安全	基本安全	基本安全	基本安全	基本安全	基本安全

注:[0,25]表示高度危险状态,[26,45]表示中度危险状态,[46,65]表示轻度危险状态,[66,85]表示基本安全状态,[86,100]表示安全状态。

分指标方面,玉米资源安全得分情况与小麦比较类似。总体得分较高并在近年有所下降,主要原因在于中国玉米一直保持比较高的自给率,而且 20 世纪 90 年代库存消费比水平处于偏高的状况,而在 2003 年到 2013 年间处于较合理的状况,2014 年以后库存消费比又开始上升,处于较高水平,使得资源安全得分下降。

玉米市场安全方面的得分保持在较高水平,但年份之间有一定的波动性,主要原因在于:玉米产量在 20 世纪 90 年代有一定的波动,而 2004 年以后产量比较平稳;玉米的消费也一直没有出现较大波动;价格方面,国际玉米市场价格一直波动较大,尤其是 21 世纪以来波动较大,得分较低。

进口安全方面,与小麦类似,玉米进口安全得分较低,而且年度之间的得分差距较大。主要是因为:虽然玉米的进口依存度保持在较低的水平,但玉米进口部分年份出现比较大的增长,进口波动程度较大,2013 年后玉米的进口波动较小,进口量保持在比较平稳的水平。玉米的进口市场集中度非常高,玉米的进口主要集中于前四大市场,主要来自乌克兰、美国、老挝、越南,大部分年份排在玉米进口第一位的占比基本都在 50% 以上,来自前四大市场的份额超过 95%。

(二)基于熵权法的玉米产业安全度估算

利用前面建立的指标体系,共有 9 个评价指标,26 个年份的评价对象。对原始数据进行标准化,结果见表 7-12。

表 7-12　玉米产业安全评价指标标准化处理后的数据

	库存消费比	自给率	生产波动系数	需求波动系数	价格波动系数	进口依存度	进口增长率	进口波动系数	进口市场集中度
1995	0.857	0.680	0.977	0.967	0.897	0.000	0.991	0.000	0.000
1996	1.000	0.979	0.150	0.831	0.000	0.919	1.000	0.562	0.002
1997	0.843	0.215	0.467	0.805	0.867	1.000	1.000	0.380	0.038
1998	0.958	0.863	0.000	0.703	0.888	0.957	1.000	0.591	0.007
1999	0.932	0.636	0.372	0.738	0.688	0.988	1.000	0.478	0.006
2000	0.703	0.000	0.314	0.837	0.628	1.000	0.957	0.380	0.388
2001	0.520	0.137	0.613	0.966	0.610	0.994	1.000	0.909	0.106
2002	0.326	0.248	0.800	0.980	0.737	0.999	1.000	0.315	0.207
2003	0.138	0.062	0.283	0.745	0.745	1.000	1.000	0.379	0.938
2004	0.059	0.341	0.704	0.477	0.689	1.000	0.000	0.361	0.129

续表

	库存消费比	自给率	生产波动系数	需求波动系数	价格波动系数	进口依存度	进口增长率	进口波动系数	进口市场集中度
2005	0.035	0.410	0.787	0.484	0.275	0.999	1.000	0.012	0.263
2006	0.029	0.496	0.948	0.603	0.519	0.991	1.000	0.657	0.025
2007	0.008	0.360	0.702	0.822	1.000	0.996	1.000	0.441	0.015
2008	0.049	0.508	0.960	0.889	0.396	0.994	1.000	0.428	0.015
2009	0.018	0.311	0.607	0.974	0.737	0.991	0.970	0.434	0.031
2010	0.000	0.354	0.826	0.562	0.904	0.839	0.226	0.929	0.002
2011	0.052	0.466	0.901	0.347	0.083	0.832	0.995	1.000	0.002
2012	0.185	0.687	0.696	0.821	0.054	0.510	0.915	0.185	0.006
2013	0.410	0.928	0.467	0.782	0.474	0.703	0.983	0.908	0.091
2014	0.689	1.000	0.705	0.000	0.938	0.754	1.000	0.904	1.000
2015	0.786	0.833	0.525	0.739	0.639	0.597	0.964	0.834	0.199
2016	0.729	0.460	0.751	0.553	0.620	0.757	0.986	0.861	0.151
2017	0.697	0.313	1.000	0.739	0.601	0.790	0.995	0.755	0.009
2018	0.608	0.172	0.824	0.761	0.837	0.749	0.989	0.789	0.080
2019	0.556	0.171	0.796	1.000	0.980	0.663	0.984	0.869	0.121
2020	0.516	0.062	0.685	0.996	0.906	0.237	0.941	0.635	0.165

使用熵权法确定各评价指标的权重,结果见表7-13。

表7-13　基于熵权法的玉米产业安全评价各指标权重

指标	库存消费比	自给率	生产波动系数	需求波动系数	价格波动系数	进口增长率	进口波动系数	进口依存度	进口市场集中度
权重	0.109	0.111	0.114	0.112	0.113	0.114	0.115	0.113	0.099

从上面的结果可以看出,指标体系中各因素的影响程度差别不大,权重较高的依次是进口波动系数、进口增长率、生产波动系数。这与实际情况是相吻合的,中国玉米的进口变化幅度大。

农业产业安全指标的取值区间及基准表、得分值在前面已经得出,1995—2020年中国玉米产业安全评价指标的权重也已经求出,故玉米资源安全、市场安全、进口安全的得分值及安全状态综合分数值可以计算得出。基于熵权法的玉米的产业安全度具体计算结果见表 7－14。

表 7－14　基于熵权法的 1995—2020 年玉米产业安全度估算

年份	1995	1996	1997	1998	1999	2000	2001	2002	2003	2004	2005	2006	2007
资源安全	15.5	13.3	15.5	14.4	14.4	15.4	18.7	19.8	22.0	19.8	18.7	18.7	18.7
市场安全	33.9	23.7	31.6	29.3	30.5	28.2	29.4	31.6	29.3	31.6	28.2	30.5	33.9
进口安全	18.3	22.9	22.9	12.6	22.9	23.9	19.3	22.9	25.9	11.4	12.4	12.6	22.9
综合得分	67.7	59.9	70.0	56.3	67.7	67.5	67.4	74.3	77.2	62.9	59.4	61.8	75.5
安全状态	基本安全	轻度危险	基本安全	轻度危险	基本安全	基本安全	基本安全	基本安全	基本安全	轻度危险	轻度危险	轻度危险	基本安全
年份	2008	2009	2010	2011	2012	2013	2014	2015	2016	2017	2018	2019	2020
资源安全	19.8	18.7	17.6	19.8	22.0	19.8	16.6	15.5	16.6	16.6	17.6	17.6	18.7
市场安全	29.4	30.5	33.9	27.1	27.1	28.2	32.8	30.5	30.5	29.4	32.8	33.9	33.9
进口安全	14.9	11.4	19.3	30.7	11.4	30.8	33.8	17.1	29.7	26.3	22.8	21.6	13.7
综合得分	64.0	60.7	70.9	77.7	60.5	78.8	83.1	63.0	76.7	72.2	73.2	73.2	66.3
安全状态	轻度危险	轻度危险	基本安全	基本安全	轻度危险	基本安全	基本安全	轻度危险	基本安全	基本安全	基本安全	基本安全	基本安全

注：[0,25]表示高度危险状态，[26,45]表示中度危险状态，[46,65]表示轻度危险状态，[66,85]表示基本安全状态，[86,100]表示安全状态。

可以看出，玉米产业安全得分值大多数年份处于 65～85 分之间，处于基本安全状态，在测算的 26 年中，得分最低的是 1998 年得分 56.3 分，得分最高的是 2014 年得分 83.1 分，平均得分 68.8 分。处于轻度危险状态的有 9 年，其余都是基本安全状态。中国玉米产业安全的得分年度之间的变化较大。

（三）基于等权法的玉米产业安全度估算

利用前面建立的指标体系，共有 9 个评价指标，26 个年份的评价对象。玉米产业安全指标的取值区间及基准表、得分值在前面已经得出，1995—2020 年中国玉米各指标的权重为 1/9。故玉米资源安全、市场安全、进口安全的得分值及安全状态综合分数值可以计算得出。计算后得出中国玉米产业安全的结果见表 7－15。

表 7－15　基于等权法的 1995—2020 年玉米产业安全度估算

年份	1995	1996	1997	1998	1999	2000	2001	2002	2003	2004	2005	2006	2007
资源安全	15.6	13.3	15.6	14.4	14.4	15.6	18.9	20.0	22.2	20.0	18.9	18.9	18.9
市场安全	33.3	23.3	31.1	28.9	30.0	27.8	28.9	31.1	28.9	31.1	27.8	30.0	33.3
进口安全	17.8	22.2	22.2	12.2	22.2	23.3	18.9	22.2	25.6	11.1	12.2	12.2	22.2
综合得分	66.7	58.9	68.9	55.6	66.7	66.7	66.7	73.3	76.7	62.2	58.9	61.1	74.4
安全状态	基本安全	轻度危险	基本安全	轻度危险	基本安全	基本安全	基本安全	基本安全	基本安全	轻度危险	轻度危险	轻度危险	基本安全
年份	2008	2009	2010	2011	2012	2013	2014	2015	2016	2017	2018	2019	2020
资源安全	20.0	18.9	17.8	20.0	22.2	20.0	16.7	15.6	16.7	16.7	17.8	17.8	18.9
市场安全	28.9	30.0	33.3	26.7	26.7	27.8	32.2	30.0	30.0	28.9	32.2	33.3	33.3
进口安全	14.4	11.1	18.9	30.0	11.1	30.0	33.3	16.7	28.9	25.6	22.2	21.1	13.3
综合得分	63.3	60.0	70.0	76.7	60.0	77.8	82.2	75.6	71.1	72.2	72.2	65.6
安全状态	轻度危险	轻度危险	基本安全	基本安全	轻度危险	基本安全	基本安全	轻度危险	基本安全	基本安全	基本安全	基本安全	基本安全

注:[0,25]表示高度危险状态,[26,45]表示中度危险状态,[46,65]表示轻度危险状态,[66,85]表示基本安全状态,[86,100]表示安全状态。

可以看出,基于等权法的玉米产业安全评价结果与基于熵权法所得的结果基本类似。

(四) 基于灰色关联度分析法的玉米产业安全度估算

利用前面介绍的灰色关联度分析法,评价玉米的产业安全状况。资源安全方面,库存消费比采用 0.30 的比值作为库存消费比的最优取值;自给率取值越高表明对进口玉米的依赖性越低,取值越高越安全。市场安全方面,产量波动系数、需求量波动系数、市场价格波动系数都是绝对值越小,说明指标的稳定性越好。进口安全方面,进口依存度值越高,产业的安全度就越低;进口增长速度越快,对产业安全的影响越大;进口波动系数的绝对值越小,说明指标的稳定性越好;进口市场集中度(CR4)太高或太低都不好,这里选取 CR4＝55% 作为最优市场集中度的数值。各评价指标的权重根据等权法得到。进一步求得最高层指标玉米产业安全度不同评价单元的关联度(表 7－16)。

表 7-16 基于灰色关联度分析法的玉米产业安全评价输出结果

年份	1995	1996	1997	1998	1999	2000	2001	2002	2003
关联度 R	0.797	0.637	0.600	0.751	0.628	0.604	0.752	0.610	0.621
安全状态	基本安全	轻度危险	轻度危险	基本安全	轻度危险	轻度危险	基本安全	轻度危险	轻度危险
年份	2004	2005	2006	2007	2008	2009	2010	2011	2012
关联度 R	0.731	0.730	0.738	0.637	0.622	0.622	0.754	0.844	0.745
安全状态	基本安全	基本安全	基本安全	轻度危险	轻度危险	轻度危险	基本安全	基本安全	基本安全
年份	2013	2014	2015	2016	2017	2018	2019	2020	
关联度 R	0.845	0.811	0.721	0.747	0.691	0.681	0.712	0.737	
安全状态	基本安全	基本安全	基本安全	基本安全	基本安全	基本安全	基本安全	基本安全	

注:关于小麦产业安全度的判断,这里确定如果关联度取值处于[0,0.25)表示高度危险状态,处于[0.25,0.45)表示中度危险状态,处于[0.45,0.65)表示轻度危险状态,处于[0.65,0.85)表示基本安全状态,处于[0.85,1]表示安全状态。

可以看出,测评的 26 年玉米的产业安全状态大部分年份为基本安全状态,少数年份为轻度危险。

四、稻谷产业安全度的估算

关于稻谷产业安全度,这里分别使用层次分析法、熵权法、等权法及灰色关联度分析法进行计算。

(一)基于层次分析法的稻谷产业安全度估算

稻谷的产业安全度具体计算结果见表 7-17。可以看出,与小麦和玉米类似,稻谷产业安全状态分数值总体上较高:在测算的 26 年中,处于安全状态有 7 年;处于基本安全状态的有 18 年,处于轻度危险状态的有 1 年。得分最低的是 2004 年的 64.1 分,得分最高的是 2019 年的 89.2 分,平均得分 80.5 分。中国稻谷产业安全的得分年度之间有一定的波动,但总体上变化不是太大。影响稻谷产业安全状况的主要因素是进口市场过于集中的状况和进口的增长和进口的剧烈波动,除此之外,国际市场价格较大的波动也影响了玉米产业安全的得分。

表 7-17 基于层次分析法的 1995—2020 年稻谷产业安全度评价

年份	1995	1996	1997	1998	1999	2000	2001	2002	2003	2004	2005	2006	2007
资源安全	13.9	13.9	13.9	13.1	13.1	13.9	14.7	15.5	16.3	14.7	14.7	14.7	14.7
市场安全	28.1	24.9	26.5	24.9	28.8	24.9	20.1	21.7	19.9	23.3	26.5	26.5	24.9
进口安全	40.7	49.2	43.3	42.4	42.4	32.4	44.5	45.8	43.7	26.1	44.1	32.2	47.5
综合得分	82.7	88.0	83.7	80.4	84.3	71.2	79.3	83.0	80.0	64.1	85.3	73.4	87.1
安全状态	基本安全	安全	基本安全	基本安全	基本安全	基本安全	基本安全	基本安全	基本安全	轻度危险	安全	基本安全	安全
年份	2008	2009	2010	2011	2012	2013	2014	2015	2016	2017	2018	2019	2020
资源安全	14.7	15.5	15.5	16.3	15.5	15.5	14.7	13.9	13.9	13.1	13.1	12.3	13.1
市场安全	16.9	23.3	29.7	26.5	24.9	28.1	28.1	26.5	26.5	28.1	29.7	29.7	26.5
进口安全	42.4	38.0	38.6	29.2	26.9	44.1	43.9	35.5	46.5	42.7	39.8	47.2	43.1
综合得分	74.0	76.8	83.9	72.1	67.3	87.7	86.7	75.9	86.9	83.9	82.6	89.2	82.6
安全状态	基本安全	基本安全	基本安全	基本安全	基本安全	安全	安全	基本安全	安全	基本安全	基本安全	安全	基本安全

注:[0,25]表示高度危险状态,[26,45]表示中度危险状态,[46,65]表示轻度危险状态,[66,85]表示基本安全状态,[86,100]表示安全状态。

分指标方面,稻谷资源安全得分情况与小麦、玉米比较类似。总体得分较高并在近年有所上升,主要原因在于中国稻谷一直保持比较高的自给率,而且 20 世纪 90 年代库存消费比水平处于偏高的状况,2003 年到 2013 年库存消费比逐渐趋于合理状况,2014 年后库存消费比又处于偏高的水平。

稻谷市场安全方面的得分保持在较高水平,但年份之间有一定的波动性,主要原因在于:稻谷产量和消费一直比较平稳,没有出现较大波动;但在价格方面,国际稻谷市场价格在 1995—2009 年间一直波动较大,得分较低,2010 年以后价格波动比较小。

进口安全方面,与小麦和玉米类似,稻谷的进口安全得分较低,年度之间的差距较大,主要是因为:虽然稻谷的进口依存度保持在较低的水平,但稻谷进口在部分年份出现比较大的波动,尤其是 2012 年以后稻谷进口大幅度增加。而且稻谷的进口市场集中度非常高,主要集中在泰国、越南和老挝,其中以泰国的占比最高。中国稻谷从前三大主要市场进口的数量之和大部分年份超过 98%,甚至接近 100%。

（二）基于熵权法的稻谷产业安全度估算

利用前面建立的指标体系,共有 9 个评价指标,26 个年份的评价对象。对原始数据进行标准化,结果见表 7－18。

表 7－18　中国稻谷产业安全评价指标标准化处理后的数据

	库存消费比	自给率	生产波动系数	需求波动系数	价格波动系数	进口依存度	进口增长率	进口波动系数	进口市场集中度
1995	0.692	0.659	0.611	0.688	0.858	0.579	0.942	0.294	0.006
1996	0.744	0.886	0.909	0.820	0.656	0.831	1.000	0.990	0.040
1997	0.799	1.000	0.571	0.961	0.816	0.955	1.000	0.666	0.008
1998	0.820	0.897	0.572	0.763	0.736	0.979	1.000	0.630	0.005
1999	0.848	0.887	0.485	0.733	1.000	1.000	1.000	0.565	0.000
2000	0.785	0.618	0.889	0.687	0.675	0.980	0.862	0.800	0.000
2001	0.570	0.286	0.742	0.191	0.438	0.973	1.000	0.955	0.863
2002	0.353	0.236	0.651	0.296	0.532	0.982	1.000	0.895	0.001
2003	0.096	0.000	0.000	0.978	0.492	0.974	1.000	0.925	0.000
2004	0.031	0.534	0.877	0.702	0.646	0.830	0.364	0.000	0.001
2005	0.010	0.657	0.895	0.238	0.802	0.897	1.000	0.776	0.002
2006	0.000	0.717	0.862	0.037	0.760	0.836	1.000	0.614	0.002
2007	0.027	0.822	0.955	0.000	0.735	0.908	1.000	0.875	0.009
2008	0.015	0.791	0.910	0.951	0.000	0.963	1.000	0.551	0.015
2009	0.057	0.816	0.884	0.879	0.568	0.953	0.954	0.520	0.007
2010	0.088	0.804	0.976	0.888	0.930	0.946	0.973	0.481	0.033
2011	0.154	0.862	0.857	0.667	0.757	0.890	0.811	0.552	0.035
2012	0.256	0.897	0.820	0.607	0.695	0.418	0.000	0.742	0.067
2013	0.361	0.863	0.941	0.699	0.917	0.450	0.985	0.947	0.079
2014	0.491	0.913	0.894	0.770	0.859	0.370	1.000	0.948	0.082
2015	0.654	0.972	0.868	1.000	0.734	0.159	0.898	0.790	0.147
2016	0.790	0.921	0.980	0.913	0.802	0.115	0.982	0.823	0.322
2017	0.924	0.932	0.971	0.816	0.836	0.000	0.958	0.764	0.281
2018	1.000	0.905	1.000	0.650	0.949	0.255	0.921	1.000	0.407
2019	0.995	0.767	0.852	0.833	0.954	0.406	0.942	0.835	0.980
2020	0.930	0.656	0.901	0.507	0.779	0.323	0.945	0.910	1.000

使用熵权法确定各评价指标的权重,结果见表 7－19。从上面的结果

可以看出,在稻谷产业安全评价指标体系中,权重比较高的是进口波动系数、自给率、生产波动系数、价格波动系数、进口依存度。各因素的影响程度差别不大。

表 7-19　基于熵权法的中国稻谷产业安全评价各指标权重

指标	库存消费比	自给率	生产波动系数	需求波动系数	价格波动系数	进口增长率	进口波动系数	进口依存度	进口市场集中度
权重	0.109	0.114	0.114	0.113	0.114	0.113	0.114	0.114	0.095

农业产业安全指标的取值区间及基准表、得分值在前面已经得出,1995—2020 年中国稻谷产业安全评价指标的权重也已经求出,故稻谷资源安全、市场安全、进口安全的得分值及安全状态综合分数值可以计算得出。稻谷的产业安全度具体计算结果见表 7-20。

表 7-20　基于熵权法的 1995—2020 年稻谷产业安全度估算

年份	1995	1996	1997	1998	1999	2000	2001	2002	2003	2004	2005	2006	2007
资源安全	19.0	19.0	19.0	17.9	17.9	19.0	20.1	21.2	22.3	20.1	20.1	20.1	20.1
市场安全	33.0	30.7	31.9	30.7	33.0	30.7	27.3	28.4	26.2	29.6	31.9	31.9	30.7
进口安全	22.7	34.1	26.1	25.0	25.0	18.1	31.2	29.5	28.4	11.3	27.3	17.0	31.8
综合得分	74.7	83.8	77.0	73.6	75.9	67.8	78.6	79.2	76.8	60.9	79.2	68.9	82.6
安全状态	基本安全	基本安全	基本安全	基本安全	基本安全	基本安全	基本安全	基本安全	基本安全	轻度危险	基本安全	基本安全	基本安全
年份	2008	2009	2010	2011	2012	2013	2014	2015	2016	2017	2018	2019	2020
资源安全	20.1	21.2	21.2	22.3	21.2	21.2	20.1	19.0	19.0	17.9	17.9	16.8	17.9
市场安全	25.0	29.6	34.1	31.9	30.7	33.0	33.0	31.9	31.9	33.0	34.1	34.1	31.9
进口安全	25.0	21.6	21.6	14.7	12.4	27.3	29.5	21.5	31.6	28.2	25.9	32.4	30.1
综合得分	70.1	72.3	76.9	68.8	64.3	81.5	82.6	72.4	82.5	79.1	78.0	83.4	79.9
安全状态	基本安全	基本安全	基本安全	基本安全	基本安全	基本安全	基本安全	基本安全	基本安全	基本安全	基本安全	基本安全	基本安全

注:[0,25]表示高度危险状态,[26,45]表示中度危险状态,[46,65]表示轻度危险状态,[66,85]表示基本安全状态,[86,100]表示安全状态。

可以看出,稻谷产业安全得分值大多数年份处于 70～80 分之间,处于基本安全状态,在测算的 26 年中,得分最低的是 2004 年得分 60.9 分,得分最高的是 1996 年得分 83.8 分,平均得分 75.8 分。2004 年处于轻度危险状态,其余都是基本安全状态。中国稻谷产业安全的得分年度之间的变化不大。

(三)基于等权法的稻谷产业安全度估算

利用前面建立的指标体系,共有 9 个评价指标,26 个年份的评价对象。稻谷产业安全指标的取值区间及基准表、得分值在前面已经得出,1995—2020 年中国稻谷各指标的权重为 1/9。故稻谷资源安全、市场安全、进口安全的得分值及安全状态综合分数值可以计算得出。

计算后得出中国稻谷产业安全的结果见表 7 - 21。

表 7 - 21 基于等权法的 1995—2020 年稻谷产业安全度估算

年份	1995	1996	1997	1998	1999	2000	2001	2002	2003	2004	2005	2006	2007
资源安全	18.9	18.9	18.9	17.8	17.8	18.9	20.0	21.1	22.2	20.0	20.0	20.0	20.0
市场安全	32.2	30.0	31.1	30.0	32.2	30.0	26.7	27.8	25.6	28.9	31.1	31.1	30.0
进口安全	22.2	33.3	25.6	24.4	24.4	17.8	31.1	28.9	27.8	11.1	26.7	16.7	31.1
综合得分	73.3	82.2	75.6	72.2	74.4	66.7	77.8	77.8	75.6	60.0	77.8	67.8	81.1
安全状态	基本安全	基本安全	基本安全	基本安全	基本安全	基本安全	基本安全	基本安全	基本安全	轻度危险	基本安全	基本安全	基本安全
年份	2008	2009	2010	2011	2012	2013	2014	2015	2016	2017	2018	2019	2020
资源安全	20.0	21.1	21.1	22.2	21.1	21.1	20.0	18.9	18.9	17.8	17.8	16.7	17.8
市场安全	24.4	28.9	33.3	31.1	30.0	32.2	32.2	31.1	31.1	32.2	33.3	33.3	31.1
进口安全	24.4	21.1	21.1	14.4	12.2	26.7	28.9	21.1	31.1	27.8	25.6	32.2	30.0
综合得分	68.9	71.1	75.6	67.8	63.3	80.0	81.1	71.1	81.1	77.8	76.7	82.2	78.9
安全状态	基本安全	基本安全	基本安全	基本安全	基本安全	基本安全	基本安全	基本安全	基本安全	基本安全	基本安全	基本安全	基本安全

注:[0,25]表示高度危险状态,[26,45]表示中度危险状态,[46,65]表示轻度危险状态,[66,85]表示基本安全状态,[86,100]表示安全状态。

可以看出,基于等权法的稻谷产业安全评价结果与基于熵权法所得的结果基本类似。

(四)基于灰色关联度分析法的稻谷产业安全度估算

利用前面介绍的灰色关联度分析法,评价稻谷的产业安全状况。库存消费比采用 0.30 的比值作为最优取值,自给率取值越高越安全。产量波动系数、需求量波动系数、市场价格波动系数都是绝对值越小越好。进口依存度值越高,产业的安全度就越低;进口增长速度越快,对产业安全的影响越大;进口波动系数的绝对值越小,说明指标的稳定性越好;进口市场集中度(CR4)太高或太低都不好,这里选取 CR4＝55％作为最优数值。各评价指标的权重根据等权法得到。进一步求得最高层指标不同评价单元的关联度,具体见表7－22。

表7－22　基于灰色关联度分析法的稻谷产业安全评价输出结果

年份	1995	1996	1997	1998	1999	2000	2001	2002	2003
关联度 R	0.775	0.853	0.679	0.664	0.659	0.713	0.708	0.746	0.741
安全状态	基本安全	安全	基本安全	基本安全	基本安全	基本安全	基本安全	基本安全	基本安全
年份	2004	2005	2006	2007	2008	2009	2010	2011	2012
关联度 R	0.741	0.806	0.756	0.821	0.656	0.652	0.653	0.647	0.767
安全状态	基本安全	基本安全	基本安全	基本安全	基本安全	基本安全	基本安全	轻度危险	基本安全
年份	2013	2014	2015	2016	2017	2018	2019	2020	
关联度 R	0.884	0.796	0.734	0.769	0.761	0.858	0.748	0.749	
安全状态	安全	基本安全	基本安全	基本安全	基本安全	安全	基本安全	基本安全	

注:关于小麦产业安全度的判断,这里确定如果关联度取值处于[0,0.25)表示高度危险状态,处于[0.25,0.45)表示中度危险状态,处于[0.45,0.65)表示轻度危险状态,处于[0.65,0.85)表示基本安全状态,处于[0.85,1]表示安全状态。

可以看出,测评的26年稻谷的产业安全状态大部分年份为安全或基本安全状态,只有2011年为轻度危险状态。

第二节　中国大豆产业安全度估算

这里使用本书第六章建立的重点农产品产业安全评价指标体系,并分别采用层次分析法、熵权法、等权法、灰色关联度分析法等方法,全方位评价开放环境下大豆产业安全的情况。

一、基于层次分析法的大豆产业安全度估算

1995—2020年中国重点农产品各指标的安全状态分数值及权重已求出(见本书第六章),故中国大豆资源安全、市场安全、进口安全的得分值及安全状态综合分数值可以计算得出。大豆的产业安全度具体计算结果见表7－23。

表 7－23　基于层次分析法的 1995—2020 年大豆产业安全度估算

年份	1995	1996	1997	1998	1999	2000	2001	2002	2003	2004	2005	2006	2007
资源安全	8.2	9.0	12.3	8.2	8.2	9.0	5.7	6.5	4.9	5.7	4.9	3.3	2.5
市场安全	24.2	23.3	21.9	29.7	24.9	26.5	23.3	23.5	28.1	29.7	24.9	23.3	29.7
进口安全	26.1	0.0	2.5	32.7	15.6	6.8	19.0	45.0	6.8	48.3	20.7	40.2	39.4
综合得分	58.5	32.3	36.7	70.6	48.7	42.2	48.0	75.0	39.8	83.8	50.5	66.8	71.5
安全状态	轻度危险	中度危险	中度危险	基本安全	轻度危险	中度危险	轻度危险	基本安全	中度危险	基本安全	轻度危险	基本安全	基本安全
年份	2008	2009	2010	2011	2012	2013	2014	2015	2016	2017	2018	2019	2020
资源安全	5.7	7.4	7.4	6.5	4.9	5.7	4.9	4.9	4.9	5.7	5.7	7.4	8.2
市场安全	20.3	29.7	29.7	24.9	21.7	24.9	29.7	26.5	26.7	28.1	29.7	28.1	29.7
进口安全	28.8	37.0	23.1	49.2	41.0	41.0	37.0	36.1	45.1	35.3	49.2	48.3	37.0
综合得分	54.9	74.0	60.1	80.6	67.6	71.7	71.6	67.5	76.7	69.1	84.6	83.8	74.8
安全状态	轻度危险	基本安全	轻度危险	基本安全	基本安全	基本安全	基本安全	基本安全	基本安全	基本安全	基本安全	基本安全	基本安全

注:[0,25]表示高度危险状态,[26,45]表示中度危险状态,[46,65]表示轻度危险状态,[66,85]表示基本安全状态,[86,100]表示安全状态。

可以看出,大豆产业安全状态分数值总体上较低,明显低于三大主粮的产业安全得分。在测算的 26 年中,处于基本安全状态有 16 年;处于轻度危险状态的有 6 年,处于中度危险状态的有 4 年。得分最低的是 1996年得分 32.3 分,得分最高的是 2018 年的 84.6 分,平均得分 63.9 分,为轻度危险。2012 年以后大豆产业安全处于基本安全状态,总体分数有所上升,主要原因是进口增长比较平稳,波动较小,且库存消费比趋近于合理水平。

分指标方面,大豆资源安全得分情况明显低于小麦、玉米和稻谷。总体得分较低并在近年呈上升趋势,主要原因在于中国大豆的自给率近年处于快速下降态势,从 1995 年的 95.9% 下降到 2018 年的 15.4%,而且大豆库存消费比一直处于较低的水平,大部分年份不到 20%,2014 年后库存消费比保持在 25% 左右,处于相对合理的水平。

大豆市场安全方面的得分保持在较高水平,但年份之间有一定的波动性,与小麦、玉米和稻谷近似。主要原因在于:大豆产量和消费一直比较平稳没有出现较大波动;但在价格方面,国际大豆市场价格在 1995—2005 年间保持比较平稳,在 2006—2008 年出现较大的增长,得分较低,2009 年以后价格比较平稳。

进口安全方面,大豆的进口安全总体得分较低,明显低于小麦、玉米和稻谷。年度之间的得分差距较大,出现较大的波动,主要是因为:大豆进口依存度逐年上升,从 1995 年的 5.6% 增长到 2018 年的 83.4%;大豆进口量逐年上升,在大部分年份保持较高的增长率,1995—2004 年间进口的波动较大,2006 年后进口波动较小。而且大豆的进口市场集中度非常高,前三大市场分别为美国、巴西、阿根廷。来自这三个国家的大豆进口占到中国大豆总进口的 95% 以上,但总体上市场集中度有逐渐下降的趋势。美国和阿根廷的占比最高,近 10 年间两国的市场份额之和超过 80%。中国从前四大市场进口大豆的份额在 99% 左右。

二、基于熵权法的大豆产业安全度估算

利用前面建立的指标体系,共有 9 个评价指标,26 个年份的评价对象。对原始数据进行标准化,结果见表 7-24。

表 7-24　中国大豆产业安全评价指标标准化处理后的数据

	库存消费比	自给率	生产波动系数	需求波动系数	价格波动系数	进口依存度	进口增长率	进口波动系数	进口市场集中度
1995	0.000	1.000	0.826	0.000	0.848	1.000	0.000	0.735	0.902
1996	0.204	0.957	0.543	0.950	0.133	0.879	0.406	0.000	0.306
1997	0.684	0.991	0.886	0.643	0.229	0.842	0.678	0.893	0.004
1998	0.305	0.760	0.819	1.000	0.985	0.839	0.971	0.939	0.443
1999	0.469	0.596	0.664	0.984	0.405	0.545	0.927	0.914	0.062
2000	0.642	0.540	0.922	0.907	0.510	0.481	0.700	0.975	0.132
2001	0.222	0.500	1.000	0.871	0.183	0.634	0.929	0.967	0.034
2002	0.423	0.408	0.553	0.675	0.282	0.350	0.961	0.938	0.000
2003	0.173	0.384	0.952	0.815	0.768	0.485	0.824	0.973	0.000
2004	0.386	0.366	0.150	0.952	0.979	0.309	0.996	0.980	0.000
2005	0.333	0.288	0.572	0.918	0.420	0.314	0.934	0.995	0.015
2006	0.090	0.238	0.953	0.885	0.130	0.331	0.988	0.986	0.014
2007	0.149	0.163	0.127	0.831	1.000	0.166	0.982	0.975	0.020
2008	0.513	0.215	0.526	0.659	0.000	0.124	0.956	0.989	0.017
2009	0.782	0.147	0.817	0.909	0.943	0.071	0.972	0.991	0.233
2010	0.789	0.125	0.530	0.994	0.982	0.130	0.940	0.974	0.042

	库存消费比	自给率	生产波动系数	需求波动系数	价格波动系数	进口依存度	进口增长率	进口波动系数	进口市场集中度
2011	0.803	0.095	0.605	0.950	0.438	0.099	0.993	0.992	0.232
2012	0.577	0.056	0.691	0.998	0.054	0.145	0.978	0.994	0.386
2013	0.622	0.029	0.184	0.962	0.398	0.041	0.983	0.993	0.448
2014	0.682	0.019	0.270	0.972	0.866	0.013	0.974	0.998	0.553
2015	0.602	0.000	0.000	0.845	0.500	0.042	0.971	0.983	0.403
2016	0.682	0.003	0.413	0.746	0.698	0.000	0.996	0.992	0.694
2017	0.768	0.018	0.958	0.837	0.704	0.021	0.972	0.974	0.850
2018	0.668	0.033	0.983	0.826	0.831	0.111	0.985	0.992	0.731
2019	0.877	0.044	0.434	0.926	0.727	0.001	1.000	0.982	1.000
2020	1.000	0.051	0.140	0.953	0.935	0.035	0.973	1.000	0.328

使用熵权法确定各评价指标的权重,结果见表7-25。

表7-25　基于熵权法的大豆产业安全评价各指标权重

指标	库存消费比	自给率	生产波动系数	需求波动系数	价格波动系数	进口增长率	进口波动系数	进口依存度	进口市场集中度
权重	0.112	0.104	0.113	0.116	0.113	0.108	0.115	0.113	0.106

从上面的结果可以看出,对大豆产业安全影响比较大的因素依次是需求波动系数、进口波动系数、生产波动系数。各因素的影响程度差别不大。

农业产业安全指标的取值区间及基准表、得分值在前面已经得出,1995—2020年中国大豆各指标的权重也已经求出,故大豆资源安全、市场安全、进口安全的得分值及安全状态综合分数值可以计算得出。大豆的产业安全度具体计算结果见表7-26。

表7-26　基于熵权法的1995—2020年大豆产业安全度估算

年份	1995	1996	1997	1998	1999	2000	2001	2002	2003	2004	2005	2006	2007
资源安全	10.4	11.6	16.0	10.6	10.7	11.9	7.4	8.6	6.3	7.5	6.4	4.2	3.1
市场安全	29.5	28.5	28.4	34.1	30.7	31.9	29.6	28.4	33.0	31.9	28.5	29.6	31.9
进口安全	10.8	8.6	12.0	22.4	14.5	14.5	19.0	21.5	14.5	26.1	19.1	23.7	20.5

续表

综合得分	50.7	48.6	56.5	67.1	55.9	58.2	56.0	58.5	53.8	65.4	54.0	57.5	55.5
安全状态	轻度危险	轻度危险	轻度危险	基本安全	轻度危险	轻度危险	轻度危险	轻度危险	轻度危险	基本安全	轻度危险	轻度危险	轻度危险
年份	2008	2009	2010	2011	2012	2013	2014	2015	2016	2017	2018	2019	2020
资源安全	7.6	9.8	9.8	8.8	6.6	7.7	6.6	6.6	6.6	7.8	7.8	9.9	11.0
市场安全	26.2	34.1	33.0	29.6	28.5	28.5	31.9	29.6	30.7	33.0	34.1	31.9	31.9
进口安全	19.3	21.6	15.8	25.0	22.7	21.7	20.5	19.4	22.8	18.2	25.0	22.8	20.5
综合得分	53.1	65.5	58.7	63.4	57.8	57.8	59.0	55.6	60.2	59.0	66.9	64.6	63.4
安全状态	轻度危险	基本安全	轻度危险	轻度危险	轻度危险	轻度危险	轻度危险	轻度危险	轻度危险	轻度危险	基本安全	轻度危险	轻度危险

注:[0,25]表示高度危险状态,[26,45]表示中度危险状态,[46,65]表示轻度危险状态,[66,85]表示基本安全状态,[86,100]表示安全状态。

可以看出,大豆产业安全得分值大多数年份处于 50~60 分之间,处于轻度危险状态,在测算的 26 年中,得分最低的是 1996 年得分 48.6 分,得分最高的是 1998 年得分 67.1 分,平均得分 58.6 分。1998 年、2004 年、2009 年、2018 年处于基本安全状态,其余年份都是轻度危险状态。中国大豆产业安全的得分年度之间有一定的波动。

三、基于等权法的大豆产业安全度估算

利用前面建立的指标体系,共有 9 个评价指标,26 个年份的评价对象。大豆产业安全指标的取值区间及基准表、得分值在前面已经得出,1995—2020 年中国大豆各指标的权重为 1/9。故大豆资源安全、进口安全、市场安全的得分值及安全状态综合分数值可以计算得出。

计算后得出中国大豆产业安全的结果见表 7 - 27。

表 7 - 27　基于等权法的 1995—2020 年大豆产业安全度估算

年份	1995	1996	1997	1998	1999	2000	2001	2002	2003	2004	2005	2006	2007
资源安全	11.1	12.2	16.7	11.1	11.1	12.2	7.8	8.9	6.7	7.8	6.7	4.4	3.3
市场安全	28.9	27.8	27.8	33.3	30.0	31.1	28.9	27.8	32.2	31.1	27.8	28.9	31.1
进口安全	11.1	8.9	12.2	22.2	14.4	14.4	18.9	21.1	14.4	25.6	18.9	23.3	20.0
综合得分	51.1	48.9	56.7	66.7	55.6	57.8	55.6	57.8	53.3	64.4	53.3	56.7	54.4
安全状态	轻度危险	轻度危险	轻度危险	基本安全	轻度危险	轻度危险	轻度危险	轻度危险	轻度危险	轻度危险	轻度危险	轻度危险	轻度危险

年份	2008	2009	2010	2011	2012	2013	2014	2015	2016	2017	2018	2019	2020
资源安全	7.8	10.0	10.0	8.9	6.7	7.8	6.7	6.7	6.7	7.8	7.8	10.0	11.1
市场安全	25.6	33.3	32.2	28.9	27.8	27.8	31.1	28.9	30.0	32.2	33.3	31.1	31.1
进口安全	18.9	21.1	15.6	24.4	22.2	21.1	20.0	18.9	22.2	17.8	24.4	22.2	20.0
综合得分	52.2	64.4	57.8	62.2	56.7	56.7	57.8	54.4	58.9	57.8	65.6	63.3	62.2
安全状态	轻度危险	轻度危险	轻度危险	轻度危险	轻度危险	轻度危险	轻度危险	轻度危险	轻度危险	轻度危险	基本安全	轻度危险	轻度危险

注:[0,25]表示高度危险状态,[26,45]表示中度危险状态,[46,65]表示轻度危险状态,[66,85]表示基本安全状态,[86,100]表示安全状态。

可以看出,基于等权法的大豆产业安全评价结果与基于熵权法所得的结果基本类似。

四、基于灰色关联度分析法的大豆产业安全度估算

利用前面介绍的灰色关联度分析法,评价大豆的产业安全状况。资源安全方面,库存消费比采用 0.30 的比值作为库存消费比的最优取值;自给率取值越高表明对进口大豆的依赖性越低,取值越高越安全。市场安全方面,产量波动系数、需求量波动系数、市场价格波动系数都是绝对值越小,说明指标的稳定性越好。进口安全方面,进口依存度值越高,产业的安全度就越低;进口增长速度越快,对产业安全的影响越大;进口波动系数的绝对值越小,说明指标的稳定性越好;进口市场集中度(CR4)太高或太低都不好,这里选取 CR4＝55％作为最优市场集中度的数值。各评价指标的权重根据等权法得到。进一步求得最高层指标大豆产业安全度不同评价单元的关联度,具体见表 7–28。

表 7–28　基于灰色关联度分析法的大豆产业安全评价输出结果

年份	1995	1996	1997	1998	1999	2000	2001	2002	2003
关联度 R	0.509	0.625	0.509	0.514	0.518	0.509	0.549	0.542	0.501
安全状态	轻度危险	轻度危险	轻度危险	轻度危险	轻度危险	轻度危险	轻度危险	轻度危险	轻度危险
年份	2004	2005	2006	2007	2008	2009	2010	2011	2012
关联度 R	0.526	0.54	0.541	0.569	0.635	0.533	0.517	0.555	0.613
安全状态	轻度危险	轻度危险	轻度危险	轻度危险	轻度危险	轻度危险	轻度危险	轻度危险	轻度危险

年份	2013	2014	2015	2016	2017	2018	2019	2020	
关联度 R	0.627	0.578	0.624	0.554	0.569	0.580	0.548	0.549	
安全状态	轻度危险	轻度危险	轻度危险	轻度危险	轻度危险	轻度危险	轻度危险	轻度危险	

注:此处如果关联度取值处于[0,0.25)表示高度危险状态,处于[0.25,0.45)表示中度危险状态,处于[0.45,0.65)表示轻度危险状态,处于[0.65,0.85)表示基本安全状态,处于[0.85,1]表示安全状态。

可以看出,测评的 26 年大豆的产业安全状态全部为轻度危险。

第三节　中国棉花产业安全度估算

这里使用本书第六章建立的重点农产品产业安全评价指标体系,并分别采用层次分析法、熵权法、等权法、灰色关联度分析法等方法,全方位评价开放环境下棉花产业安全的评价结果。

一、基于层次分析法的棉花产业安全度估算

1995—2020 年中国重点农产品各指标的安全状态分数值及权重已求出(见本书第六章),故中国重点农产品资源安全、市场安全、进口安全的得分值及安全状态综合分数值可以计算得出。棉花的产业安全度具体计算结果见表 7 - 29。

可以看出,中国棉花产业安全状态分数值总体上不高:处于基本安全状态的年份有 20 年,处于轻度危险状态的年份为 6 年。可以看出,棉花产业安全状态分数值低于粮食的产业安全得分,但高于大豆的产业安全得分。在测算的 26 年中,得分最低的是 2012 年得分 49.4 分,得分最高的是 2019 年的 84.1 分,平均得分 71.6 分。中国棉花产业安全的得分年度之间有一定的波动。

分指标方面,棉花资源安全得分不高,且年度之间的波动较大,2009 年以后出现较大幅度的下降。主要原因在于中国棉花的自给率近年处于下降态势,从 1995 年的 116% 下降到 2013 年的 76%,而且棉花的库存消费比一直处于不稳定的状态,1995—1998 年持续上升,保持在非常高的水平(1998 年达到 1.39),1999—2010 年棉花库存消费比基本处于下降态势,逐渐趋于合理水平(2010 年的数值为 0.23),2011—2014 年棉花库存

消费比迅速拉高,2014 年的数值达到 1.94 的超高水平。

棉花市场安全方面的得分大部分年份较高,但年度之间的波动性较大。主要原因在于:棉花的生产和消费年度之间有一定的波动,但波动幅度不大;在价格方面,国际棉花市场价格在 1995 年以来一直波动较大,尤其是 2009 年以来棉花价格先出现较大的增长,又出现较大回落,得分较低,2012 年以后价格波动幅度较小。

进口安全方面,棉花进口安全得分偏低。年度之间的得分差距较大,出现较大的波动,2013 年以后进口安全的得分总体上较高。主要是因为:棉花进口依存度 1995 年到 2011 年间呈逐年上升趋势,从 1995 年的 15% 增长到 2011 年的 65%,2012 年以后棉花进口依存度呈下降趋势,2018 年为 21%;棉花进口量在 1995—2002 年间相对平稳,略有下降,但 2003 年到 2012 年基本保持增长态势,在大部分年份保持较高的增长率,2013 年后进口增长率较低。进口的波动幅度较大,而且棉花的进口市场集中度相对较高,近年进口市场集中度有所下降,主要集中在美国、澳大利亚、乌兹别克斯坦、印度等国家,这些国家都是世界的主要产棉地及出口国,且多数年份中国对以上国家的总体进口比重超过了 70%。

表 7-29 基于层次分析法的 1995—2020 年棉花产业安全度估算

年份	1995	1996	1997	1998	1999	2000	2001	2002	2003	2004	2005	2006	2007
资源安全	12.3	10.6	8.2	8.2	9.8	11.4	13.1	13.1	12.3	14.7	12.3	13.9	13.9
市场安全	20.3	28.7	28.1	28.2	20.4	27.0	23.9	22.8	25.8	29.7	25.5	23.3	22.4
进口安全	26.3	38.4	36.6	46.1	44.5	32.7	44.1	34.1	25.8	31.0	29.1	27.5	46.4
综合得分	58.9	77.7	72.8	82.5	74.7	71.1	81.1	70.0	63.9	75.4	66.8	64.7	82.6
安全状态	轻度危险	基本安全	基本安全	基本安全	基本安全	基本安全	基本安全	基本安全	轻度危险	基本安全	基本安全	轻度危险	基本安全
年份	2008	2009	2010	2011	2012	2013	2014	2015	2016	2017	2018	2019	2020
资源安全	13.9	10.6	10.6	11.4	8.2	8.2	7.4	5.7	6.5	9.0	9.0	9.0	9.8
市场安全	26.3	21.8	21.9	12.3	27.0	27.8	27.1	20.9	28.4	29.2	26.5	28.7	25.8
进口安全	43.3	41.8	28.6	29.8	14.3	35.2	44.7	44.4	44.0	41.0	34.2	46.4	34.2
综合得分	83.6	74.2	61.2	53.6	49.4	71.2	79.1	71.0	74.4	79.2	69.6	84.1	69.8
安全状态	基本安全	基本安全	轻度危险	轻度危险	轻度危险	基本安全	基本安全	基本安全	基本安全	基本安全	基本安全	基本安全	基本安全

注:[0,25]表示高度危险状态,[26,45]表示中度危险状态,[46,65]表示轻度危险状态,[66,85]表示基本安全状态,[86,100]表示安全状态。

二、基于熵权法的棉花产业安全度估算

利用前面建立的指标体系,共有 9 个评价指标,26 个年份的评价对象。对原始数据进行标准化,结果见表 7 - 30。

表 7 - 30　棉花产业安全评价指标标准化处理后的数据

	库存消费比	自给率	生产波动系数	需求波动系数	价格波动系数	进口依存度	进口增长率	进口波动系数	进口市场集中度
1995	0.389	1.000	0.289	0.000	0.743	0.767	0.349	0.000	0.507
1996	0.481	0.712	0.971	0.514	0.935	0.727	1.000	0.561	0.566
1997	0.649	0.966	0.845	0.810	0.869	0.863	1.000	0.582	0.535
1998	0.748	0.979	0.905	0.288	0.955	0.980	1.000	0.744	0.526
1999	0.506	0.462	0.152	0.416	0.778	1.000	1.000	0.569	0.846
2000	0.377	0.528	0.465	0.423	0.955	0.993	0.451	0.604	1.000
2001	0.302	0.646	0.962	0.494	0.745	0.981	1.000	0.541	0.641
2002	0.220	0.488	0.877	0.669	0.716	0.840	1.000	0.542	0.732
2003	0.226	0.311	0.467	0.618	0.922	0.563	1.000	0.832	0.647
2004	0.155	0.389	0.787	0.939	1.000	0.741	0.000	0.921	0.636
2005	0.170	0.108	0.782	0.474	0.803	0.316	1.000	0.840	0.692
2006	0.116	0.260	0.426	0.191	0.811	0.664	1.000	0.624	0.473
2007	0.113	0.300	0.351	0.289	0.856	0.637	1.000	0.979	0.342
2008	0.159	0.467	0.458	0.974	0.930	0.753	1.000	0.897	0.211
2009	0.032	0.086	0.938	0.228	0.722	0.668	0.769	0.775	0.535
2010	0.000	0.126	0.763	0.613	0.690	0.602	0.195	0.992	0.303
2011	0.347	0.531	0.758	0.653	0.000	0.855	0.920	0.358
2012	0.689	0.666	0.551	0.510	0.983	0.127	0.464	0.570	0.402
2013	0.936	0.626	0.743	0.418	0.967	0.369	0.826	0.715	0.349
2014	1.000	0.487	1.000	0.484	0.926	0.634	1.000	0.928	0.327
2015	0.793	0.035	0.000	0.713	0.759	0.818	0.711	0.814	0.518
2016	0.568	0.000	0.185	1.000	0.835	0.805	0.695	0.723	0.714
2017	0.411	0.139	0.950	0.660	0.999	0.791	0.897	0.779	0.432
2018	0.397	0.195	0.951	0.790	0.853	0.628	0.516	0.985	0.256
2019	0.524	0.410	0.963	0.528	0.962	0.671	0.969	1.000	0.387
2020	0.437	0.264	0.556	0.674	0.894	0.537	0.844	0.851	0.000

使用熵权法确定各评价指标的权重,结果见表 7-31。

表 7-31　基于熵权法的棉花产业安全评价各指标权重

指标	库存消费比	自给率	生产波动系数	需求波动系数	价格波动系数	进口增长率	进口波动系数	进口依存度	进口市场集中度
权重	0.109	0.109	0.111	0.111	0.112	0.112	0.112	0.112	0.111

熵权法赋权是一种客观赋权方法,其充分考虑了已有信息的多少和质量,并克服了层次分析法确定指标权重时主观因素的影响。从上面的结果可以看出,对中国棉花产业安全影响比较大的因素依次是价格波动系数、进口波动系数、进口依存度。这与实际情况是相吻合的。基于熵权法的棉花的产业安全度具体计算结果见表 7-32。

表 7-32　基于熵权法的 1995—2020 年棉花产业安全度估算

年份	1995	1996	1997	1998	1999	2000	2001	2002	2003	2004	2005	2006	2007
资源安全	16.4	14.2	10.9	10.9	13.1	15.3	17.5	17.5	16.4	19.7	16.4	18.6	18.6
市场安全	22.3	31.2	32.3	30.1	23.4	29.0	27.9	27.9	29.0	33.5	29.0	25.7	24.6
进口安全	16.7	26.8	24.5	32.4	31.2	23.4	30.1	23.4	21.2	25.7	24.6	19.0	36.9
综合得分	55.4	72.2	67.8	73.4	67.8	67.7	75.5	68.8	66.6	78.8	70.0	63.2	80.0
安全状态	轻度危险	基本安全	基本安全	基本安全	基本安全	基本安全	基本安全	基本安全	基本安全	基本安全	基本安全	轻度危险	基本安全
年份	2008	2009	2010	2011	2012	2013	2014	2015	2016	2017	2018	2019	2020
资源安全	18.6	14.2	14.2	15.3	10.9	10.9	9.8	7.6	8.7	12.0	12.0	12.0	13.1
市场安全	30.1	25.6	26.8	20.0	29.0	30.1	30.1	24.5	27.9	32.4	31.2	31.2	29.0
进口安全	32.4	31.3	23.5	26.8	11.2	26.8	34.6	32.4	32.4	29.0	26.8	36.9	24.6
综合得分	81.1	71.1	64.4	62.1	51.1	67.8	74.6	64.6	69.0	73.4	70.1	80.1	66.7
安全状态	基本安全	基本安全	轻度危险	轻度危险	轻度危险	基本安全	基本安全	轻度危险	基本安全	基本安全	基本安全	基本安全	基本安全

注:[0,25]表示高度危险状态,[26,45]表示中度危险状态,[46,65]表示轻度危险状态,[66,85]表示基本安全状态,[86,100]表示安全状态。

可以看出,中国棉花产业安全得分值大多数年份处于 60～80 分之间,处于基本安全状态,但棉花产业安全状态分数值总体上都不高。在测算的 26 年中,得分最低的是 2012 年得分 51.1 分,得分最高的是 2008 年得分 81.1 分,平均得分 69.4 分。1995 年、2006 年、2010 年、2011 年、2012 年、

2015 年处于轻度危险状态,其余都是基本安全状态。中国棉花产业安全的得分年度之间波动较大,总体上产业安全的得分处于下降态势。

三、基于等权法的棉花产业安全度估算

利用前面建立的指标体系,共有 9 个评价指标,26 个年份的评价对象。棉花产业安全指标的取值区间及基准表、得分值在前面已经得出,1995—2020 年中国棉花各指标的权重为 1/9。故中国棉花资源安全、进口安全、市场安全的得分值及安全状态综合分数值可以计算得出。

计算后得出基于等权法的中国棉花产业安全的结果,见表 7 - 33。

可以看出,中国棉花产业得分值大多数年份处于 60~80 分之间,处于基本安全状态。1995 年、2006 年、2010 年、2011 年、2012 年、2015 年处于轻度危险状态,其余都是基本安全状态。在测算的 26 年中,得分最低的是 2012 年年得分 51.1 分,得分最高的是 2008 年得 81.1 分,平均得分 69.4 分。

表 7 - 33　基于等权法的 1995—2020 年棉花产业安全度估算

年份	1995	1996	1997	1998	1999	2000	2001	2002	2003	2004	2005	2006	2007
资源安全	16.7	14.4	11.1	11.1	13.3	15.6	17.8	17.8	16.7	20.0	16.7	18.9	18.9
市场安全	22.2	31.1	32.2	30.0	23.3	28.9	27.8	27.8	28.9	33.3	28.9	25.6	24.4
进口安全	16.7	26.7	24.4	32.2	31.1	23.3	30.0	23.3	21.1	25.6	24.4	18.9	36.7
综合得分	55.6	72.2	67.8	73.3	67.8	67.8	75.6	68.9	66.7	78.9	70.0	63.3	80.0
安全状态	轻度危险	基本安全	基本安全	基本安全	基本安全	基本安全	基本安全	基本安全	基本安全	基本安全	基本安全	轻度危险	基本安全
年份	2008	2009	2010	2011	2012	2013	2014	2015	2016	2017	2018	2019	2020
资源安全	18.9	14.4	14.4	15.6	11.1	11.1	10.0	7.8	8.9	12.2	12.2	12.2	13.3
市场安全	30.0	25.6	26.7	20.0	28.9	30.0	30.0	24.4	27.8	32.2	31.1	31.1	28.9
进口安全	32.2	31.1	23.3	26.7	11.1	26.7	34.4	32.2	32.2	28.9	26.7	36.7	24.4
综合得分	81.1	71.1	64.4	62.2	51.1	67.8	74.4	64.4	68.9	73.3	70.0	80.0	66.7
安全状态	基本安全	基本安全	轻度危险	轻度危险	轻度危险	基本安全	基本安全	轻度危险	基本安全	基本安全	基本安全	基本安全	基本安全

注:[0,25]表示高度危险状态,[26,45]表示中度危险状态,[46,65]表示轻度危险状态,[66,85]表示基本安全状态,[86,100]表示安全状态。

四、基于灰色关联度分析法的棉花产业安全度估算

利用前面介绍的灰色关联度分析法,评价棉花的产业安全状况。资源

安全方面,库存消费比采用 0.30 的比值作为最优取值,自给率取值越高越安全。产量波动系数、需求量波动系数、市场价格波动系数都是绝对值越小越好。进口依存度值越高,产业的安全度就越低;进口增长速度越快,对产业安全的影响越大;进口波动系数的绝对值越小,说明指标的稳定性越好;进口市场集中度(CR4)太高或太低都不好,这里选取 CR4＝55％作为最优市场集中度的数值。各评价指标的权重根据等权法得到。进一步求得最高层指标棉花产业安全度不同评价单元的关联度,具体见表 7－34。

表 7－34　基于灰色关联度分析法的棉花产业安全评价输出结果

年份	1995	1996	1997	1998	1999	2000	2001	2002	2003
关联度 R	0.763	0.771	0.774	0.730	0.650	0.635	0.645	0.627	0.745
安全状态	基本安全	基本安全	基本安全	基本安全	基本安全	轻度危险	轻度危险	轻度危险	基本安全
年份	2004	2005	2006	2007	2008	2009	2010	2011	2012
关联度 R	0.639	0.624	0.716	0.732	0.657	0.700	0.660	0.682	0.736
安全状态	轻度危险	轻度危险	基本安全	基本安全	基本安全	基本安全	基本安全	基本安全	基本安全
年份	2013	2014	2015	2016	2017	2018	2019	2020	
关联度 R	0.796	0.763	0.672	0.634	0.699	0.765	0.672	0.796	
安全状态	基本安全	基本安全	基本安全	轻度危险	基本安全	基本安全	基本安全	基本安全	

注:此处如果关联度取值处于[0,0.25)表示高度危险状态,处于[0.25,0.45)表示中度危险状态,处于[0.45,0.65)表示轻度危险状态,处于[0.65,0.85)表示基本安全状态,处于[0.85,1]表示安全状态。

可以看出,测评的 26 年棉花的产业安全状态大部分年份为基本安全状态,少数年份为轻度危险。

第四节　中国食糖产业安全度估算

这里使用本书第六章建立的重点农产品产业安全评价指标体系,并分别采用层次分析法、熵权法、等权法、灰色关联度分析法等方法,全方位对开放环境下食糖产业安全的状况进行评价。

一、基于层次分析法的食糖产业安全度估算

1995—2020 年中国重点农产品各指标的安全状态分数值及权重已求出(见本书第六章),故中国重点农产品资源安全、市场安全、进口安全的得分值及安全状态综合分数值可以计算得出。食糖的产业安全度具体计算结果见表 7–35。

表 7–35　1995—2020 年食糖产业安全度估算

年份	1995	1996	1997	1998	1999	2000	2001	2002	2003	2004	2005	2006	2007
资源安全	13.9	15.5	16.3	14.7	16.3	12.3	9.0	9.0	12.3	12.3	10.6	13.9	15.5
市场安全	22.8	24.9	24.0	27.5	19.9	25.0	25.7	21.0	19.9	20.1	25.6	22.8	24.9
进口安全	14.9	43.6	42.0	43.4	41.7	29.4	28.3	42.8	44.5	32.8	42.1	14.9	43.6
综合得分	51.6	84.0	82.3	85.5	78.0	66.6	62.9	72.9	76.7	65.1	78.4	77.6	77.5
安全状态	轻度危险	基本安全	基本安全	安全	基本安全	基本安全	轻度危险	基本安全	基本安全	基本安全	基本安全	基本安全	基本安全
年份	2008	2009	2010	2011	2012	2013	2014	2015	2016	2017	2018	2019	2020
资源安全	14.7	13.9	9.8	9.0	13.9	15.5	13.9	11.4	10.6	11.4	13.1	13.9	13.1
市场安全	20.7	25.1	22.4	17.6	24.9	27.9	27.1	23.3	25.5	27.9	25.0	28.1	29.7
进口安全	42.2	31.8	38.2	29.4	28.0	30.5	41.5	26.6	37.5	39.1	34.1	34.3	24.9
综合得分	77.6	70.8	70.4	56.0	66.8	73.9	82.4	61.3	73.6	78.5	72.1	76.2	67.7
安全状态	基本安全	基本安全	基本安全	轻度危险	基本安全	基本安全	基本安全	轻度危险	基本安全	基本安全	基本安全	基本安全	基本安全

注:[0,25]表示高度危险状态,[26,45]表示中度危险状态,[46,65]表示轻度危险状态,[66,85]表示基本安全状态,[86,100]表示安全状态。

可以看出,中国食糖产业安全状态分数值总体上不高,低于粮食的产业安全得分,但高于大豆和棉花的产业安全得分。可以看出,在测算的 26 年中,处于安全状态有 1998 年,1995 年、2001 年、2011 年、2015 年处于轻度危险状态,其余 21 年都是处于基本安全状态。得分最低的是 1995 年得分 51.6 分,得分最高的是 1998 年得分 85.5 分,平均得分 72.6 分。中国食糖产业安全的得分年度之间的波动较大。

分指标方面,食糖资源安全得分情况低于小麦、玉米和稻谷,但高于大豆和棉花的资源安全得分。总体得分较高,但年度之间的波动较大,近年得分略有下降。主要原因在于中国食糖的自给率处于较高水平,大部分年份保持在 80% 以上,而且食糖的库存消费比一直不高,且从 1995 年开始下

降,从 1995 年的 0.40 下降到 2011 年的 0.12,2012 年以后食糖库存出现较大增长,2015 年的库存消费比升高到了 0.666 的高位。

食糖市场安全方面的得分较低,是所有重点农产品中得分最低的,且年度之间的波动性较大。主要原因在于:食糖的生产年度之间波动性较大,而消费处于稳定增长状态;在价格方面,国际食糖市场价格在 1995 年以来一直波动较大,尤其是 2009 年以来食糖价格先出现较大的增长,又出现较大回落,得分较低。

进口安全方面,食糖进口安全得分低于小麦和玉米,但高于大豆、棉花和稻谷。年度之间的得分差距较大,出现较大的波动,近年有逐渐下降的趋势。主要是因为:食糖进口依存度在 2011 年以后迅速上升,从 2010 年的 8%增长到 2016 年的 39%;食糖进口量在 2009 年以后出现大幅度增长。进口的波动幅度较大,而且食糖的进口市场集中度相对较高,主要自巴西、古巴、泰国、韩国、澳大利亚等国,来自前四大市场的份额在大部分年份超过 80%,尤其是巴西、古巴、泰国所占份额比较高。2020 年巴西的市场份额达到 74.6%。

二、基于熵权法的食糖产业安全度估算

利用前面建立的指标体系,共有 9 个评价指标,26 个年份的评价对象。对原始数据进行标准化,结果见表 7-36。

表 7-36 中国食糖产业安全评价指标标准化处理后的数据

	库存消费比	自给率	生产波动系数	需求波动系数	价格波动系数	进口依存度	进口增长率	进口波动系数	进口市场集中度
1995	0.568	0.405	0.941	0.434	0.527	0.000	0.401	0.000	0.371
1996	0.451	0.477	0.931	0.750	0.666	0.630	0.622	0.982	0.105
1997	0.456	0.680	0.773	0.881	0.661	0.838	0.757	0.671	0.093
1998	0.360	0.709	0.605	0.418	0.940	1.000	0.751	0.439	0.121
1999	0.513	0.907	0.653	0.567	0.372	0.969	0.927	0.419	0.309
2000	0.260	0.455	0.422	0.228	0.861	0.927	0.657	0.724	0.340
2001	0.091	0.403	0.255	0.000	0.959	0.833	0.420	0.684	0.279
2002	0.053	0.580	0.623	0.270	0.483	0.787	1.000	0.734	0.095
2003	0.204	0.859	0.541	0.759	0.439	0.936	0.782	0.858	0.072
2004	0.230	0.649	0.915	0.667	0.340	0.873	0.639	0.873	0.401

续表

	库存消费比	自给率	生产波动系数	需求波动系数	价格波动系数	进口依存度	进口增长率	进口波动系数	进口市场集中度
2005	0.154	0.533	0.685	0.764	0.725	0.845	0.911	0.815	0.740
2006	0.000	0.458	0.463	0.429	0.646	0.871	0.992	1.000	0.355
2007	0.071	0.699	0.714	0.469	0.443	0.868	0.931	0.871	0.727
2008	0.359	1.000	0.000	0.288	0.706	0.954	0.778	0.466	0.522
2009	0.330	0.637	0.741	0.441	0.746	0.941	0.769	0.566	0.257
2010	0.171	0.417	0.757	0.861	0.480	0.871	0.941	0.543	0.073
2011	0.090	0.418	0.697	0.768	0.000	0.774	0.000	0.852	0.000
2012	0.381	0.546	1.000	0.711	0.583	0.436	0.820	0.645	0.069
2013	0.643	0.653	0.521	0.928	1.000	0.564	0.867	0.470	0.086
2014	0.977	0.662	0.376	0.946	0.951	0.505	0.852	0.969	0.113
2015	1.000	0.244	0.838	0.877	0.562	0.410	0.746	0.568	0.272
2016	0.902	0.000	0.375	0.854	0.808	0.276	0.763	0.924	0.146
2017	0.727	0.043	0.526	1.000	0.979	0.472	0.841	0.643	0.627
2018	0.590	0.153	0.909	0.991	0.677	0.510	0.861	0.768	1.000
2019	0.465	0.199	0.869	0.990	0.811	0.549	0.869	0.903	0.422
2020	0.387	0.189	0.885	0.684	0.940	0.499	0.636	0.758	0.185

使用熵权法确定各评价指标的权重,结果见表7-37。

表7-37　基于熵权法的中国食糖产业安全评价各指标权重

指标	库存消费比	自给率	生产波动系数	需求波动系数	价格波动系数	进口增长率	进口波动系数	进口依存度	进口市场集中度
权重	0.109	0.109	0.112	0.112	0.112	0.112	0.113	0.112	0.108

从上面的结果可以看出,对中国食糖产业安全影响比较大的因素依次是进口波动系数、进口增长率、进口依存度等。这与实际情况是相吻合的。

食糖产业安全指标的取值区间及基准表、得分值在前面已经得出,1995—2020年中国食糖各指标的权重也已经求出,故中国食糖资源安全、市场安全、进口安全的得分值及安全状态综合分数值可以计算得出。食糖的产业安全度具体计算结果见表7-38。

表 7‐38　基于熵权法的 1995—2020 年食糖产业安全度估算

年份	1995	1996	1997	1998	1999	2000	2001	2002	2003	2004	2005	2006	2007
资源安全	18.6	20.7	21.8	19.7	21.8	16.4	12.0	12.0	16.4	16.4	14.2	10.9	13.1
市场安全	28.0	30.3	29.1	30.3	25.8	28.0	28.0	25.8	25.8	26.9	30.3	25.8	25.8
进口安全	9.9	31.4	26.9	26.9	27.9	18.9	17.8	28.1	30.3	23.4	32.3	35.8	36.8
综合得分	56.5	82.4	77.9	76.8	75.5	63.3	57.9	65.8	72.5	66.7	76.7	72.5	75.7
安全状态	轻度危险	基本安全	基本安全	基本安全	基本安全	轻度危险	轻度危险	基本安全	基本安全	基本安全	基本安全	基本安全	基本安全
年份	2008	2009	2010	2011	2012	2013	2014	2015	2016	2017	2018	2019	2020
资源安全	19.7	18.6	13.1	12.0	18.6	20.7	18.6	15.3	14.2	15.3	17.5	18.6	17.5
市场安全	23.5	29.1	28.0	24.6	30.3	31.4	30.3	29.1	29.1	31.4	30.3	32.5	33.6
进口安全	29.0	20.1	23.6	18.0	17.9	19.0	31.4	17.9	28.1	30.1	28.8	26.8	16.8
综合得分	72.2	67.8	64.7	54.6	66.8	71.1	80.2	62.3	71.4	76.8	76.6	77.9	67.9
安全状态	基本安全	基本安全	轻度危险	轻度危险	基本安全	基本安全	基本安全	轻度危险	基本安全	基本安全	基本安全	基本安全	基本安全

注:[0,25]表示高度危险状态,[26,45]表示中度危险状态,[46,65]表示轻度危险状态,[66,85]表示基本安全状态,[86,100]表示安全状态。

可以看出,中国食糖产业安全得分值大多数年份处于 60～80 分之间,处于基本安全状态,但食糖产业安全状态分数值总体上都不高。在测算的 26 年中,得分最低的是 2011 年得分 54.6 分,得分最高的是 1996 年得分 82.4 分,平均得分 70.4 分。1995 年、2000 年、2001 年、2010 年、2011 年处于轻度危险状态,其余年份都是基本安全状态。中国食糖产业安全的得分年度之间的波动较大,近年总体上产业安全的得分处于上升态势。

三、基于等权法的食糖产业安全度估算

利用前面建立的指标体系,共有 9 个评价指标,26 个年份的评价对象。食糖产业安全指标的取值区间及基准表、得分值在前面已经得出,1995—2020 年中国食糖各指标的权重为 1/9。故中国食糖资源安全、市场安全、进口安全的得分值及安全状态综合分数值可以计算得出。计算后得出中国食糖产业安全的结果见表 7‐39。

可以看出,中国食糖产业安全得分值大多数年份处于 60～80 分之间,处于基本安全状态,但食糖产业安全状态分数值总体上都不高。在测算的

26 年中,得分最低的是 2011 年得分 54.4 分,得分最高的是 1996 年得分
82.2 分,平均得分 70.3 分。1995 年、2000 年、2001 年、2010 年、2011 年、
2015 年处于轻度危险状态,其余年份都是基本安全状态。

表 7 – 39　基于等权法的 1995—2020 年食糖产业安全度估算

年份	1995	1996	1997	1998	1999	2000	2001	2002	2003	2004	2005	2006	2007
资源安全	18.9	21.1	22.2	20.0	22.2	16.7	12.2	12.2	16.7	16.7	14.4	11.1	13.3
市场安全	27.8	30.0	28.9	30.0	25.6	27.8	27.8	25.6	25.6	26.7	30.0	25.6	25.6
进口安全	10.0	31.1	26.7	26.7	27.8	18.9	17.8	27.8	30.0	23.3	32.2	35.6	36.7
综合得分	56.7	82.2	77.8	76.7	75.6	63.3	57.8	65.6	72.2	66.7	76.7	72.2	75.6
安全状态	轻度危险	基本安全	基本安全	基本安全	基本安全	轻度危险	轻度危险	基本安全	基本安全	基本安全	基本安全	基本安全	基本安全
年份	2008	2009	2010	2011	2012	2013	2014	2015	2016	2017	2018	2019	2020
资源安全	20.0	18.9	13.3	12.2	18.9	21.1	18.9	15.6	14.4	15.6	17.8	18.9	17.8
市场安全	23.3	28.9	27.8	24.4	30.0	31.1	30.0	28.9	28.9	31.1	30.0	32.2	33.3
进口安全	28.9	20.0	23.3	17.8	17.8	18.9	31.1	17.8	27.8	30.0	28.9	26.7	16.7
综合得分	72.2	67.8	64.4	54.4	66.7	71.1	80.0	62.2	71.1	76.7	76.7	77.8	67.8
安全状态	基本安全	基本安全	轻度危险	轻度危险	基本安全	基本安全	基本安全	轻度危险	基本安全	基本安全	基本安全	基本安全	基本安全

注:[0,25]表示高度危险状态,[26,45]表示中度危险状态,[46,65]表示轻度危险状态,[66,85]表
示基本安全状态,[86,100]表示安全状态。

四、基于灰色关联度分析法的食糖产业安全度估算

利用前面介绍的灰色关联度分析法,评价食糖的产业安全状况。库存
消费比采用 0.30 的比值作为库存消费比的最优取值;自给率取值越高越
安全。产量波动系数、需求量波动系数、市场价格波动系数都是绝对值越
小越好。进口依存度值越高,产业的安全度就越低;进口增长速度越快,
对产业安全的影响越大;进口波动系数的绝对值越小,说明指标的稳定
性越好;进口市场集中度(CR4)太高或太低都不好,这里选取 CR4 =
55% 作为最优市场集中度的数值。各评价指标的权重根据等权法得到。
进一步求得最高层指标食糖产业安全度不同评价单元的关联度,具体见
表 7 – 40。

表 7 - 40　基于灰色关联度分析法的食糖产业安全评价输出结果

年份	1995	1996	1997	1998	1999	2000	2001	2002	2003
关联度 R	0.644	0.787	0.693	0.668	0.702	0.725	0.705	0.761	0.781
安全状态	轻度危险	基本安全	基本安全	基本安全	基本安全	基本安全	基本安全	基本安全	基本安全
年份	2004	2005	2006	2007	2008	2009	2010	2011	2012
关联度 R	0.694	0.807	0.763	0.793	0.705	0.662	0.665	0.713	0.743
安全状态	基本安全	基本安全	基本安全	基本安全	基本安全	基本安全	基本安全	基本安全	基本安全
年份	2013	2014	2015	2016	2017	2018	2019	2020	
关联度 R	0.748	0.780	0.632	0.687	0.642	0.686	0.726	0.734	
安全状态	基本安全	基本安全	轻度危险	基本安全	轻度危险	基本安全	基本安全	基本安全	

注:此处如果关联度取值处于[0,0.25)表示高度危险状态,处于[0.25,0.45)表示中度危险状态,处于[0.45,0.65)表示轻度危险状态,处于[0.65,0.85)表示基本安全状态,处于[0.85,1]表示安全状态。

可以看出,测评的 26 年中,食糖的产业安全状态大部分年份为基本安全状态,少数年份为轻度危险。

第五节　对重点农产品产业安全度的比较分析

前面采用了层次分析法、熵权法、等权法、灰色关联度分析法把各产品的产业安全状况进行了分析,下面把几种产品产业安全状况进行比较。

一、三大主粮产业安全状态的比较

这里把基于层次分析法的三大主粮的产业安全得分值进行对比,见图 7 - 1 所示。

可以看出,三大主粮产业安全评估的得分变化趋势基本相同,但不同年份之间的起伏比较大,大部分年份的得分在 60~80 分之间。得分较低的年份为 1995 年、2000 年、2006 年、2012 年和 2015 年。得分较高的年份为 1996 年、2001 年、2003 年、2007 年、2008 年和 2014 年。

三大主粮产业安全得分年度之间有一定的波动性,大部分年份处于基本安全状态。产业安全度得分总体上处于上升趋势。

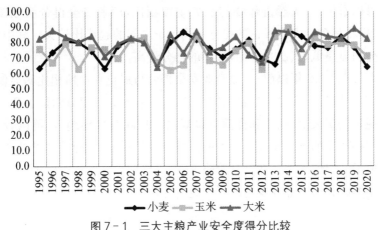

图 7-1 三大主粮产业安全度得分比较

进口增长对三大主粮产业安全造成了一定的冲击。三大主粮进口安全的得分近年下降比较明显。进口增长、进口波动、进口市场过于集中等因素对产业安全造成了一定的冲击。通过分析三大主粮进口规模的现状及变动趋势,可以看出总体上中国粮食的进口规模是扩大的。国际粮食价格的波动也影响国内粮食市场的稳定性。随着中国粮食的国际化程度的提高,面临国际市场激烈的竞争,中国粮食逐渐表现出较弱的国际市场竞争力。

二、大豆、棉花和食糖产业安全状态的比较

这里把基于层次分析法的大豆、棉花和食糖的产业安全得分值进行对比,见图 7-2 所示。

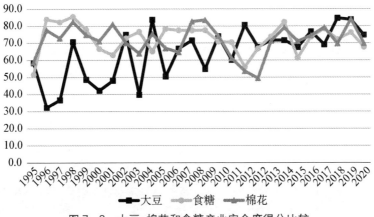

图 7-2 大豆、棉花和食糖产业安全度得分比较

可以看出,三大经济作物与三大主粮相比,产业安全得分明显偏低。大豆、棉花和食糖安全评估的得分不同年份之间的起伏比较大。其中大豆的得分明显更低,其次是食糖,棉花的得分最高。

尤其在 2008 年以前,大豆产业安全得分与棉花和食糖相比明显偏低,但 2008 年以后三大经济作物的得分开始趋同,大豆的得分明显上升。

通过分析大豆、棉花和食糖进口规模的现状及变动趋势,可以看出总体上三种产品的进口规模是扩大的。进口增长对大豆、棉花和食糖产业安全造成了一定的冲击。尤其是价格波动、进口增长、进口波动、进口市场过于集中等因素对产业安全造成了一定的冲击。

第八章　重点农产品进口对产业
安全影响的实证分析

随着中国农业对外开放程度的提高,重点农产品进口已经成为保障农业产业安全的重要途径。本章将实证分析进口对产业安全的影响,验证进口对农业产业安全带来的是促进作用还是抑制效果,以期充分利用国际市场农业资源,有效满足国内需求,稳定国内重点农产品市场价格。同时也应该注意防范进口增长对农业产业安全可能造成的冲击。

第一节　重点农产品进口对产业安全影响的路径分析

本书第二章已经分析了重点农产品进口影响产业安全的机理及作用机制,本部分将进行验证性分析,使用的验证工具为结构方程模型(structural equation modeling,SEM),这个模型也被称为潜在变量模型(latent variable models,LVM)。通常结构方程模型属于多变量分析,其整合了路径分析(path analysis)与因素分析(factor analysis)两种方法,同时检验模型中包含的显性变量、潜在变量、干扰或误差变量间的关系,进而获得自变量对因变量的直接效果、间接效果或总效果(吴明隆,2010)。在SEM的分析软件中,AMOS软件的使用最为普及,其可以进行各种SEM模型的分析,也可以进行多群组分析、因素结构不变性检验等。本部分的检验使用AMOS26版本进行数据的处理和分析。SEM的方程式中包含随机变量、结构参数等。随机变量包含三种类型:观察变量、潜在变量和干扰或误差变量。SEM必须建立在一定的理论之上,是一种验证性而非探索性的统计方法。与传统的统计方法相比,可以同时估计模型中的测量指标和潜在变量,并关注协方差的运用。

一、路径分析模型的构建

在结构方程模型中,如果各潜在变量均只有一个观察变量或者测量指标,那么所有的测量指标均能 100% 地解释潜在变量的变异,这种结构模型即为路径分析模型。

(一)建立模型的路径图

通过前面的进口影响农业产业安全的理论分析发现,农产品进口对农产品生产的影响是直接的,其一方面会影响农产品生产的数量和质量,另一方面影响农产品生产的结构,促进农业生产结构的优化与调整,同时影响整个农业价值链,但除了对农业生产的影响外,重点农产品进口会影响农产品的消费结构,有利于扩大消费,增加消费者的福利,保障农产品供应,更好地满足消费需求。重点农产品进口对市场也会产生明显的影响,尤其是中国在国际大宗农产品价格形成中缺少话语权,进口波动对国际价格产生影响,进口贸易中存在着一定的"大国效应",以及如果进口依赖程度过高会增加供给的不确定性。由此,大量进口影响产业生存与发展的外部环境,对农业产业安全可能会存在冲击。

本章最初构建的重点农产品产业安全影响的研究模型见图 8-1 所示。这个模型表示的路径分析中的因果关系只有单一方向,因此属于递归模型。

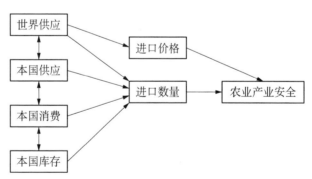

图 8-1 重点农产品产业安全影响路径的初始研究模型

(二)基本假设

在第二章的定性研究的基础上,这里分别围绕世界农产品供应、中国农产品供应、中国农产品库存、中国农产品消费对中国农产品进口数量、进口价格的影响,以及这些因素对农业产业安全的影响提出假设:

假设 H11:世界农产品供应对进口价格有负向影响;

假设 H12:本国农产品供应对进口数量有负向影响;

假设 H13：本国农产品消费对进口数量有正向影响；

假设 H14：本国农产品库存对进口数量有负向影响；

假设 H21：进口价格对农业产业安全有负向影响；

假设 H22：进口数量对农业产业安全有负向影响。

（三）数据来源及处理

世界农产品供应数据来自美国农业部，本国农产品供应数据来自国家统计局，农产品进口数量来自联合国 Comtrade 数据库，农产品进口价格数据来自联合国贸易和发展会议，中国农产品库存和消费数据均来自美国农业部，农业产业安全数据采用本书第七章按照熵权法计算的农业产业安全水平数据。

二、三大主粮产业安全影响路径模型运行结果及分析

由于中国三大主粮进口受到严格的关税配额限制，而且大部分年份进口量与国内生产量相比数量比较小。因此三大主粮生产和消费受到进口冲击相对是比较小的。在进行路径分析时，本章把三大主粮放在一起进行分析。可以看出，三大主粮的世界供应与本国的供应情况，共同影响粮食的进口数量、进口价格、中国粮食的库存以及中国粮食的消费，而这些因素又共同影响了三大主粮的产业安全水平。

（一）模型的适配度检验

这里使用 Amos 26 软件进行模型处理。内因变量进口数量、进口价格和产业安全分别设定残差变量，残差变量的回归系数设定为 1。四个外因变量世界农产品供应、本国农产品供应、本国农产品消费、本国农产品库存彼此间有相关，以双箭头绘制变量间的关系。

首先对原始的路径进行适配度检验，检验结果发现模型适配度不好，需要对模型进行调整。这里调整的思路是删除不显著的影响路径，调整以后的影响路径图见图 8-2。

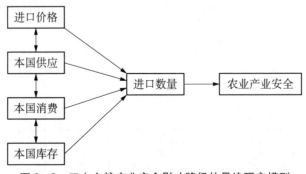

图 8-2　三大主粮产业安全影响路径的最终研究模型

运行模型后,再次检查一下模型的适配度情况,结果见表 8 - 1。

表 8 - 1 模型的统计结果

统计量	卡方值	自由度	P 值	GFI	RMSEA	NFI	CFI	TLI	RFI
指标	12.909	4	0.012	0.951	0.170	0.945	0.959	0.847	0.792

通过比较各统计结果,卡方值/自由度的结果小于 5,其他的统计指标大部分通过检验,整体上模型的拟合度好,因此可以进行路径分析。

(二) 参数估计结果

模型为递归模型,参数摘要表中显示,观察的内因变量有进口数量(import)和农业产业安全(safe)两个变量,观察的外因变量有进口价格(price)、本国供应(production)、本国库存(stock)、本国消费(consumption)四个变量,具体见表 8 - 2 所示。

表 8 - 2 参数摘要表

	权重 (Weights)	协方差 (Covariances)	方差 (Variances)	中数 (Means)	截距 (Intercepts)	合计
固定路径参数(Fixed)	2	0	0	0	0	2
标记参数(Labeled)	0	0	0	0	0	0
未标记参数(Unlabeled)	5	6	6	0	0	17
合计	7	6	6	0	0	19

参数摘要表中显示,回归系数共 7 个,固定路径系数参数 2 个,待估计的路径系数参数为 5 个,待估计的协方差为 6 个,待估计的方差 6 个。模型中的全部参数有 19 个,其中 2 个为固定参数,17 个为自由参数。

(三) 样本相关系数矩阵

样本数据所得的相关矩阵见表 8 - 3。可以看出,6 个变量呈现中度相关。

表 8 - 3 样本相关系数矩阵

	consumption	stock	price	production	import	safe
consumption	1.000					
stock	0.642	1.000				
price	−0.007	−0.198	1.000			
production	0.811	0.483	0.423	1.000		

	consumption	stock	price	production	import	safe
import	0.306	0.420	0.013	0.144	1.000	
safe	0.008	0.090	0.242	0.203	−0.212	1.000

条件数＝35.943。

(四) 各路径回归系数值

这里采用极大似然法来估计各路径系数值,见表8-4所示。可以看出,一共存在5个直接效果的路径,其路径系数均达到显著。Estimate表示的是非标准化的回归系数值,S.E.表示估计值的标准误,C.R.栏为临界比,如果临界比的绝对值大于1.96,则表示估计值达到0.05的显著性水平。从表8-4中可以看出,除了进口数量对产业安全的影响在0.10的显著性水平下是显著的,其余路径均达到了0.01的显著性水平。

表8-4　各路径回归系数值

			估计值 (Estimate)	标准误 (S.E.)	临界比值 (C.R.)	P值
import	<———	production	−0.040	0.012	−3.417	＊＊＊
import	<———	price	0.901	0.284	3.167	0.002
import	<———	stock	0.025	0.007	3.672	＊＊＊
import	<———	consumption	0.039	0.013	3.009	0.003
safe	<———	import	−0.007	0.003	−1.905	0.057

注:＊＊＊表示P值小于0.001,达到了0.01的显著性水平。

本国产量对进口数量的影响为负向,即本国产量越高,进口越少。价格对进口的影响为正向,即价格越高,进口量越大,这与前文的假定正好相反。本国库存、本国消费对进口的影响也是正向的。进口数量对产业安全的影响是负向的,说明进口数量越大,产业安全水平越低。

(五) 路径拟合结果图

标准化的路径和结果图见图8-3所示。

可以看出,本国产量、进口价格、本国库存、本国消费对重点农产品进口都有显著的影响。本国产量对进口影响的直接效果为−0.83,进口价格对进口数量的直接效果为0.46,本国库存对进口数量的直接影响为0.48,本国消费对进口数量的直接影响为0.67,进口数量对产业安全的直接影

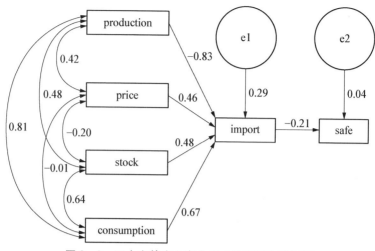

图 8-3 三大主粮产业安全影响的路径和结果图

响为 -0.21。

另外可以根据路径图计算各变量影响的间接效果。"本国生产"通过"进口数量"对"产业安全"的间接效果值 =(-0.83)×(-0.21)=0.174,"进口价格"通过"进口数量"对"产业安全"的间接效果值 =0.46×(-0.21)=-0.097,"本库存产"通过"进口数量"对"产业安全"的间接效果值 =0.48×(-0.21)=-0.101,"本国消费"通过"进口数量"对"产业安全"的间接效果值 =0.67×(-0.21)=-0.141。

三、大豆、棉花和食糖产业安全影响路径模型运行结果及分析

(一)影响路径模型的建立

棉花、大豆和食糖产业安全的影响因素与三大主粮稍有不同,尽管国家对棉花和食糖进口设定了一定的进口保护措施,但近年的进口量比较大,进口产品在消费中的占比较高,因此国内生产和消费对进口数量产生了一定的影响。这里把棉花、大豆和食糖放在一起建立路径图。由于在重点农产品的进口贸易中,中国的价格话语权不高,国内生产及进口对世界价格的影响不大,进口价格主要的影响因素是世界的供应。本书认为,棉花、大豆和食糖的世界供应、本国供应、本国消费、本国库存,共同影响进口数量。而进口价格和进口数量又共同影响了产业安全水平。本书最初构建的棉花、大豆和食糖的研究模型见图 8-4 所示。这个模型表示的路径分析中的因果关系只有单一方向,属于递归模型。

世界农产品供应数据来自美国农业部,本国农产品供应数据来自国家

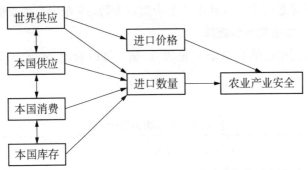

图 8-4　大豆、棉花和食糖产业安全影响路径的研究模型

统计局,农产品进口数量来自联合国商品贸易统计数据库,农产品进口价格数据来自联合国贸易和发展会议数据库,中国农产品库存和消费数据均来自美国农业部,农业产业安全数据采用本书第七章按照熵权法计算的农业产业安全水平数据。

这里使用 Amos 26 软件进行模型处理。内因变量进口数量、进口价格和产业安全分别设定残差变量,残差变量的回归系数设定为1。四个外因变量世界农产品供应、本国农产品供应、本国农产品消费、本国农产品库存彼此间有相关,以双箭头绘制变量间的关系。首先对原始的路径进行适配度检验,检验结果发现模型适配度较好,可以进行路径分析。

(二)参数估计结果

模型为递归模型,参数摘要表中显示,观察的内因变量有进口数量(import)、进口价格(price)和农业产业安全(safe)三个变量,观察的外因变量有世界供应(world)、本国供应(production)、本国库存(stock)、本国消费(consumption)四个变量。具体见表 8-5 所示。

表 8-5　参数摘要表

	权重 (Weights)	协方差 (Covariances)	方差 (Variances)	中数 (Means)	截距 (Intercepts)	合计
固定路径参数(Fixed)	3	0	0	0	0	3
标记参数(Labeled)	0	0	0	0	0	0
未标记参数(Unlabeled)	6	6	7	0	0	19
合计	9	6	7	0	0	22

参数摘要表中显示,回归系数共 6 个,固定路径系数参数 3 个,待估计的路径系数参数为 6 个,待估计的协方差 6 个,待估计的方差 7 个。模

型中的全部参数有 22 个,其中 3 个为固定参数,19 个为自由参数。

(三)样本相关系数矩阵

样本数据所得的相关矩阵见表 8-6。可以看出,7 个变量呈现中度相关。

表 8-6 样本相关系数矩阵

	consumption	stock	production	world	import	price	safe
consumption	1.000						
stock	0.341	1.000					
production	0.326	−0.434	1.000				
world	0.551	−0.384	0.843	1.000			
import	0.919	0.090	0.528	0.701	1.000		
price	0.361	−0.251	0.552	0.655	0.459	1.000	
safe	0.316	0.217	−0.042	−0.005	0.301	−0.375	1.000

(四)各路径回归系数值

这里采用极大似然法来估计各路径的系数值,见表 8-7 所示。可以看出,这里共有 6 个直接效果的路径,所有的路径系数均达到显著。Estimate 表示的是非标准化的回归系数值,S. E. 表示的是估计值的标准误,C. R. 栏为临界比,规定如果临界比的绝对值大于 1.96,那么就表示估计值达到 0.05 的显著性水平。从表 8-7 中可以看出,所有路径均达到 0.01 的显著性水平。

表 8-7 各路径回归系数值

			估计值 (Estimate)	标准误 (S. E.)	临界比值 (C. R.)	P 值
import	<---	production	0.991	0.269	3.681	＊＊＊
price	<---	World	0.011	0.001	7.597	＊＊＊
import	<---	stock	−0.271	0.079	−3.423	＊＊＊
import	<---	consumption	0.901	0.042	21.650	＊＊＊
safe	<---	price	−0.55	0.008	−6.677	＊＊＊
safe	<---	import	0.003	0.001	6.153	＊＊＊

注:＊＊＊表示 P 值小于 0.001,达到了 0.01 的显著性水平。

本国产量对进口数量的影响为正向,即本国产量越高,进口越大。世界供应对进口价格的影响为正向,库存水平对进口数量的影响为负向,即库存水平越高,进口量越小。本国消费对进口数量的影响也是正向的。进口数量对产业安全的影响是正向的,说明进口数量越大,产业安全水平越高;进口价格对产业安全的影响是负向的,说明进口价格越高,产业安全水平越低。

(五) 路径拟合结果图

标准化的路径和结果图见图 8-5 所示。

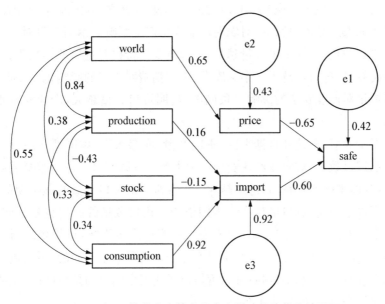

图 8-5　大豆、棉花和食糖产业安全影响的路径和结果图

可以看出,本国产量、本国库存、本国消费对重点农产品进口都有显著的影响。世界供应对进口价格有显著的影响。本国产量对进口数量影响的直接效果为 0.16,本国库存对进口数量的直接影响系数为 -0.15,本国消费对进口数量的直接影响系数为 0.92。世界供应对进口价格的直接影响系数为 0.65。进口数量对产业安全的直接影响系数为 0.60,进口价格对产业安全的直接影响系数为 -0.65。

另外可以根据路径图计算各变量影响的间接效果。"本国生产"通过"进口数量"对"产业安全"的间接效果值 =0.16×0.60 =0.096,"本国库存"通过"进口数量"对"产业安全"的间接效果值 =(-0.15)×0.60 = -0.09,"本国消费"通过"进口数量"对"产业安全"的间接效果值 =0.92× 0.60 =0.552,"世界供应"通过"进口价格"对"产业安全"的间接效果值 =

$0.65 \times (-0.65) = -0.4225$。

四、总结

在理论分析的基础上,本部分通过建立结构方程模型,验证了世界农产品生产、本国农产品产量、本国消费、本国库存、进口价格、进口数量对农业产业安全的影响路径及影响的程度。通过多次进行路径结构图的调整,删除影响不显著的路径,最终得到了较高适配度的模型图。用 Amos 26 软件运行的结果发现:

对于三大主粮来说,本国农产品生产、进口价格、本国库存、本国消费通过影响农产品进口数量,对农业产业安全产生影响。本国产量对进口数量的影响为负向,即本国产量越高,进口越少。价格对进口的影响为正向,即价格越高,进口量越大。本国库存、本国消费对进口的影响也是正向的。进口数量对产业安全的影响是负向的,说明进口数量越大,产业安全水平越低。

对于大豆、棉花和食糖来说,本国产量、库存水平、本国消费通过影响农产品进口数量,对农业产业安全产生影响。本国产量对进口数量的影响为正向,即本国产量越高,进口越大。库存水平对进口数量的影响为负向,即库存水平越高,进口量越小。本国消费对进口数量的影响也是正向的。世界供应通过影响进口价格,对农业产业安全产生影响,世界供应对进口价格的影响是正向的。进口数量对产业安全的影响是正向的,说明进口数量越大,产业安全水平越高;进口价格对产业安全的影响是负向的,说明进口价格越高,产业安全水平越低。

第二节 进口对农业产业安全影响的回归分析

上一节的研究表明,进口数量、进口价格等因素对农业产业安全产生直接或间接的影响。本部分将在上一节研究的基础上,利用 1995—2020 年间 6 种重点农产品的面板数据,实证研究进口对农业产业安全的影响效果。

一、模型的构建

(一)基础回归模型

这里使用 1995—2020 年中国重点农产品进口数据,实证检验进口对

农业产业安全的影响,基础模型设定为:

$$safe_{it} = \alpha_0 + \alpha_1 import_{it} + \sum_{k=1}^{n} \beta_k X_{it} + \varepsilon_{it}$$

其中,i 表示重点农产品,t 表示年份时间,$safe$ 表示被解释变量产业安全,$import_{it}$ 表示核心解释变量进口,X_{it} 表示一系列影响重点农产品产业安全的控制变量。ε 为随机误差项。

被解释变量 $safe_{it}$ 的数值来自本书第七章根据产业安全评价指标体系,并使用熵权法计算得出的产业安全值。

核心解释变量 $import_{it}$ 使用各产品的进口量表示,数据来自联合国商品贸易统计数据库。

由于被解释变量产业安全水平的指标体系涵盖内容比较广泛,因此为了避免出现严重的内生性问题,本章在已有文献的基础上,选取以下控制变量:

(1)农产品产量(production)。使用该年度产品的产量来度量,数据来自国家统计局,一般来讲,该产品的产量越高,对产业安全的保障作用越好。

(2)库存水平(stock)。一般来讲,该产品的库存水平越高,对产业安全的保障作用越好。这里的数据来自美国农业部公布的各国年终库存数据。

(3)进口价格水平(price)。进口价格越高,说明该产品的进口成本也高,因此对产业安全是不利的。价格数据来自联合国贸易和发展会议数据库。

(4)消费量(consumption)。对该产品的需求量越高,对产业安全有一定的影响。数据来自美国农业部。

(二)变量的描述性统计

这里研究小麦、玉米、稻谷、大豆、棉花、食糖 6 种重点农产品的产业安全的影响因素,研究区间为 1995—2020 年。变量的描述性统计结果见表8-8 所示。

表 8-8　变量的描述性统计

	safe	import	stock	consumption	production	price
均值	69	872	5 112	8 833	8 069	199
中位数	69	206	3 733	10 275	6 175	173
最大值	84	10 033	22 302	28 900	26 499	650

续表

	safe	import	stock	consumption	production	price
最小值	49	3	22	795	630	6
标准差	8	2 017	5 118	6 463	7 120	156
样本量	156	156	156	156	156	156
截面数	6	6	6	6	6	6

二、基本回归结果与分析

(一)单位根检验

本书的时间跨度数据为 26 年,各变量都是时间序列数据,时间序列数据有可能出现趋势性和持续性的特点。为了避免出现非平稳序列可能导致的伪回归问题,首先对数据进行单位根检验,检验时间序列是否平稳。分别使用 LLC、IPS、ADF 三种检验方法进行综合检验,检验结果见表 8-9。

由检验结果可以看出,相关变量中,产业安全水平、进口量、库存量的原始序列为平稳序列,生产量、消费量和进口价格原始序列不平稳,但进行一阶差分后,都变为平稳序列。因此变量之间可能存在协整关系。

表 8-9　变量的平稳性检验

变量	水平序列值			一阶差分值		
	LLC 检验	IPS 检验	ADF 检验	LLC 检验	IPS 检验	ADF 检验
safe	−7.732 8*** (0.000)	−7.963 2*** (0.000)	−6.712 3*** (0 000)			
import	−1.314 5* (0.094 3)	−1.914** (0.027 8)	−2.017 9** (0.021 8)			
stock	−2.498 4*** (0.006 2)	−1.562 1* (0.059 1)	−1.629 9* (0.051 6)			
production	−0.642 1 (0.260 4)	−0.316 3 (0.375 9)	0.205 3 (0.581 3)	−7.809*** (0.000)	−8.026 1*** (0.000)	−6.728 6*** (0.000)
consumption	1.364 4 (0.913 8)	2.335 4 (0.990 2)	2.446 8 (0.992 8)	−4.369 9*** (0.000)	−4.216 3*** (0.000)	−3.928 7*** (0.000)
price	0.100 1 (0.539 8)	0.221 4 (0.587 6)	0.209 5 (0.583 0)	−8.030 9*** (0.000)	−6.599 4*** (0.000)	−5.888 9*** (0.000)

注:*表示在 10% 水平上显著,**表示在 5% 水平上显著,***表示在 1% 水平上显著。括号内为 p 值。

（二）基本回归结果

根据上面建立的模型及变量的形式，样本数据中包含了个体、指标和时间三个方向上的信息。首先通过计算 F 统计量检验是采取个体固定效应模型，还是选择随机效应模型。使用 stata14.0 软件进行计算，计算得到的统计量 F 的值大于在 1％显著性水平下的临界值，因此拒绝原假设，选择个体固定效应模型更合适。这里选用固定效应模型对数据进行 OLS 分析。在进行回归分析时，根据解释变量与被解释变量之间的相关性，按照由大到小的顺序进行逐步回归，结果见表 8－10。

表 8－10　农业产业安全影响因素的基本回归结果

变量＼模型	(1)	(2)	(3)	(4)	(5)
Log import	−0.000 53 (0.911 8)	−0.007 5 (−1.064 0)	−0.015 9** (−2.057 2)	−0.018 3** (−2.270 6)	−0.016 5** (−2.008)
Log stock		0.040 8*** (3.058 1)	0.041 1*** (3.130 0)	0.033 7** (2.263 8)	0.032 9** (2.203)
Log production			0.103 3** (2.441 9)	0.087 1* (1.933 1)	0.096 3** (2.106)
Log consumption				0.035 1 (1.039 4)	0.041 7 (1.218 2)
Log price					−0.029 6 (−1.142)
c	4.198 2*** (135.285)	3.945 5*** (44.859)	3.113 3*** (8.855 1)	3.014 6*** (8.279 9)	3.019 0*** (8.300)
N	156	156	156	156	156
R²	0.438 9	0.449 4	0.464 9	0.468 8	0.473 5
D.W. 值	1.847 3	1.874 1	1.834 8	1.835 6	1.856 8
F 值	19.424	17.261	15.962	14.317	13.042

注：＊表示在 10％的水平上显著，＊＊表示在 5％的水平上显著，＊＊＊表示在 1％的水平上显著。括号内为 t 统计量。

第(1)列为单独使用进口量(import)作为解释变量，结果发现进口对农业产业安全的影响为负，但是不显著。说明进口对农业产业安全的影响为负向的，即进口量抑制了农业产业安全水平的提高。依次加入控制变量库存量(stock)、产量(production)、消费量(consumption)、进口价格

（price），回归结果分别列于第（2）、（3）、（4）、（5）列。

可以看出，进口价格对农业产业安全的影响为负，但结果不显著；消费量对农业产业安全的影响为正，结果不显著。生产量对产业安全的影响为正，通过5％显著水平；库存量对农业产业安全的影响为正，通过了5％的显著性水平。进口对产业安全的影响为负，通过了5％的显著性水平。这与预期是一致的。对农业产业安全影响因素中，生产量的系数是最高的，其次是库存量和进口量。由此得出结果，生产水平显著提高了中国农业产业安全的水平，库存量对于保障中国农业产业安全也是比较重要的，但进口量降低了中国农业产业安全的水平。

三、稳健性检验

为了验证模型的稳定性，这里选取采用层次分析法得出的产业安全值作为替代变量，验证进口对产业安全的影响。回归结果见表8-11所示。

可以看出，回归结果中，进口对农业产业安全的影响是负向的且影响显著。库存量、消费量、生产量对农业产业安全的影响为正向的，且库存量与消费量的影响是显著的，生产量的影响不显著。价格对农业产业安全的影响是负向的，但影响不显著。这与基本回归模型的分析是大致相同的，因此可以认为通过了稳健性检验。

表 8-11 稳健性回归结果

模型 变量	（1）	（2）	（3）	（4）	（5）
Log import	−0.014 7 （−1.634 5）	−0.012 2 （−1.151 9）	−0.012 7 （−1.072 7）	−0.028 3** （−2.432 7）	−0.026 5** （−2.236 1）
Log stock		0.085 9*** （4.274 7）	0.085 9*** （4.261 1）	0.038 9* （1.813 4）	0.038 0* （1.768 5）
Log production			0.006 5 （0.101 2）	−0.097 0 （−1.493 9）	0.088 1 （1.334 7）
Log consumption				0.224 5*** （4.617 3）	0.230 8*** （4.672 5）
Log price					−0.028 3 （−0.758 2）
c	4.204 6*** （87.521 9）	3.672 8*** （27.728）	3.619 7*** （6.702 0）	2.988 3*** （5.698 6）	2.992 4*** （5.697 9）

续表

模型 变量	(1)	(2)	(3)	(4)	(5)
N	156	156	156	156	156
R²	0.240 9	0.324 3	0.324 4	0.410 5	0.412 8
D.W.值	1.786 6	1.927 6	1.925 2	2.087 2	2.091 0
F值	7.884 3	10.151 9	8.824 8	11.297 5	10.195 7

注：＊表示在 10％的水平上显著，＊＊表示在 5％的水平上显著，＊＊＊表示在 1％的水平上显著。括号内为 t 统计量。

四、分产品回归结果与分析

由于三大主粮进口与大豆、棉花与食糖进口在本国消费中所占比例存在较大差异，本国消费中，三大主粮以国产为主，进口量只占较小的比例。而三大经济作物产品大豆、棉花和食糖的本国消费中，进口产品占比较高，尤其是大豆，进口大豆在国内大豆消费中占据绝大多数的份额，进口食糖与棉花在国内消费中的占比也比较高，因此进口对产业安全的影响有可能存在一定的差异。这里把所有产品分为两组，第一组为三大主粮，第二组为三种经济作物产品，分别检验影响农业产业安全的因素。

（一）三大主粮产业安全影响因素的回归结果

根据上面建立的模型及变量的形式，样本数据中包含了个体、指标和时间三个方向上的信息。首先通过计算 F 统计量检验是采取个体固定效应模型，还是选择随机效应模型。使用 stata14.0 软件进行回归，软件运行得到的统计量 F 的值，大于在 1％显著性水平下的临界值，因此拒绝原假设，选择混合效应模型更合适。此处选用混合效应模型对数据进行 OLS分析。在进行回归分析时，根据解释变量与被解释变量之间的相关性，按照由大到小的顺序进行逐步回归，结果见表 8－12。

表 8－12　三大主粮产业安全影响因素的回归结果

模型 变量	(1)	(2)	(3)	(4)	(5)
Log price	0.057 9＊＊ (2.553 6)	0.062 4＊＊＊ (2.746 4)	0.080 4＊＊＊ (3.216 5)	0.088 1＊＊＊ (3.404 6)	0.090 8＊＊＊ (3.409 5)
Log stock		0.031 4 (1.476 4)	0.053 9＊＊ (2.146 9)	0.069 5＊＊＊ (2.427 3)	0.071 5＊＊＊ (2.458 7)

模型　　変量	(1)	(2)	(3)	(4)	(5)
Log import			-0.0142^* (-1.6422)	-0.0147^* (-1.7018)	-0.0149^* (-1.7184)
Log production				-0.1160 (-1.0394)	-0.1210 (-0.8217)
Log consumption					0.0716 (0.4792)
c	4.0267^{***} (32.736)	3.7214^{***} (15.500)	3.4858^{***} (12.566)	3.8268^{***} (9.3281)	3.7481^{***} (8.4436)
N	78	78	78	78	78
R^2	0.079	0.1050	0.1365	0.1512	0.1539
D. W. 值	2.040	2.1070	2.0856	2.1041	2.0925
F 值	6.521	4.4011	3.8993	2.1042	2.0925

注: * 表示在10%的水平上显著, * * 表示5%的水平上显著, * * * 表示在1%的水平上显著。括号内为 t 统计量。

第(1)列为单独使用价格作为解释变量,结果发现进口价格对农业产业安全的影响为正,在5%的水平上显著。说明进口价格对三大主粮产业安全的影响为正向,即国际市场价格上升,三大主粮的产业安全水平会提高。产生这种结果的原因,可能是中国三大主粮的国内价格与国际市场价格之间缺乏关联性。

依次加入控制变量库存量、进口数量、产量、消费量,回归结果分别列于(2)、(3)、(4)、(5)。可以看出,库存量对农业产业安全的影响为正,通过了1%的显著性水平。进口数量对农业产业安全的影响方向为负且是显著的,生产量对产业安全的影响为负但不显著,消费量对农业产业安全的影响为正,结果不显著。这与预期不太一致。

由此得出结果,国际市场价格提高显著提高了三大主粮产业安全的水平,库存量提高对于保障三大主粮产业安全也是比较重要的。但进口数量增加降低了三大主粮产业安全的水平。

(二) 三种经济作物产业安全影响因素的回归结果

根据上面建立的模型及变量的形式,此处选择混合效应模型更合适。这里选用混合效应模型对数据进行 OLS 分析。在进行回归分析时,根据解释变量与被解释变量之间的相关性,按照由大到小的顺序进行逐步回归,结果见表 8 - 13。

表 8－13　三种经济作物产品产业安全影响因素的回归结果

变量＼模型	(1)	(2)	(3)	(4)	(5)
Log price	−0.040 2*** (−2.577)	−0.148*** (−6.344 9)	−0.150 2*** (−6.376)	−0.139 2*** (−6.193 3)	−0.127 6*** (−5.215 3)
Log consumption		0.247 4*** (5.600 9)	0.263 5*** (0.263 5)	0.433 9*** (6.133 6)	0.389 4*** (4.877 3)
Log production			−0.038 6 (−0.783 5)	−0.209 7*** (−2.946 2)	−0.239 5*** (−3.182 6)
Log import				−0.075 6 (−3.175 0)	−0.071 6*** (−2.984 3)
Log stock					0.028 4 (1.191 3)
c	4.390 9*** (63.529)	2.894 1*** (10.579)	3.060*** (8.830 5)	3.377 5*** (9.876 2)	3.685 1*** (4.877 2)
N	78	78	78	78	78
R^2	0.080 4	0.351 6	0.356 9	0.434 9	0.445 8
D. W. 值	1.488 4	2.053 5	2.082 8	2.207 5	2.278 8
F 值	6.644 2	20.335	13.691 7	14.049	11.587

注：＊表示在10%的水平上显著，＊＊表示在5%的水平上显著，＊＊＊表示在1%的水平上显著。括号内为 t 统计量。

　　第(1)列为单独使用价格作为解释变量,结果发现国际市场价格对农业产业安全的影响为负,在1%的水平上显著。说明进口价格对三大经济作物产业安全的影响为负向,即国际市场价格上升,三大经济作物的产业安全水平会降低。这与预期是一致的。

　　依次加入控制变量消费量、产量、进口数量、库存量,回归结果分别列于(2)、(3)、(4)、(5)。可以看出,消费量对三大经济作物产业安全的影响为正,结果显著。生产量对三大经济作物产业安全的影响为负而且显著,进口数量对产业安全的影响方向为负且是显著的,这与预期一致。库存量对产业安全的影响为正,但不显著。

　　由此得出结果,国际市场价格提高显著降低了三大经济作物产业安全的水平,国内消费量的提高对三大经济作物产业安全的影响是正向的,国内生产量对三大经济作物产业安全的影响为负。但进口数量增加降低了三大经济作物产业安全的水平。

五、总结

本节在相关文献梳理的基础上进行了理论分析,使用1995—2020年6种重点农产品进口的数据实证研究了进口对农业产业安全的影响。得出的基本结论为:(1)进口价格、进口数量对产业安全的影响为负。(2)农产品消费量对农业产业安全的影响为正,但结果不显著。(3)生产量、库存量对农业产业安全的影响为正。(4)农业产业安全影响因素中,生产量的系数是最高的,生产水平显著提高了中国农业产业安全的水平。其次是库存量和进口量,库存量对于保障中国农业产业安全也是比较重要的,但进口量降低了中国农业产业安全的水平。(5)分产品的回归结果显示,国际市场价格提高显著提高了三大主粮产业安全的水平,库存量提高对于保障三大主粮产业安全也是比较重要的,但进口数量增加降低了三大主粮产业安全的水平;国际市场价格提高显著降低了三大经济作物产业安全的水平,国内消费量的提高对三大经济作物产业安全的影响是正向的,国内生产量对三大经济作物产业安全的影响为负,但进口数量增加降低了三大经济作物产业安全的水平。

第九章 重点农产品进口对农业
产业安全的保障效应

尽管大量进口对农业产业安全产生一定的不利影响,但随着中国农业对外开放程度的提高,重点农产品进口已经成为保障农业产业安全的重要途径。有效利用国际资源,满足国内对农产品的多样化需求,发挥农业比较优势,是中国农业可持续发展的重要内容。这里有必要对重点农产品进口对农业产业安全的保障效应进行评估,探讨影响保障效应的主要因素。本章将探讨进口对中国农业产业安全的保障水平及保障效率,以期充分利用国际市场农业资源,有效满足国内需求,稳定国内重点农产品的市场价格。同时也应该注意防范进口增长对农业产业安全可能造成的冲击。

第一节 数据包络分析方法

一、方法简介

(一) 传统的 DEA 模型

DEA(Data Envelopment Analysis,数据包络分析)模型是一种非参数评价方法,比较适合于处理多输入、多输出的复杂系统评价问题。DEA 将效率的测度对象称为决策单元(DMU),其利用数学规划模型比较决策单元间的相对有效性,判断决策单元是否位于生产可能集的"前沿面"上。在对各决策单元进行评价时,首先需要考察决策单元的"输入"数据和"输出"数据,从而得出每个决策单元的综合效率的数量指标,根据评价得出的数值,将各 DMU 进行排队,确定出有效决策单元,并且可以判断出其他决策单元非 DEA 有效的原因以及程度。该方法用于绩效评价时,并不需要以参数的形式事先规定生产的前沿函数,并且还允许生产前沿函数使用不同的数量单位,也不需要弄清各个决策单元的输入指标与输出指标之间的关联方式。DEA 模型适用范围广泛,是一种非参数技术效率评价方法,可以对被评价对象进行相对比较,尤其在分析多投入、多产出的情况时具有比较明显的优势(成刚,2019)。

基于规模收益不变(CRS)得出的技术效率,通常称之为 CCR 模型,CCR 模型包含了规模效率的成分,因此又被称为综合技术效率。但在生产实践中,许多生产单位并没有处于最优生产规模的状态,因此被认为是规模收益可变的。BCC 模型就是基于规模收益可变(VRS)得出的技术效率,BCC 模型因为排除了规模的影响,因此被称为"纯技术效率"(PTE)。

假设 x 为投入变量,y 为产出变量,m 为投入变量个数,q 为产出变量个数。假设这里需要测量一组共 n 个 DMU 的技术效率,记为 $DMU_j(j=1,2,\cdots,n)$,假设每个 DMU 共有 m 种投入,记为 $x_i(i=1,2,\cdots m)$,投入的权重表示为 $v_i(i=1,2,\cdots m)$,共有 q 种产出,记为 $y_r(r=1,2,\cdots q)$,产出的权重表示为 $u_r(r=1,2,\cdots q)$,当前要测量的 DMU 记为 DMU_k。

CCR 模型的线性规划式表示为:

$$\max \frac{\sum_{r=1}^{q} u_r y_{rk}}{\sum_{i=1}^{m} v_i x_{ik}}$$

$$s.t. \quad \frac{\sum_{r=1}^{q} u_r y_{rj}}{\sum_{i=1}^{m} v_i x_{ij}} \leqslant 1$$

$$v \geqslant 0; \quad u \geqslant 0$$

$$i=1,2,\cdots,m; r=1,2\cdots,q; j=1,2,\cdots,n$$

$$(9-1)$$

BCC 模型是在 CCR 模型的基础上,增加了约束条件 $\sum_{j=1}^{n} \lambda_j = 1(\lambda \geqslant 0)$ 构成的,其作用是使得投影点的生产规模与被评价 DMU 的生产规模处于同一水平上。

(二) 超效率 DEA 模型

尽管 DEA 模型在进行评价时有诸多优点,但也存在一定的问题。如在 DEA 模型的评价结果中,经常会出现多个决策单元被评价为有效的情况,尤其是当投入指标和产出指标数量都比较多时,有效决策单元的数量也会比较多。DEA 模型得出的最大效率值为 1,这就导致了多个有效 DMU 效率值相同的情况,这些有效 DMU 的效率高低是没有办法进一步区分的(成刚,2019)。

为了解决这一问题,"超效率"模型被发展出来。安德森和彼德森

(Anderson and Petersen，1993)提出了"超效率"(Super－DEA)模型,有效 DMU 的超效率值全部是大于或等于 1 的,从而可以根据取值的高低对有效 DMU 进行区分。

与径向和方向距离函数超效率模型相比,SBM(Slacks-Based Measure)超效率模型要更复杂一些,将松弛考虑了进去。这里采用 SBM 超效率模型进行求解。对于 SBM 有效 DMU,其非导向 CRS SBM 超效率模型表示为:

$$\min \rho_{SE} = \frac{\dfrac{1}{m} \sum_{i=1}^{m} \bar{x}_i / x_{ik}}{\dfrac{1}{s} \sum_{r=1}^{s} \bar{y}_r / y_{rk}}$$

$$s.t. \quad \bar{x}_i \geqslant \sum_{\substack{j=1 \\ j \neq k}}^{n} \lambda_j x_{ij}$$

$$\bar{y}_r \leqslant \sum_{\substack{j=1 \\ j \neq k}}^{n} \lambda_j y_{rj}$$

$$\bar{x}_i \geqslant x_{ik}$$

$$\bar{y}_r \leqslant y_{rk}$$

$$\lambda, s^-, s^+, \bar{y} \geqslant 0$$

$$i = 1, 2, \cdots, m; \ r = 1, 2, \cdots, q; \ j = 1, 2, \cdots, n(j \neq k)$$

$$(9-2)$$

VRS 超效率模型是在此基础上增加约束 $\sum_{\substack{j=1 \\ j \neq k}}^{n} \lambda_j = 1 (\lambda \geqslant 0)$ 。

本章分析的进口对农业产业安全的保障效率,采用非导向 SBM 超效率模型,其规划式表示为:

$$\min \rho_{SE} = \frac{1 + \dfrac{1}{m} \sum_{i=1}^{m} s_i^- / x_{ik}}{1 - \dfrac{1}{s} \sum_{r=1}^{s} s_r^+ / y_{rk}}$$

$$s.t. \quad \sum_{\substack{j=1 \\ j \neq k}}^{n} \lambda_j x_{ij} - s_i^- \leqslant x_{ik}$$

$$\sum_{\substack{j=1 \\ j \neq k}}^{n} \lambda_j y_{rj} + s_r^+ \geqslant y_{rk}$$

$$\lambda, s^-, s^+ \geqslant 0$$

$$i = 1, 2, \cdots, m; \ r = 1, 2, \cdots, q; \ j = 1, 2, \cdots, n(j \neq k)$$

$$(9-3)$$

超效率 DEA 对决策单元进行评价的基本思路是其排除机制,首先是从生产(PPS)集中删除被评价的有效 DMU,然后度量 DMU 到 PPS 的距离即是超效率。因此,可以依据距离来排列有效 DMU。

二、模型的建立

DEA 方法在实际中应用广泛,这里使用应用最多的超效率 DEA 模型来评估中国重点农产品进口对产业安全的保障效率。本章选择需要评估的年份作为决策单元,评价年份区间为 1995—2020 年,因此共 26 个决策单元。用线性规划的最优解来定义决策单元 DMU 的有效性。

农业产业安全指的是基于国内一定的生产能力的基础上,通过国际市场以较少的代价(合理的价格等)稳定地获得外部资源,使国内的农产品供应与需求保持相对的均衡。因此,农业产业的 DEA"效率评价指数"θ 即可用来衡量各时期的产业安全状态。θ 值越大,表示该产业越能用较少的损失换取较高的产业发展速度与较高的贸易竞争力,产业安全度就越高,反之则说明产业安全度较低。当 θ≥1 时表示保障效率处于 DEA 有效,当 θ 越接近 0 表示保障效率处于非 DEA 有效。θ 值越大表明效率值越高,保障效果越好,反之保障效果越差。

本章采取超效率 DEA 模型作为分析方法,DEA 模型在指标选取中,需要确定投入指标和产出指标。一般来说,取值越小越好的指标(如成本、费用等)宜作为投入指标,取值越大越好的指标(如产量、利润等)宜作为产出指标。这里需要测度进口对中国农业产业安全的保障效率。基于本章的分析框架,农业产业安全首先需要保持一定的国内生产能力以及稳定合理的库存水平,这是农业产业安全的基础,其次是重点农产品市场的稳定性。这里主要分析进口对农业产业安全的保障效率,因此重点农产品产业安全的投入指标设定为进口价格波动系数、进口量波动系数、进口依存度、进口市场集中度。产出指标设定为库存消费比、农产品产量、自给率。以此构建重点农产品进口对产业安全保障效率的测度指标体系,具体见表 9-1 所示。

表 9-1　进口对农业产业安全保障效率的测度指标体系

	具体指标	变量选择及解释
投入指标	进口价格波动系数 X1	(实际进口价格－模拟进口价格)/模拟进口价格
	进口量波动系数 X2	(实际进口量－模拟进口量)/模拟进口量
	进口依存度 X3	进口量/消费量

	具体指标	变量选择及解释
	进口市场集中度 X4	CR4
产出指标	库存消费比 Y1	期末库存/消费量
	产业发展 Y2	产量(亿吨)
	自给率 Y3	生产量/消费量

　　输入指标中,进口量、进口价格数据分别采用美国农业部、联合国商品贸易统计数据库及联合国贸易和发展会议数据库的数据;进口依存度用某一时期内进口量与消费量之比来衡量;进口市场集中度用前 4 位进口来源大国的数量占进口总量的份额(CR4)来代表。系统的输出指标中,库存消费比用某一时期重点农产品期末库存量与同时期重点农产品消费量之比表示;产业发展以产量来衡量,自给率以生产量与消费量之比表示,数据来源于中国统计数据库。

第二节　基于超效率 DEA 模型的结果分析

　　本节将 1995—2020 年小麦、玉米、稻谷、大豆、棉花、食糖的相关数据引入超效率 DEA 模型进行测算,使用的软件为 DEA Solver5.0。

　　如果生产技术是规模收益可变的,则采用 CRS(规模收益不变)模型得出的效率值(TE)并非纯粹的技术效率,而是包含了规模效率的成分。对于 VRS(规模收益可变)生产技术而言,VRS 模型得出的效率值才是"纯技术效率"(Pure Technical Efficiency, PTE),那么通过比较计算 CRS 效率值和 VRS 效率值,就可以分离出规模效率值(Scale Efficiency,SE),计算方法为 SE=TE/PTE。

一、小麦进口对产业安全的保障效率的结果分析

(一) SBM‐Super‐DEA 模型的测度结果及分析

　　首先进行规模报酬不变基础上的测算,得到综合效率值;然后进行规模报酬可变基础上的超效率 DEA 模型的分析,得到纯技术效率值;最后根据综合效率值和纯技术效率值,计算得出规模效率值。结果见表 9‐2。

表 9 - 2　小麦进口对产业安全保障效率的超效率 DEA 模型分析结果

DMU	综合效率值	纯技术效率	规模效率	DEA 有效性	效率值排名
1995	0.345	1.000	0.345	非有效	24
1996	0.400	0.400	1.000	非有效	21
1997	1.017	1.021	0.996	有效	13
1998	0.839	0.840	0.998	非有效	18
1999	1.155	1.175	0.983	有效	5
2000	0.854	1.004	0.851	非有效	16
2001	0.851	1.000	0.851	非有效	17
2002	1.111	1.163	0.955	有效	7
2003	0.771	0.797	0.967	非有效	19
2004	0.191	0.191	1.000	非有效	26
2005	0.245	0.245	1.000	非有效	25
2006	1.105	1.108	0.997	有效	8
2007	1.316	1.329	0.991	有效	3
2008	1.491	1.508	0.989	有效	2
2009	1.034	1.036	0.998	有效	9
2010	1.032	1.043	0.989	有效	10
2011	1.002	1.003	1.000	有效	15
2012	0.387	0.387	1.000	非有效	22
2013	0.348	0.350	0.993	非有效	23
2014	1.150	1.180	0.974	有效	6
2015	1.008	1.018	0.990	有效	14
2016	1.018	1.018	0.999	有效	12
2017	1.157	1.174	0.985	有效	4
2018	3.915	4.010	0.976	有效	1
2019	1.022	1.031	0.991	有效	11
2020	0.641	1.001	0.640	非有效	20

注:综合效率值是由规模报酬不变基础上的 SBM - Super - DEA 模型得出,纯技术效率为规模报酬可变基础上的 SBM - Super - DEA 模型得出,规模效率为计算得出。

可以看出,1995—2020 年间大部分年份,小麦进口对产业安全的保障综合效率较高。其中 2018 年小麦进口对产业安全的保障综合效率最高,达到了 3.915,2008 年的保障效率也达到了 1.491。2007 年、2017 年、1999 年、2014 年、2002 年、2006 年等 15 个年份的保障效率都超过了 1,这说明在这些年份,进口对小麦产业安全的保障综合效率值是比较高的,处于 DEA 有效状态。其余 11 个年份的保障效率小于 1,属于 DEA 非有效,说明这些年进口对小麦产业安全的保障综合效率是比较低的。

2005 年及以前年份,小麦进口对产业安全的保障综合效率大部分小于 1,属于非 DEA 有效,2006 年及以后年份,小麦进口对产业安全的保障综合效率大部分年份都是大于 1,属于 DEA 有效,保障效率明显提高。

纯技术效率反映了技术进步及产业生产率的提高情况,其值大于 1 说明进口带来了小麦生产率的提高。进口对小麦产业安全保障的纯技术效率值,在测算的 26 年间,7 个年份得分较低,是小于 1 的,其余 19 个年份的 DEA 效率值大于 1。2014 年及以后的年份得分值明显提高,全部大于 1,说明产生了比较明显的技术效应。

规模效率值反映了规模经济的情况,取值大于 1 说明进口带来了有效的规模收益。各年份的规模收益得分情况不太理想,21 个年份都没有超过 1,说明进口带来了无效的规模收益。

(二) 小麦非 DEA 有效单元的投影分析

从表 9-2 的测度结果可以看出,部分年份小麦进口对产业安全的保障效率没有达到 1,属于非 DEA 有效单元,这里对这 26 个年份的非 DEA 有效单元进行投影分析,结果见表 9-3。

表 9-3　各年度小麦进口对产业安全保障效率的投影分析

DMU	得分	冗余	冗余	冗余	冗余	不足	不足	不足
		X1	X2	X3	X4	Y1	Y2	Y3
1995	0.345	0.134	0.326	0.087	0	0.363	0.249	0.057
1996	0.400	0.209	0.371	0.041	0	0.334	0.243	0.087
1997	1.017	0	0	0	0.068	0	0	0
1998	0.839	0.042	0.105	0	0.054	0	0.086	0
1999	1.155	0	0	0	0.058	0.330	0.018	0
2000	0.854	0.060	0	0	0.069	0	0.105	0.080
2001	0.851	0.010	0.027	0	0	0	0.196	0.181
2002	1.111	0	0	0	0	0.155	0	0
2003	0.771	0	0.131	0	0.211	0.166	0.018	0

DMU	得分	冗余	冗余	冗余	冗余	不足	不足	不足
		X1	X2	X3	X4	Y1	Y2	Y3
2004	0.191	0.135	3.791	0.047	0	0.778	0.442	0.188
2005	0.245	0.211	1.301	0.014	0.119	0.681	0.226	0
2006	1.105	0.027	0	0	0	0	0	0.054
2007	1.316	0.191	0	0	0	0	0.009	0
2008	1.491	0	0	0.001	0.036	0.057	0	0
2009	1.034	0	0	0.001	0.020	0	0	0.002
2010	1.032	0	0.010	0.001	0	0	0.012	0
2011	1.002	0	0	0	0.009	0	0	0
2012	0.387	0.182	0.180	0.006	0	0.717	0.132	0.113
2013	0.348	0.165	0.641	0.023	0	0.567	0.101	0.018
2014	1.150	0	0	0.003	0	0	0.182	0.177
2015	1.008	0	0	0.000	0.005	0	0	0.015
2016	1.018	0	0	0.002	0	0	0	0
2017	1.157	0	0.003	0	0.031	0.379	0	0
2018	3.915	0.046	0	0.001	0	0	0.074	0.067
2019	1.022	0	0	0	0.055	0.027	0	0
2020	0.641	0.015	0.150	0.029	0	0.234	0	0.171

可以看出在非 DEA 有效的单元，几乎都存在着投入的冗余情况，以及产出的不足。以 2020 年为例，其为非 DEA 有效的单元，其投入指标 X1 为进口价格，存在 0.015 的投入冗余；X2 为进口量波动系数，存在 0.15 的投入冗余；X3 为进口依存度，存在 0.029 的冗余；X4 为进口市场集中度，不存在冗余。其产出指标 Y1 为库存消费比，存在 0.234 的产出不足；Y2 为产量，不存在产出不足；Y3 为自给率，存在 0.171 的产出不足。这也表明，要想进一步提高产业安全的保障水平，可以通过减少投入的冗余或者增加产出等措施达到这一目标。

二、玉米进口对产业安全的保障效率的结果分析

（一）SBM‑Super‑DEA 模型的测度结果及分析

首先进行规模报酬不变基础上的测算，得到综合效率值；然后进行规

模报酬可变基础上的超效率 DEA 模型的分析,得到纯技术效率值;最后根据综合效率值和纯技术效率值,计算得出规模效率值。结果见表9-4。

表9-4　玉米进口对产业安全的保障效率的超效率 DEA 模型分析结果

DMU	综合效率值	纯技术效率	规模效率	DEA	效率值排名
1995	0.364	0.472	0.772	非有效	25
1996	1.008	1.022	0.987	有效	17
1997	1.469	1.470	1.000	有效	5
1998	1.189	1.190	0.999	有效	8
1999	1.032	1.100	0.939	有效	11
2000	1.053	1.053	1.000	有效	9
2001	1.819	1.906	0.954	有效	3
2002	0.710	0.818	0.869	非有效	20
2003	1.689	1.739	0.971	有效	4
2004	1.012	1.055	0.959	有效	16
2005	1.014	1.030	0.984	有效	14
2006	1.014	1.030	0.984	有效	15
2007	2.275	2.526	0.901	有效	1
2008	1.026	1.044	0.982	有效	12
2009	1.017	1.018	0.999	有效	13
2010	1.042	1.163	0.896	有效	10
2011	2.016	2.016	1.000	有效	2
2012	0.276	0.276	1.000	非有效	26
2013	0.648	1.000	0.647	非有效	21
2014	1.324	1.326	0.998	有效	6
2015	0.608	1.043	0.583	非有效	23
2016	0.752	1.026	0.733	非有效	19
2017	1.006	1.015	0.992	有效	18
2018	0.637	1.003	0.636	非有效	22
2019	1.220	1.230	0.992	有效	7
2020	0.476	0.587	0.811	非有效	24

注:综合效率值由规模报酬不变基础上的 SBM-Super-DEA 模型得出,纯技术效率为规模报酬可变基础上的 SBM-Super-DEA 模型得出,规模效率为计算得出。

可以看出,1995—2020 年间大部分年份,玉米进口对产业安全的保障综合效率较高。其中 2007 年玉米进口对产业安全的保障综合效率最高,达到了 2.275,2011 年的保障效率也达到了 2.016。2001 年、2003 年、1997 年、2014 年、2019 年、1998 年等 18 个年份的保障效率都超过了 1,这说明在这些年份,进口对玉米产业安全的保障综合效率值是比较高的,处于 DEA 有效状态。其余 8 个年份的保障效率小于 1,属于 DEA 非有效,说明这些年进口对玉米产业安全的保障效率是比较低的。

2011 年及以前年份,玉米进口对产业安全的保障综合效率大部分大于 1,属于 DEA 有效,2012 年及以后年份,玉米进口对产业安全的保障综合效率大部分年份都是小于 1,属于非 DEA 有效,保障效率出现明显下降。

纯技术效率反映了技术进步及产业生产率的提高情况,其值大于 1 说明进口带来了玉米生产率的提高。进口对玉米产业安全保障的纯技术效率值,在测算的 26 年间,4 个年份(1995 年、2002 年、2012 年、2020 年)得分较低是小于 1 的,其余 22 个年份的 DEA 效率值大于 1,说明产生了比较明显的技术效应。

规模效率值反映了规模经济的情况,取值大于 1 说明进口带来了规模收益的提高。大部分年份的规模收益得分情况不太理想,22 个年份都没有超过 1。

(二) 玉米非 DEA 有效单元的投影分析

从表 9-4 的测度结果可以看出,大部分年份玉米进口对产业安全的保障效率达到 1,属于 DEA 有效单元,但也有部分单元进口对产业安全的保障效率没有达到 1,属于非 DEA 有效单元。这里对这 26 个年份的非 DEA 有效单元进行投影分析。结果见表 9-5。

表 9-5 各年度玉米进口对产业安全保障效率的投影分析

DMU	得分	冗余	冗余	冗余	冗余	不足	不足	不足
		X1	X2	X3	X4	Y1	Y2	Y3
1995	0.364	0.009	1.322	0.004	0	0	1.573	0.270
1996	1.008	0	0	0	0.034	0	0	0
1997	1.469	0.103	0.050	0	0	0.084	0	0.025
1998	1.189	0	0.206	0	0	0.177	0	0.139
1999	1.032	0	0	0	0.129	0	0	0

DMU	得分	冗余 X1	冗余 X2	冗余 X3	冗余 X4	不足 Y1	不足 Y2	不足 Y3
2000	1.053	0	0	0	0	0.128	0	0
2001	1.819	0	0.560	0	0	0	0	0.005
2002	0.710	0.009	0.025	0	0	0.040	0	0.022
2003	1.689	0	0	0	0	0	0.410	0.279
2004	1.012	0	0.045	0	0	0	0.004	0
2005	1.014	0	0	0	0.055	0	0	0
2006	1.014	0	0	0	0.055	0	0	0
2007	2.275	0.003	0	0	0	0	1.283	0.761
2008	1.026	0	0	0	0.055	0	0.060	0
2009	1.017	0	0	0	0.017	0	0.065	0
2010	1.042	0	0.010	0	0	0	0	0.018
2011	2.016	0	0.114	0	0	0	0.153	0.017
2012	0.276	0.346	1.094	0.001	0	0.583	0.604	0.299
2013	0.648	0.169	0	0	0.119	0.224	0	0.018
2014	1.324	0	0.052	0	0.143	0.107	0	0.256
2015	0.608	0.115	0.091	0.001	0.023	0	0.106	0.181
2016	0.752	0.107	0.008	0	0	0.019	0	0.285
2017	1.006	0	0	0	0	0	0.049	0
2018	0.637	0.038	0.157	0	0.087	0.115	0	0.325
2019	1.220	0.012	0	0	0	0	0.381	0
2020	0.476	0.008	0.396	0.002	0	0.267	0.229	0.475

可以看出在非 DEA 有效的单元,几乎都存在着投入的冗余情况,以及产出的不足。以 2020 年为例,其为非 DEA 有效的单元,其投入指标 X1 为进口价格,存在 0.008 的投入冗余;X2 为进口量波动系数,存在 0.396 的投入冗余;X3 为进口依存度,存在 0.002 的冗余;X4 为进口市场集中度,不存在冗余。其产出指标 Y1 为库存消费比,存在 0.267 的产出不足;Y2 为产量,存在 0.229 的产出不足;Y3 为自给率,存在 0.475 的产出不足。这也表明,要想进一步提高产业安全的保障水平,可以通过减少投入的冗余或者增加产出等措施达到这一目标。

三、稻谷进口对产业安全的保障效率的结果分析

（一）SBM－Super－DEA 模型的测度结果及分析

首先进行规模报酬不变基础上的测算,得到综合效率值;然后进行规模报酬可变基础上的超效率 DEA 模型的分析,得到纯技术效率值;最后根据综合效率值和纯技术效率值,计算得出规模效率值。结果见表 9－6。

表 9－6　稻谷进口对产业安全的保障效率的超效率 DEA 模型分析结果

DMU	综合效率值	纯技术效率	规模效率	DEA	效率值排名
1995	0.457	0.458	0.997	非有效	22
1996	1.313	1.318	0.996	有效	3
1997	1.004	1.011	0.993	有效	11
1998	0.831	1.000	0.831	非有效	12
1999	2.124	2.125	0.999	有效	1
2000	1.033	1.037	0.996	有效	5
2001	1.280	1.293	0.990	有效	4
2002	1.007	1.020	0.987	有效	10
2003	0.715	0.789	0.907	非有效	13
2004	0.290	0.290	0.999	非有效	26
2005	0.611	0.616	0.992	非有效	15
2006	0.413	0.419	0.985	非有效	25
2007	1.022	1.038	0.984	有效	7
2008	0.425	0.426	0.998	非有效	24
2009	0.432	0.434	0.997	非有效	23
2010	0.480	0.512	0.937	非有效	21
2011	0.537	1.002	0.536	非有效	18
2012	0.507	0.507	1.000	非有效	20
2013	1.010	1.013	0.997	有效	9
2014	0.700	0.752	0.932	非有效	14
2015	0.526	1.004	0.524	非有效	19
2016	0.567	0.662	0.856	非有效	17
2017	0.571	1.002	0.570	非有效	16

DMU	综合效率值	纯技术效率	规模效率	DEA	效率值排名
2018	1.773	1.775	0.999	有效	2
2019	1.032	1.033	0.999	有效	6
2020	1.013	1.013	1.000	有效	8

注:综合效率值由规模报酬不变基础上的 SBM - Super - DEA 模型得出,纯技术效率为规模报酬可变基础上的 SBM - Super - DEA 模型得出,规模效率为计算得出。

可以看出,1995—2020 年间大部分年份,稻谷进口对产业安全的保障综合效率不高。其中 1999 年稻谷进口对产业安全的保障综合效率最高,达到了 2.124,2018 年的保障效率也达到了 1.773。1996年、2001 年、2000 年、2019 年、2007 年等 11 个年份的保障效率超过了1,这说明在这些年份,进口对稻谷产业安全的保障综合效率值是比较高的,处于 DEA 有效状态。其余 15 个年份的保障效率小于 1,属于非DEA 有效,说明这些年进口对稻谷产业安全的保障效率是比较低的。

1995—2002 年,稻谷进口对产业安全的保障综合效率大部分年份大于 1,属于 DEA 有效;2003—2017 年,稻谷进口对产业安全的保障综合效率大部分年份都是小于 1,属于非 DEA 有效,保障效率出现明显下降;2018—2020 年,稻谷进口对产业安全的保障综合效率大于 1,属于 DEA有效。

纯技术效率反映了技术进步及产业生产率的提高情况,其值大于 1 说明进口带来了稻谷生产率的提高。进口对稻谷产业安全保障的纯技术效率值,在测算的 26 年间,11 个年份得分较低是小于 1 的,其余 15 个年份的DEA 效率值大于 1,说明产生了比较明显的技术效应。

规模效率值反映了规模经济的情况,取值大于 1 说明进口带来了规模收益的提高。2 个年份的规模收益得分是大于 1 的,24 个年份没有超过 1,情况不太理想,说明进口的规模效率不高。

(二)稻谷非 DEA 有效单元的投影分析

从表 9 - 6 的测度结果可以看出,小部分年份稻谷进口对产业安全的保障效率达到 1,属于 DEA 有效单元,大部分单元进口对产业安全的保障效率没有达到 1,属于非 DEA 有效单元。这里对这 26 个年份的非 DEA有效单元进行投影分析。结果见表 9 - 7。

表9-7 各年度稻谷进口对产业安全保障效率的投影分析

DMU	得分	冗余	冗余	冗余	冗余	不足	不足	不足
		X1	X2	X3	X4	Y1	Y2	Y3
1995	0.457	0.074	0.337	0.011	0	0.081	0.092	0.046
1996	1.313	0.083	0.039	0	0	0.012	0	0.044
1997	1.004	0	0	0	0.016	0	0	0
1998	0.831	0.081	0	0	0	0.003	0.003	0
1999	2.124	0.037	0.109	0.001	0.002	0.395	0	0.011
2000	1.033	0	0.015	0	0	0.040	0	0
2001	1.280	0	0	0.002	0.051	0.036	0.028	0
2002	1.007	0	0	0	0	0	0	0
2003	0.715	0	0.034	0	0.177	0.213	0.036	0
2004	0.290	0.188	0.742	0.005	0.071	0.375	0.038	0
2005	0.611	0.025	0	0.001	0.048	0.380	0.051	0
2006	0.413	0.113	0	0.004	0.034	0.414	0.068	0
2007	1.022	0	0	0	0	0	0.015	0.054
2008	0.425	0.526	0.029	0.001	0.017	0.421	0.014	0
2009	0.432	0.227	0.056	0.001	0	0.413	0.015	0.014
2010	0.480	0.037	0.108	0.001	0	0.394	0.002	0.012
2011	0.537	0.124	0.055	0.001	0	0.384	0	0.017
2012	0.507	0.090	0.316	0	0.034	0.350	0.005	0
2013	1.010	0	0	0.001	0	0	0	0.002
2014	0.700	0.015	0.062	0	0.031	0.242	0	0.002
2015	0.526	0.111	0.259	0.002	0	0.212	0.058	0.027
2016	0.567	0.077	0.220	0.004	0.009	0.112	0.012	0
2017	0.571	0.059	0.292	0.007	0.013	0.044	0.004	0
2018	1.773	0.017	0.067	0	0.055	0.330	0.029	0
2019	1.032	0	0	0	0.111	0	0	0
2020	1.013	0	0	0	0.045	0	0	0

可以看出在非 DEA 有效的单元,几乎都存在着投入的冗余情况,以及产出的不足。以 2017 年为例,其为非 DEA 有效的单元,其投入指标 X1

为进口价格,存在 0.059 的投入冗余;X2 为进口量波动系数,存在 0.292 的投入冗余;X3 为进口依存度,存在 0.007 的冗余;X4 为进口市场集中度,存在 0.013 的冗余。其产出指标 Y1 为库存消费比,存在 0.044 的产出不足;Y2 为产量,存在 0.004 的产出不足;Y3 为自给率,不存在产出不足。这也表明,要想进一步提高产业安全的保障水平,可以通过减少投入的冗余或者增加产出等措施达到这一目标。

四、大豆进口对产业安全的保障效率的结果分析

(一) SBM－Super－DEA 模型的测度结果及分析

首先进行规模报酬不变基础上的测算,得到综合效率值;然后进行规模报酬可变基础上的超效率 DEA 模型的分析,得到纯技术效率值;最后根据综合效率值和纯技术效率值,计算得出规模效率值。结果见表 9－8。

表 9－8　大豆进口对产业安全的保障效率的超效率 DEA 模型分析结果

DMU	综合效率值	纯技术效率	规模效率	DEA	效率值排名
1995	1.641	1.686	0.974	有效	3
1996	0.494	0.503	0.982	非有效	19
1997	1.278	1.311	0.974	有效	4
1998	1.784	1.916	0.931	有效	2
1999	0.571	0.573	0.997	非有效	13
2000	1.134	1.134	0.999	有效	9
2001	1.022	1.035	0.988	有效	10
2002	0.517	0.517	1.000	非有效	17
2003	0.517	1.000	0.518	非有效	16
2004	1.197	1.198	0.999	有效	6
2005	1.153	1.175	0.981	有效	8
2006	0.296	0.356	0.832	非有效	26
2007	1.219	1.432	0.851	有效	5
2008	0.578	0.580	0.996	非有效	12
2009	0.817	0.819	0.998	非有效	11
2010	1.192	1.192	1.000	有效	7
2011	0.546	0.562	0.973	非有效	14

DMU	综合效率值	纯技术效率	规模效率	DEA	效率值排名
2012	0.430	0.596	0.722	非有效	22
2013	0.381	0.467	0.817	非有效	24
2014	0.472	0.999	0.473	非有效	20
2015	0.361	0.391	0.922	非有效	25
2016	0.404	0.729	0.554	非有效	23
2017	0.433	0.645	0.671	非有效	21
2018	0.505	1.000	0.505	非有效	18
2019	0.524	1.000	0.525	非有效	15
2020	4.521	4.524	0.999	有效	1

注:综合效率值由规模报酬不变基础上的 SBM - Super - DEA 模型得出,纯技术效率为规模报酬可变基础上的 SBM - Super - DEA 模型得出,规模效率为计算得出。

可以看出,1995—2020 年间大部分年份,大豆进口对产业安全的保障综合效率不高。其中 2020 年大豆进口对产业安全的保障综合效率最高,达到了 4.521,1998 年的保障效率也达到了 1.784。1995 年、1997 年、2007 年、2004 年、2010 年、2005 年等 10 个年份的保障效率都超过了 1,这说明在这些年份,进口对大豆产业安全的保障综合效率值是比较高的,处于 DEA 有效状态。其余 16 个年份的保障效率小于 1,属于非 DEA 有效,说明这些年份进口对大豆产业安全的保障效率是比较低的。

1995—2007 年,大豆进口对产业安全的保障综合效率大部分大于 1,属于 DEA 有效,2008—2020 年,大豆进口对产业安全的保障综合效率大部分年份都是小于 1,属于非 DEA 有效,保障效率出现明显下降。

纯技术效率反映了技术进步及产业生产率的提高情况,其值大于 1 说明进口带来了大豆生产率的提高。进口对大豆产业安全保障的纯技术效率值,在测算的 26 年间,13 个年份得分较低是小于 1 的,其余 13 个年份的 DEA 效率值大于 1,说明产生了比较明显的技术效应。

规模效率值反映了规模经济的情况,取值大于 1 说明进口带来了规模收益的提高。2 个年份的规模收益得分是大于 1 的,24 个年份情况不太理想,得分小于 1。

(二) 大豆非 DEA 有效单元的投影分析

从表 9 - 8 的测度结果可以看出,小部分年份大豆进口对产业安全的保障效率达到 1,属于 DEA 有效单元,大部分单元进口对产业安全的保障

效率没有达到 1,属于非 DEA 有效单元。这里对这 26 个年份的非 DEA
有效单元进行投影分析。结果见表 9 - 9。

表 9 - 9　各年度大豆进口对产业安全保障效率的投影分析

DMU	得分	冗余 X1	冗余 X2	冗余 X3	冗余 X4	不足 Y1	不足 Y2	不足 Y3
1995	1.641	0	0	0.114	0	0	0	0.239
1996	0.494	0.065	3.632	0	0.027	0.086	0.008	0
1997	1.278	0	0	0.022	0.190	0.092	0	0
1998	1.784	0	0	0.331	0	0	0.009	0.407
1999	0.571	0.156	0.163	0.089	0	0	0.021	0.009
2000	1.134	0	0	0.038	0	0	0	0.175
2001	1.022	0	0	0.017	0	0	0.005	0
2002	0.517	0.186	0.132	0.063	0	0.064	0.011	0
2003	0.517	0.037	0	0	0.079	0.113	0.005	0
2004	1.197	0	0.035	0	0	0	0.020	0.056
2005	1.153	0	0	0.049	0	0	0	0.128
2006	0.296	0.173	0.016	0	0.109	0.170	0.007	0
2007	1.219	0	0	0	0	0	0.066	0
2008	0.578	0.218	0.010	0.043	0	0.099	0.025	0
2009	0.817	0.001	0.010	0.041	0	0.008	0.039	0
2010	1.192	0	0	0	0	0.107	0	0
2011	0.546	0.125	0.025	0	0.022	0.037	0.038	0
2012	0.430	0.231	0.024	0	0.078	0.072	0.043	0
2013	0.381	0.147	0.031	0	0.001	0.098	0.071	0.017
2014	0.472	0.022	0.008	0.155	0.147	0.040	0.039	0
2015	0.361	0.120	0.072	0	0.004	0.102	0.071	0.041
2016	0.404	0.065	0.032	0.040	0	0.080	0.058	0.038
2017	0.433	0.068	0.029	0.236	0	0	0.026	0.207
2018	0.505	0.030	0.032	0.011	0.072	0.063	0.020	0
2019	0.524	0.058	0.074	0.048	0	0.026	0.011	0.002
2020	4.521	0.019	0.008	0.026	0	0.082	0.068	0.026

可以看出在非 DEA 有效的单元,几乎都存在着投入的冗余情况,以及产出的不足。以 2019 年为例,其为非 DEA 有效的单元,其投入指标 X1 为进口价格,存在 0.058 的投入冗余;X2 为进口量波动系数,存在 0.074 的投入冗余;X3 为进口依存度,存在 0.048 的冗余;X4 为进口市场集中度,不存在冗余。其产出指标 Y1 为库存消费比,存在 0.026 的产出不足;Y2 为产量,存在 0.011 的产出不足;Y3 为自给率,存在 0.002 的产出不足。这也表明,要想进一步提高产业安全的保障水平,可以通过减少投入的冗余或者增加产出等措施达到这一目标。

五、棉花进口对产业安全的保障效率的结果分析

(一) SBM‐Super‐DEA 模型的测度结果及分析

首先进行规模报酬不变基础上的测算,得到综合效率值;然后进行规模报酬可变基础上的超效率 DEA 模型的分析,得到纯技术效率值;最后根据综合效率值和纯技术效率值,计算得出规模效率值。结果见表 9‐10。

表 9‐10　棉花进口对产业安全的保障效率的超效率 DEA 模型分析结果

DMU	综合效率值	纯技术效率	规模效率	DEA	效率值排名
1995	1.002	1.008	0.994	有效	14
1996	0.494	0.506	0.977	非有效	21
1997	0.542	0.775	0.699	非有效	17
1998	1.416	1.419	0.998	有效	3
1999	1.276	1.281	0.996	有效	4
2000	1.172	1.270	0.923	有效	6
2001	0.689	1.049	0.656	非有效	15
2002	0.524	0.527	0.995	非有效	19
2003	0.453	0.525	0.864	非有效	23
2004	1.698	1.776	0.956	有效	2
2005	0.391	0.488	0.800	非有效	24
2006	1.005	1.007	0.998	有效	12
2007	1.067	1.068	0.999	有效	8
2008	1.051	1.056	0.996	有效	10
2009	0.380	0.407	0.933	非有效	25

DMU	综合效率值	纯技术效率	规模效率	DEA	效率值排名
2010	0.336	0.369	0.910	非有效	26
2011	1.003	1.020	0.984	有效	13
2012	1.039	1.125	0.924	有效	11
2013	1.067	1.079	0.989	有效	9
2014	1.120	1.157	0.968	有效	7
2015	0.595	0.999	0.596	非有效	16
2016	0.520	0.564	0.922	非有效	20
2017	1.223	1.234	0.991	有效	5
2018	0.535	0.559	0.957	非有效	18
2019	2.547	2.564	0.993	有效	1
2020	0.470	0.513	0.916	非有效	22

注:综合效率值由规模报酬不变基础上的 SBM - Super - DEA 模型得出,纯技术效率为规模报酬可变基础上的 SBM - Super - DEA 模型得出,规模效率为计算得出。

可以看出,1995—2020 年间大部分年份,棉花进口对产业安全的保障综合效率比较高。其中 2019 年棉花进口对产业安全的保障综合效率最高,达到了 2.547,2004 年的保障效率也达到了 1.698。1998 年、1999 年、2017 年、2000 年、2014 年、2007 年等 14 个年份的保障效率都超过了 1,说明在这些年份,进口对棉花产业安全的保障综合效率值是比较高的,处于 DEA 有效状态。其余 12 个年份的保障效率小于 1,属于非 DEA 有效,说明这些年份进口对棉花产业安全的保障效率是比较低的。

纯技术效率反映了技术进步及产业生产率的提高情况,其值大于 1 说明进口带来了棉花生产率的提高。进口对棉花产业安全保障的纯技术效率值,在测算的 26 年间,11 个年份得分较低是小于 1 的,其余 15 个年份的 DEA 效率值大于 1,说明产生了比较明显的技术效应。

规模效率值反映了规模经济的情况,取值大于 1 说明进口带来了规模收益的提高。26 个年份的规模收益得分情况不太理想,得分小于 1。

(二) 棉花非 DEA 有效单元的投影分析

从表 9 - 10 的测度结果可以看出,小部分年份棉花进口对产业安全的保障效率达到 1,属于 DEA 有效单元,大部分单元进口对产业安全的保障效率没有达到 1,属于非 DEA 有效单元。这里对这 26 个年份的非 DEA 有效单元进行投影分析。结果见表 9 - 11。

表 9‑11　各年度棉花进口对产业安全保障效率的投影分析

DMU	得分	冗余 X1	冗余 X2	冗余 X3	冗余 X4	不足 Y1	不足 Y2	不足 Y3
1995	1.002	0	0	0	0.006	0	0	0
1996	0.494	0.016	0.325	0.162	0	0.427	0.010	0.133
1997	0.542	0.065	0.238	0.076	0	0.119	0	0
1998	1.416	0	0.267	0	0	0.573	0	0.217
1999	1.276	0	0	0.004	0	0.256	0	0
2000	1.172	0	0	0.004	0	0	0.041	0
2001	0.689	0.154	0.004	0.001	0	0.267	0	0.088
2002	0.524	0.178	0.412	0.037	0	0.198	0	0
2003	0.453	0.033	0.258	0.106	0	0.423	0.002	0
2004	1.698	0	0.078	0	0	0	0.145	0.428
2005	0.391	0.136	0.152	0.264	0	0.316	0	0.126
2006	1.005	0	0	0	0.015	0	0	0
2007	1.067	0	0	0	0.027	0	0.061	0
2008	1.051	0	0	0	0	0	0.054	0
2009	0.380	0.129	0.327	0	0	0.556	0	0.097
2010	0.336	0.187	0.005	0.032	0	0.745	0	0.171
2011	1.003	0	0	0	0.011	0	0	0
2012	1.039	0	0	0	0.122	0	0	0
2013	1.067	0	0	0	0	0.342	0	0
2014	1.120	0	0	0	0.068	0.510	0	0
2015	0.595	0.144	0	0.031	0	0	0.012	0.417
2016	0.520	0.100	0.194	0.044	0	0	0	0.345
2017	1.223	0	0	0.014	0	0.451	0	0
2018	0.535	0.082	0.026	0.016	0	0.274	0.009	0.166
2019	2.547	0.078	0.025	0.016	0	0.260	0.009	0.158
2020	0.470	0.047	0.256	0.052	0	0.319	0.019	0.211

可以看出在非 DEA 有效的单元,几乎都存在着投入的冗余情况,以及产出的不足。以 2020 年为例,其为非 DEA 有效的单元,其投入指标 X1

为进口价格,存在 0.047 的投入冗余;X2 为进口量波动系数,存在 0.256 的投入冗余;X3 为进口依存度,存在 0.052 的冗余;X4 为进口市场集中度,不存在冗余。其产出指标 Y1 为库存消费比,存在 0.319 的产出不足;Y2 为产量,存在 0.019 的产出不足;Y3 为自给率,存在 0.211 的产出不足。这也表明,要想进一步提高产业安全的保障水平,可以通过减少投入的冗余或者增加产出等措施达到这一目标。

六、食糖进口对产业安全的保障效率的结果分析

(一) SBM‐Super‐DEA 模型的测度结果及分析

首先进行规模报酬不变基础上的测算,得到综合效率值;然后进行规模报酬可变基础上的超效率 DEA 模型的分析,得到纯技术效率值;最后根据综合效率值和纯技术效率值,计算得出规模效率值。结果见表 9‐12。

表 9‐12 食糖进口对产业安全的保障效率的超效率 DEA 模型分析结果

DMU	综合效率值	纯技术效率	规模效率	DEA	效率值排名
1995	0.282	0.324	0.870	非有效	26
1996	0.571	0.629	0.909	非有效	17
1997	0.656	0.696	0.943	非有效	16
1998	1.596	1.617	0.987	有效	3
1999	1.083	1.091	0.993	有效	8
2000	1.004	1.077	0.932	有效	13
2001	0.519	1.126	0.461	非有效	18
2002	0.332	0.359	0.925	非有效	25
2003	1.135	1.139	0.996	有效	6
2004	0.844	1.013	0.833	非有效	15
2005	1.004	1.043	0.963	有效	12
2006	1.262	1.401	0.901	有效	4
2007	1.105	1.108	0.998	有效	7
2008	1.174	1.194	0.983	有效	5
2009	0.889	1.007	0.884	非有效	14
2010	0.500	0.514	0.974	非有效	20
2011	0.395	0.429	0.922	非有效	23

DMU	综合效率值	纯技术效率	规模效率	DEA	效率值排名
2012	0.382	0.382	1.000	非有效	24
2013	1.632	1.639	0.996	有效	2
2014	2.296	2.299	0.999	有效	1
2015	1.021	1.026	0.996	有效	11
2016	0.483	0.503	0.960	非有效	22
2017	1.034	1.072	0.964	有效	9
2018	1.029	1.078	0.955	有效	10
2019	0.518	0.740	0.700	非有效	19
2020	0.485	0.518	0.937	非有效	21

注:综合效率值由规模报酬不变基础上的 SBM - Super - DEA 模型得出,纯技术效率为规模报酬可变基础上的 SBM - Super - DEA 模型得出,规模效率为计算得出。

可以看出,1995—2020 年间大部分年份,食糖进口对产业安全的保障综合效率比较高。其中 2014 年食糖进口对产业安全的保障综合效率最高,达到了 2.296,2013 年的保障效率也达到了 1.632。1998 年、2006 年、2008 年、2003 年、2007 年、1999 年等 13 个年份的保障效率都超过了 1,这说明在这些年份,进口对食糖产业安全的保障综合效率值是比较高的,处于 DEA 有效状态。其余 13 个年份的保障效率小于 1,属于非 DEA 有效,说明这些年进口对食糖产业安全的保障效率是比较低的。

纯技术效率反映了技术进步及产业生产率的提高情况,其值大于 1 说明进口带来了食糖生产率的提高。进口对食糖产业安全保障的纯技术效率值,在测算的 26 年间,10 个年份得分较低是小于 1 的,其余 16 个年份的 DEA 效率值大于 1,说明产生了比较明显的技术效应。规模效率值反映了规模经济的情况,取值大于 1 说明进口带来了规模收益的提高。25 个年份的规模收益得分情况不太理想,得分小于 1。

(二)食糖非 DEA 有效单元的投影分析

从表 9 - 12 的测度结果可以看出,小部分年份食糖进口对产业安全的保障效率达到 1,属于 DEA 有效单元,大部分单元进口对产业安全的保障效率没有达到 1,属于非 DEA 有效单元。这里对这 26 个年份的非 DEA 有效单元进行投影分析。结果见表 9 - 13。

表 9 - 13　各年度食糖进口对产业安全保障效率的投影分析

DMU	得分	冗余 X1	冗余 X2	冗余 X3	冗余 X4	不足 Y1	不足 Y2	不足 Y3
1995	0.282	0.201	0.853	0.269	0	0.175	0.064	0.036
1996	0.571	0.106	0.002	0	0.101	0.143	0.054	0
1997	0.656	0.070	0.006	0	0.208	0.021	0.059	0
1998	1.596	0	0	0.072	0	0	0	0.377
1999	1.083	0	0	0	0	0.085	0	0
2000	1.004	0	0	0	0	0	0	0.009
2001	0.519	0	0.030	0	0.086	0.249	0.025	0
2002	0.332	0.171	0.021	0	0.208	0.303	0.048	0
2003	1.135	0	0	0.032	0	0	0	0.086
2004	0.844	0.114	0	0	0	0.036	0.006	0
2005	1.004	0	0	0	0	0	0	0.010
2006	1.262	0	0.058	0	0	0	0	0.047
2007	1.105	0	0	0	0.199	0	0.011	0
2008	1.174	0	0	0.018	0.272	0	0.004	0.025
2009	0.889	0.016	0	0	0.162	0.015	0	0.047
2010	0.500	0.170	0.175	0	0.323	0.145	0.002	0
2011	0.395	0.385	0.031	0	0.251	0.261	0	0
2012	0.382	0.171	0.280	0.027	0	0.373	0.022	0.081
2013	1.632	0.020	0	0	0	0	0.011	0.087
2014	2.296	0	0.389	0.030	0.099	0.119	0.001	0
2015	1.021	0	0	0	0.074	0	0	0
2016	0.483	0.067	0.040	0.112	0	0.036	0.050	0.346
2017	1.034	0	0	0	0	0.049	0	0
2018	1.029	0	0	0	0.067	0	0	0
2019	0.518	0.069	0.069	0.017	0	0.223	0.016	0.126
2020	0.485	0.014	0.207	0.079	0.224	0.180	0	0.004

可以看出在非 DEA 有效的单元,几乎都存在着投入的冗余情况,以及产出的不足。以 2020 年为例,其为非 DEA 有效的单元,其投入指标 X1

为进口价格,存在 0.014 的投入冗余,X2 为进口量波动系数,存在 0.207 的投入冗余,X3 为进口依存度,存在 0.079 的冗余,X4 为进口市场集中度,存在 0.224 的冗余。其产出指标 Y1 为库存消费比,存在 0.18 的产出不足,Y2 为产量,不存在产出不足,Y3 为自给率,存在 0.004 的产出不足。这也表明,要想进一步提高产业安全的保障水平,可以通过减少投入的冗余或者增加产出等措施达到这一目标。

第三节　重点农产品进口对产业安全保障效率的 Malmquist 指数分析

当被评价 DMU 的数据为包含多个时间点的观测值的面板数据时,可以对生产率的变动情况、技术效率和技术进步各自对生产率变动所起的作用进行分析,即 Malmquist 全要素生产率(TFP)指数分析。Malmquist 全要素生产率指数可进一步分解为技术效率指数、技术进步率指数、纯技术效率指数、规模效率指数。

一、总体 Malmquist 指数分析

Malmquist 模型可用来分析被评价 DMU_k 在两个时期的生产率变化,其需要参考生产前沿得出其在两个时期的生产效率。其一般采用比值法计算 Malmquist 指数及效率变化和技术变化。Malmquist 指数大于 1,表示从 t 期到 t+1 期生产率提高,小于 1 表示从 t 期到 t+1 期生产率降低。

Deap2.1 软件可以得出对 Malmquist 指数的各种分解方法。软件会分别计算出 CRS Malmquist 模型和 VRS Malmquist 模型,并提供两个模型得出的结果指标的比值,作为 Malmquist 指数及其分解项的规模效应。

这里使用 Deap2.1 软件,对包含小麦、玉米、稻谷、大豆、棉花、食糖 6 种重点农产品的 1995—2020 年共 26 年的面板数据,测算和分解进口对产业安全的保障效率,投入指标和产出指标的设定见本章第一节的指标体系。

表 9-14 为 6 种重点农产品在 1995—2020 年期间平均的 Malmquist 指数值及其不同效率的分解值。

表 9 - 14　1995—2020 年重点农产品进口对产业安全保障效率的 Malmquist 指数值

	技术效率 effch	技术进步率 techch	纯技术效率 pech	规模效率 sech	Malmquist 指数 tfpch
小麦	1	1.012	1	1	1.012
玉米	1	1.041	1	1	1.041
稻谷	1	0.963	1	1	0.963
大豆	1	1.08	1	1	1.08
棉花	1	1.107	1	1	1.107
食糖	1.008	1.016	1	1.008	1.024
平均值	1.001	1.036	1	1.001	1.037

总体上来看,在 1995—2020 年,6 种重点农产品进口对农业产业安全的保障效率是提高的,平均提高幅度为 3.7%。其中,小麦、玉米、大豆、棉花、食糖的进口对农业产业安全的保障效率分别提高了 1.2%、4.1%、8%、10.7%和 2.4%。在研究期间内,只有稻谷进口对产业安全的保障效率下降,下降的幅度为 3.7%。

从不同效率指数的分解情况来看,食糖的技术效率指数提高了 0.8%,小麦、玉米、稻谷、大豆和棉花的技术效率指数值没有发生变化。6 种重点农产品平均的技术效率指数值提高幅度为 0.1%。

小麦、玉米、大豆、棉花和食糖的技术进步率指数都是大于 1 的,小麦技术进步率提高了 1.2%,玉米提高了 4.1%,大豆提高了 8%,棉花提高了 10.7%,食糖提高了 1.6%。只有稻谷的技术进步率指数小于 1,说明其技术进步率下降了 3.7%。总体上 6 种重点农产品的技术进步率指数提高了 3.6%。

纯技术效率指数方面,6 种产品均没有发生变化。

规模效率方面,小麦、玉米、稻谷、大豆、棉花的规模效率指数都等于 1,说明没有发生变化,食糖的规模效率指数是大于 1 的,提高幅度为 0.8%。

二、各年重点农产品进口保障效率的 Malmquist 指数分析

(一) 总体情况

表 9 - 15 为 1995 年以来重点农产品进口不同年份 Malmquist 指数值及其分解指标的变化情况。

表 9 - 15 不同年份 Malmquist 指数值的变化情况

	技术效率 effch	技术进步率 techch	纯技术效率 pech	规模效率 sech	Malmquist 指数 tfpch
1996	0.952	1.477	0.955	0.997	1.406
1997	1.064	0.957	1.03	1.033	1.019
1998	0.952	1.442	0.968	0.984	1.372
1999	1.046	0.815	1.043	1.003	0.853
2000	1.011	0.998	1.008	1.004	1.009
2001	0.93	1.014	1	0.93	0.942
2002	0.994	0.787	1	0.994	0.783
2003	1.095	0.974	1	1.095	1.066
2004	0.989	1.196	1	0.989	1.182
2005	1.012	0.63	1	1.012	0.637
2006	1	0.95	1	1	0.95
2007	1	1.982	1	1	1.982
2008	1	0.522	1	1	0.522
2009	0.962	1.102	1	0.962	1.06
2010	1.003	1.401	0.972	1.032	1.405
2011	0.993	0.775	0.987	1.006	0.77
2012	1.017	0.824	1.042	0.976	0.838
2013	1.012	1.53	0.988	1.024	1.548
2014	0.99	1.655	0.997	0.994	1.639
2015	0.792	0.544	0.957	0.827	0.431
2016	1.172	1.033	1.061	1.105	1.211
2017	0.87	1.788	1	0.87	1.556
2018	1.027	1.469	1	1.027	1.508
2019	0.9	0.925	0.751	1.199	0.833
2020	1.371	0.737	1.332	1.03	1.011
平均	1.001	1.036	1	1.001	1.037

（二）Malmquist 指数值的变动

可以看出,Malmquist 指数值年度之间的变动较大。1995 年以来,有 9 个年度的 Malmquist 指数值是小于 1 的,说明与上一年度相比,出现了综合效率的下降。16 个年度的 Malmquist 指数值是大于 1 的,说明与上一年度相比,综合效率提高了。如与 1995 年相比,1996 年的综合效率提高了 40.6%。2017 年的提高幅度达到了 55.6%。平均来看,重点农产品进口对产业安全的保障综合效率,在研究区间内,平均的提高幅度为 3.7%(详见图 9-1)。

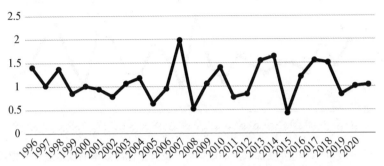

图 9-1　1995—2020 年重点农产品进口对产业安全保障效率的 Malmquist 指数值

(三) 技术效率指数(effch)的变化

技术效率指数的变化情况为,1996—2004 年的技术效率指数值变动不大,2015 年以后出现比较大的波动。如 2015 年的技术效率值比 2014 年下降了 20.8%,2020 年的技术效率值比 2019 年提高 37.1%。平均来看,重点农产品进口对产业安全保障效率的技术效率指数是大于 1 的,均值为 1.001(详见图 9-2)。

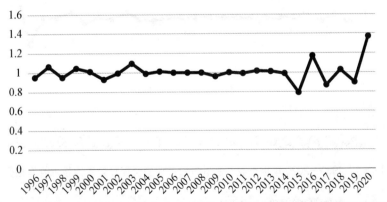

图 9-2　1995—2020 年重点农产品进口对产业安全保障效率的技术效率指数值

(四) 技术进步率指数(techch)的变化

技术进步率指数的变化情况为,均值为 1.036,说明在研究期间平均的技术进步的提高幅度为 3.6%,有 12 个年份出现了技术进步率的提高。

年度之间的技术进步率指数值变动较大,如 2007 年的技术进步率指数值比 2006 年提高 98.2%,2017 年的技术进步率指数值比 2016 年提高 78.8%。平均来看,重点农产品进口对产业安全保障效率的技术进步率指数是大于 1 的,均值为 1.036(详见图 9-3)。

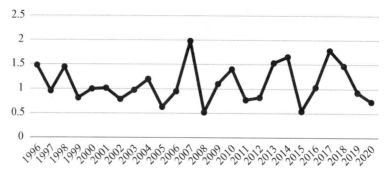

图 9-3　1995—2020 年重点农产品进口对产业安全保障效率的技术进步率指数值

(五) 纯技术效率指数(pech)的变化

纯技术效率指数的变化情况为,均值为 1,说明在研究期间平均的纯技术效率没有发生改变,年度之间的纯技术效率指数值变动不大,2016 年以后出现比较大的变动,如 2016 年的纯技术效率指数值比 2015 年提高 6.1%,2020 年的技术效率值比 2019 年提高 33.2%(详见图 9-4)。

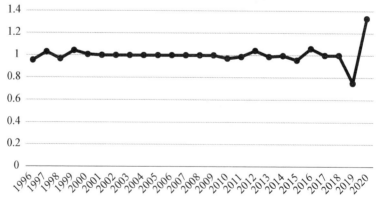

图 9-4　1995—2020 年重点农产品进口对产业安全保障效率纯技术效率指数值

(六) 规模效率指数(sech)的变化

规模效率指数的变化情况为,1996—2003 年的规模效率指数值有一定的变动,但幅度比较小。2004—2014 年间变动不大,2015 年以后出现比较大的波动。如 2015 年的技术效率值比 2014 年下降了 17.3%,2019 年的技术效率值 2018 年提高 19.9%。平均来看,重点农产品进口对产业安全保障效率的规模效率指数是大于 1 的,均值为 1.001(详见图 9-5)。

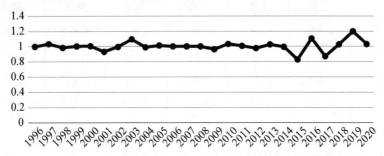

图 9-5　1995—2020 年重点农产品进口对产业安全保障效率的规模效率指数值

三、不同品种重点农产品进口保障效率的 Malmquist 指数分析

小麦、玉米、稻谷、大豆、棉花、食糖 6 种品种重点农产品进口保障效率的 Malmquist 指数各年数值具体见表 9-16。

表 9-16　6 种品种重点农产品进口保障效率的 Malmquist 指数各年数值

	小麦	玉米	稻谷	大豆	棉花	食糖
1996	1.168	1.04	2.992	0.464	1.285	3.571
1997	1.698	1.833	0.523	1.304	1.117	0.472
1998	0.949	1.334	0.915	3.065	1.697	1.106
1999	0.915	0.86	1.435	0.48	0.685	1.036
2000	0.973	0.775	0.473	2.268	1.09	1.2
2001	0.947	1.213	1.613	0.754	0.407	1.228
2002	1.283	0.758	0.652	0.783	0.745	0.624
2003	0.596	0.849	0.916	2.346	1.145	1.181
2004	0.626	0.865	0.341	2.375	7.319	0.852
2005	0.961	0.748	1.741	0.736	0.082	0.879
2006	1.531	1.471	0.782	0.401	0.664	1.569
2007	1.114	2.635	1.681	4.389	2.933	0.955
2008	0.746	0.234	0.591	0.264	0.792	0.937
2009	1.481	1.404	1.043	1.394	0.572	0.819
2010	1.123	2.365	1.285	0.973	2.895	0.802
2011	0.628	1.093	0.649	0.322	1.475	0.981

	小麦	玉米	稻谷	大豆	棉花	食糖
2012	0.795	0.241	0.777	0.676	4.032	0.853
2013	1.184	2.786	2.019	1.102	1.055	1.775
2014	2.059	2.776	1.008	3.41	1.265	0.781
2015	0.662	0.464	0.789	0.129	0.551	0.371
2016	0.974	1.306	1.034	2.207	0.867	1.254
2017	1.325	0.755	1.097	0.844	6.308	2.433
2018	3.227	1.418	1.683	1.523	0.81	1.236
2019	0.383	1.293	0.495	0.782	2.283	0.762
2020	0.674	0.615	0.889	9.581	0.297	1.016
平均	1.012	1.041	0.963	1.08	1.107	1.024

可以看出,1995 年以来,6 种重点农产品中有 5 种的保障效率提高,其中提高程度最高的是棉花,其次是大豆和玉米。稻谷的保障效率出现了下降。

小麦进口的产业安全保障效率大于 1 的有 11 个年份,其中 2008 年的得分值最高为 3.227,说明与 2007 年相比,提高了 222.7%。14 个年份的得分值是小于 1 的,说明保障效率下降。小麦进口对产业安全保障效率平均提高了 1.2%。

玉米进口的产业安全保障效率大于 1 的有 14 个年份,其中 2013 年的得分值最高为 2.786,说明与 2007 年相比,提高了 178.6%。11 个年份的得分值是小于 1 的,说明保障效率下降。玉米进口对产业安全保障效率平均提高了 4.1%,高于小麦。

稻谷进口的产业安全保障效率大于 1 的有 12 个年份,其中 1996 年的得分值最高为 2.992,说明与 1995 年相比,提高了 199.2%。13 个年份的得分值是小于 1 的,说明保障效率下降。稻谷进口对产业安全保障效率平均下降了 3.7%。

大豆进口的产业安全保障效率大于 1 的有 12 个年份,其中 2020 年的得分值最高为 9.581,说明与 2019 年相比,提高了 858.1%。13 个年份的得分值是小于 1 的,说明保障效率下降。大豆进口对产业安全保障效率平均提高了 8%。

棉花进口的产业安全保障效率大于 1 的有 14 个年份,其中 2004 年的得分值最高为 7.319,说明与 2003 年相比,提高了 631.9%。11 个年份的得分值是小于 1 的,说明保障效率下降。棉花进口对产业安全保障效率平均提高了 10.7%。

食糖进口的产业安全保障效率大于 1 的有 12 个年份,其中 1996 年的得分值最高为 3.571,说明与 1995 年相比,提高了 257.1%。13 个年份的得分值是小于 1 的,说明保障效率下降。食糖进口对产业安全保障效率平均提高了 2.4%。

第十章 研究结论及政策建议

第一节 研究结论

一、中国重点农产品进口出现较快增长

中国重点农产品进口在近年出现了较快的增长,如从 2009 年开始三大主粮进口量开始迅速上升,2020 年三大主粮合计进口量 2 235.7 万吨,大约是 2008 年的 60 倍。大豆进口从 1995 年的 29 万吨,增长到 2020 年的 10 033 万吨,中国作为世界最大的大豆进口国,大豆进口在全球大豆贸易中的占比已经达到 60%。2002 年以前,棉花进口量较小,基本在 100 万吨以下,从 2003 年开始,棉花进口出现较大增长,2012 年中国棉花进口量达到历史最高的 541 万吨,2020 年棉花进口 223 万吨。食糖进口在 2010 年以后出现快速增长,2015 年食糖进口量达到 485 万吨,2020 年增长到527 万吨。

重点农产品进口增长的主要原因是:重点农产品生产能力的提高受到资源的约束,尤其是耕地资源和水资源;中国重点农产品生产及安全成本较高;国内对重点农产品的刚性需求不断增加,中国的城市化率已经超过 60%,城市人口的增加必定会增加对重点农产品的需求;重点农产品在品质和价格方面,国内外存在一定差异,国内产品一般没有国际竞争力。虽然重点农产品的进口大部分采用关税配额进行控制,但为了满足国内加工业对农业原材料的需求,国家对大豆进口采取了完全放开的贸易政策,对于食糖及棉花进口,也在很多年份突破了配额,使用滑准税对进口数量进行控制。

二、重点农产品供需缺口较大

自 2001 年以来,大部分年份国内重点农产品的消费量都大于生产量,尤其是 2004 年以后需要从国外大量进口才能维持国内的供需平衡,近年的供需差额保持在一个较高的水平上,三大主粮的供需缺口大约在 500

万～1 000 万吨之间,但也有部分年份出现比较大的增长,如 2020 年三大主粮的产需缺口超过 2 000 万吨。未来十年粮食的产需缺口有可能继续扩大,甚至将超过 5 000 万吨。大豆的供需缺口也在逐年增长,2020 年高达 9 990 万吨,未来十年大豆的产需缺口有可能继续扩大,甚至将超过 15 000 万吨。棉花产需缺口大约在 200 万～300 万吨之间,未来这一趋势仍将持续。食糖的供需缺口也在 500 万吨左右,未来十年会继续有所扩大。这说明中国自"入世"以后重点农产品开始处于供不应求的局面。

一方面,随着中国农产品种植区域结构调整的实施,没有竞争力的地区将逐步退出重点农产品的生产,中国的重点农产品生产布局将进一步优化。随着大豆、棉花等目标价格政策的实施,棉花和大豆的种植面积都出现了不同程度的下降。未来十年,由于种植面积减少,单产虽然会持续增长,但是增长速度比过去有所放缓。由此可见,未来中国棉花及大豆、食糖的产量不仅很难得到进一步的增长,而且产量会有所下降。另一方面,进入 21 世纪以来,中国大豆、棉花、食糖等产品的国内需求不断提高,在多数年份出现国内需求超过供给。重点农产品供需出现较大的产需缺口,部分产品的产需缺口在持续扩大,且波动幅度也较大。未来 10 年,随着中国经济发展进入新常态,产业结构会出现一定的调整,棉纺织品出口增长速度放缓。棉纺织行业也会由于成本上升而进行结构升级和技术、品种的革新。进口棉纱也对国内棉花产生部分替代作用。多种因素导致未来对棉花的消费不太可能出现大幅度的增长,而是会保持相对稳定。未来对粮食、大豆及食糖的需求则会保持比较稳定的增长。

由于当前中国存在较高棉花库存,小麦、玉米的库存也保持在较高的水平。未来几年会对重点农产品价格及国内市场及进口产生较大影响。随着中国国内重点农产品价格与国际市场的接轨,尽管国内实施粮食直补以及大豆、棉花目标价格补贴政策,但农民的生产积极性仍然不高,大豆、棉花种植面积可能会持续下降。虽然如此,未来中国重点农产品的供需平衡仍然需要在一定程度上依赖进口来保持,从这个意义上说,进口是保证中国农业产业安全的重要来源。

三、中国农业产业处于基本安全状态

进口增长使中国农业产业的国际竞争力明显下降,产业发展受到一定影响,产业控制力减弱,这对保持中国农业产业的国内主导地位是不利的。通过对 1995 年以来开放环境下中国重点农产品产业安全的评价,总体来看,测算的 26 年中,大部分年份中国粮食、棉花、食糖产业处于安全或基本

安全状态,少数年份处于轻度危险状态,大部分年份的得分在 60~85 分之间。中国大豆产业安全状况表现不佳,大部分年份处于轻度危险状况,得分在 50 分左右。总体而言,中国农业产业安全的得分值总体趋势处于下降状态。尤其是 2001 年以后,农业产业安全得分下降的趋势比较明显。

导致近年农业产业安全度下降的主要原因是:中国重点农产品自给率下降,进口依存度较高,进口波动幅度大,且进口市场集中度较高。这些因素都导致中国重点农产品的需求过分依赖国际市场,进口增长和进口波动大造成国内重点农产品市场的不稳定,加大了涉农企业的经营风险,从而对中国农业产业安全造成了负面的影响。总的来说,进口重点农产品虽然在一定程度上影响到农业产业的国内主导地位,但中国农业产业处于基本安全状态。

四、进口增长对农业产业安全造成了一定的影响

实证研究结果表明,进口增长从价格和进口量两方面冲击着国内农产品市场。通过建立结构方程模型,研究发现:对于三大主粮来说,本国农产品生产、进口价格、本国库存、本国消费通过影响农产品进口数量,对农业产业安全产生影响。本国产量对进口数量的影响为负向,即本国产量越高,进口越少。价格对进口的影响为正向,即价格越高,进口量越大。本国库存、本国消费对进口的影响是正向,即库存水平和消费越高,进口也会越大。进口数量对产业安全的影响是负向的,说明进口数量越大,产业安全水平越低。对于大豆、棉花和食糖来说,本国产量、库存水平、本国消费通过影响农产品进口数量,对农业产业安全产生影响。本国产量对进口数量的影响为正向,即本国产量越高,进口越大。库存水平对进口数量的影响为负向,即库存水平越高,进口量越小。本国消费对进口数量的影响也是正向的。通过影响进口价格,世界供应数量对农业产业安全产生影响,且影响方向为正。进口数量对产业安全的影响是正向的,说明进口数量越大,产业安全水平越高;进口价格对产业安全的影响是负向的,说明进口价格越高,产业安全水平越低。

通过使用 1995—2020 年 6 种重点农产品进口的数据建立回归模型,研究发现:对于总体重点农产品来说,进口价格、进口数量对产业安全的影响为负,生产量、库存量对农业产业安全的影响为正;分产品的回归结果显示,国际市场价格提高显著提高了三大主粮产业安全的水平,库存量提高对于保障三大主粮产业安全也是比较重要的,但进口数量增加降低了三大主粮产业安全的水平。国际市场价格提高显著降低了三大经济作物产业

安全的水平,国内消费量的提高对三大经济作物产业安全的影响是正向的,国内生产量对三大经济作物产业安全的影响为负,但进口数量增加降低了三大经济作物产业安全的水平。

五、进口是保障中国农业产业安全的重要途径

采用超效率 DEA 模型作为分析方法,构建重点农产品进口对产业安全保障效率的测度指标体系,研究发现:1995—2020 年间大部分年份,小麦、玉米、棉花、食糖进口对产业安全的保障综合效率较高,纯技术效率值也得以提高。稻谷、大豆进口对产业安全的保障综合效率不高,稻谷和大豆纯技术效率值大部分年份也比较低。所有产品的规模效率的情况都比较低。通过测算 6 种重点农产品在 1995—2020 年期间平均的 Malmquist 指数值,发现重点农产品进口对农业产业安全的保障效率是提高的,平均提高幅度为 3.7%。其中,小麦、玉米、大豆、棉花、食糖的进口对农业产业安全的保障效率分别提高了 1.2%、4.1%、8%、10.7% 和 2.4%。在研究期间内,只有大米进口对产业安全的保障效率下降,下降的幅度为 3.7%。

重点农产品大都属于资源性、原材料性质的产品,农业产业安全应该从整个农业产业链进行综合考察。中国农业产业链涉及育种、种植、加工、流通、食品、纺织及服装等环节。在种植环节,中国农业生产具有分散性、小规模的特点。当前农民又面临种植成本上升、收入不稳定、收益偏低的现状,这严重影响了农民的生产积极性。不仅如此,中国生产的部分农产品还存在质量标准不统一、品质不稳定等问题。而且散户种植的农产品品种多乱杂、不统一的问题也比较突出。由此可见,随着中国农业种植结构的调整以及食品、纺织品及加工行业对低价优质品种农产品需求的增加,从国外进口一定量的优质农产品,弥补国内在数量及品质等方面的不足,将成为提升行业产品质量,提高产品附加值,进而提高加工行业国际竞争力的重要保障。从这个意义上讲,进口农产品是满足国内需求的重要途径,适量有序进口在保障农业产业安全方面意义重大。

第二节　政策建议

一、制定农业产业安全新战略

在经贸环境不确定性增加,以及中国农产品进口量呈逐年上升的背景

下,应按照"突出重点,有保有放"的思路调整农业产业安全战略。在经济全球化的大背景下,农业产业安全应考虑能否保障农产品特别是重要农产品有效供给,保证农民持续增收和农业劳动力有效就业。中国农业产业安全是一个系统性的工程,需要从不同的方面着手。农业产业安全不一定要确保绝对安全,因为一方面要确保绝对的安全难度非常大,付出的成本极为高昂;另一方面从中国农业的产业发展趋势来看,保障其绝对安全没有必要。国情决定了中国重点农产品特别是粮食产品必须立足国内实现基本自给,有必要的定价话语权和产业链控制权。一般农产品如饲料粮、动物产品等,则需要进一步扩大开放,深度融入全球产业链,落实"创新、协调、绿色、开放、共享"发展理念。为此,建议制定中国农业产业安全新战略,重点农产品安全水平维持在基本安全状态比较适宜。安全水平过高,意味着保障安全的成本会非常高,安全水平过低,也不利于中国农业产业的长远发展。

(一)重点农产品保持合理的自给率

保障农业产业安全,必须稳定国内重点农产品的生产,保证重点农产品一定的国内供给。如果没有一定水平的国内生产量,完全依赖国际市场将会带来一系列风险。市场的波动风险会加大,重点农产品的消费甚至整个农业产业的发展都会受到较大的威胁。由于农业不同产品产业特点与用途的差别,重点农产品的自给率的保持可以有所差别。稻谷和小麦关系到国民的口粮供应问题,必须保持比较高的自给率,当前粮食的自给率水平在 90% 左右。关于粮食,三大主粮中小麦和稻谷是作为口粮,而玉米一般是用作饲料粮。因此小麦和稻谷的自给率可适当高一些,而玉米的自给率可适当降低。大豆、棉花、食糖等产品作为工业的原材料,尽管这些产品也属于中国重要的战略性物资,但其重要性仍然不能和三大主粮同日而语。没必要像三大主粮那样一定要保持比较高的自给率。我们认为,棉花、大豆、食糖的自给率保持在 60% 左右都是比较合理的。前文对大豆、棉花、食糖自给率的测算也发现,中国的大豆的自给率明显偏低,棉花和食糖自给率尽管近年出现下降的趋势,但基本维持在合理水平之内,并没有出现自给率大幅度降低、严重依赖外部市场的状况。

(二)保持合理的重点农产品库存水平

库存是资源安全的重要方面,合理的重点农产品库存量是农业产业安全的保障,也是中国农业产业健康可持续发展的基础。因此应稳定国内库存量,合理控制库存消费比。如果国家储备量出现比较大的波动,会影响相关产品的生产者和加工企业对未来需求量的预期。库存应该发挥蓄水池的作用：当生产出现问题导致市场供应紧张时，释放库存补充供给；当生产过量导致价格出现较大下跌时，可适当进行收储补充库存。如果特定农产品的库存长期处于偏高或偏低状态，则会引发一系列的问题。联合国粮农组织认为粮食的库存消费比的警戒线为0.3左右，如果粮食的库存消费比过低，会导致一国粮食出现不安全的状态。但库存消费比也不宜过高，过高不仅不必要，而且会增加储存的成本，产品的品质也会受到影响。近些年，国内棉花、粮食等产品库存处于一种严重偏高且不稳定的状态，国家近几年的任务为国家储备棉"去库存"、国家储备粮"去库存"，从而减轻财政压力，发挥市场机制对价格的调节作用。超高的库存量已经影响了农业产业链的运行效率，市场机制处于失灵状态。需要全方位改革重点农产品的收储政策，促进国内市场流通，降低物流仓储成本，发挥其保障重点农产品产业安全的正常作用。

参考联合国粮农组织对粮食库存消费比提出的合理标准，我们认为，中国棉花、食糖的库存消费比保持在0.2到0.3之间比较合适，也就是说，按照中国目前的棉花消费水平，中国棉花的库存保持在150万～250万吨之间是比较合适的。当前中国粮食及棉花库存水平明显偏高，由此引发了一系列的问题。因此当务之急是合理有序地消化库存，又不对国内市场造成太大的干扰。

（三）保持供需的相对稳定，有效应对价格波动

国内农业生产方面，受国际农产品价格大幅波动以及国内农业政策变动的影响，近年来尽管重点农产品国内生产总体上呈增长趋势，但生产波动幅度增加，无论是种植面积还是总产量都出现了较大幅度的波动。近年来区域种植结构的调整速度加快，重点农产品生产逐渐向生态条件更好、增产潜力更大的地区集中。近年对重点农产品的国内消费方面基本保持了比较稳定的增长（受棉纺织行业出口放缓、生产成本增加的影响，棉纺织行业开始进入产业调整与转型期，对棉花的需求出现一定程度的下降）。重点农产品生产的较大波动和消费的稳定增长，增加了农产品市场的不稳定，对农业产业安全造成较大的负面影响。因此保持重点农产品生产与消费的稳定是农业产业安全的重要内容。

造成国内重点农产品生产出现较大波动的一个重要因素就是国内外农产品价格的剧烈波动。进入到21世纪以来，内外环境复杂多变以及自然灾害频发等引发国际大宗农产品价格出现较大波动，中国作为大宗农产品进口大国，价格不稳定对国内相关加工行业发展产生了较大的影响，企业也在逐步采用各种金融工具寻求避险。中国必须要采取相应预防措施，

减小进口价格波动幅度,降低市场风险。一方面,可以借鉴发达国家的成功经验,建立进口价格监测系统,实时监测进口价格的变动情况,及时发布国际农产品的价格信息,准确把握市场价格动向。当出现大的波动时,及早做出预案,尽量减少价格波动的冲击。另一方面,完善市场价格预警机制。目前,中国已经具有了一定水平的价格信息监测机制,可在此基础上进一步完善。另外,引导企业合理利用国际金融市场,充分发挥期货市场的套期保值和价格发现作用。

二、优化进口扩大开放

(一)进一步优化农产品进口结构

中国部分农产品供不应求现象将长期存在,需要大量进口来满足国内需要。由于中国农业缺乏竞争优势,农产品的扩大进口对保障国内供需平衡、稳定物价、平衡国际收支、减缓通胀压力等起到重要作用。对于中国有巨大刚性需求的农产品,如油料、肉类、奶类等大宗农产品,需要进一步加大进口的力度。一般消费类农产品,如食品、水产品、水果等产品,可以进一步放开市场,降低进口关税,扩大进口水平,满足国内消费者的多样化的需求。农业原材料性质的一般农产品,如除了三大主粮之外的其他谷物类产品、油脂油料,也可以进一步提高进口水平,降低进口成本,满足国内相关产业发展的需要。可以充分利用中国与相关国家或地区(如东盟、澳大利亚、新西兰等)达成的自由贸易协定,零关税、低成本地扩大一般农产品的进口。对于粮食、棉花、食糖等重点农产品,应保持合理有序进口,这既是中国深度参与国际分工的选择,也是充分发挥比较优势,享受国际贸易利益的必然结果。进口有效弥补了国内农产品供需缺口,确保了国内市场的供需平衡。因此必须充分利用国际市场供给,保障农业产业安全。

(二)重点农产品进口依存度保持在合理水平

进口依存度反映了国内消费对国际市场的依赖程度。根据对近26年来中国重点农产品对外依存度的分析发现:大豆的对外依存度持续增高,目前居于非常高的水平;棉花和食糖进口依存度尽管当前不算太高,但考虑到国内棉花及食糖产业的生产能力及未来消费需求的增长,很可能这两种产品的进口依存度会进一步上升;粮食的进口依存度比较低。可以看出,中国重点农产品依赖国际市场的程度总体上在波动上升,将对中国农业产业的可持续发展产生一定的影响。结合中国重点农产品生产与需求的现状及未来发展趋势,我们认为,粮食的进口依存度宜控制在20%以内,大豆、棉花及食糖进口依存度宜控制在40%~50%之间,过高或过低都不好。进口依存度过高说明对外依赖程度过高,会失去国内产业的控制权,会严重影响农业产业安全,对整个农业产业的健康发展是不利的。进口依存度过低,说明我们没有很好地参与国际分工,没有充分利用外部市场的资源,不利于下游企业的发展。

(三) 降低进口波动幅度,确保进口的稳定性

中国作为农产品进口大国,进口中存在一定的"大国效应":进口数量剧增会导致国际农产品市场价格大幅度上涨,这是不符合中国贸易利益的,也可能导致下一年度进口量出现大幅度的下降;而进口数量大幅下降又会导致国际农产品价格下跌,下一年度的进口量又有可能大幅上升。这种恶性循环加剧了国内农产品市场的动荡,价格出现暴涨暴跌。这就需要尽量做到适度有序进口,尤其是年度之间的进口波动不可太大。适度有序进口对保障国内农产品市场供应、稳定国内农产品市场价格起到积极作用。应该引导企业作出合理预期,尽量降低进口的波动幅度,同贸易伙伴建立稳定的进口关系,促进国内农产品市场健康稳定发展。在 WTO 框架下利用相应的贸易政策工具,根据国内市场供给和需求变化情况,适时控制重点农产品的合理进口规模。充分利用中国签署的各项自由贸易协定,在自贸协定框架下进口相关农产品,降低进口成本,稳定进口来源,促进互惠互利。对短期内及长期内国内重点农产品供需变化的趋势,尽可能进行科学清晰的估算,并有针对性地确定重点农产品的进口方案,努力保持供需动态平衡。

(四) 积极扩大进口,进一步推动贸易及投资的便利化

与工业品贸易领域有所不同,农产品贸易领域的自由化程度相对较低。各国不仅农产品的进口关税水平普遍较高,而且各种非关税措施的数量也偏高。新时期中国提出主动扩大进口的战略举措,这对于应对各种贸易摩擦,促进中国对外贸易的平衡发展,推动高水平开放意义重大。通过进口必要的农产品,可以节约国内的资源,补充产出的不足,满足消费升级的需要。

在农产品国际贸易中,货物、人员乃至服务的运输都离不开公路、铁路、港口和航空构成的运输和基础设施,高效、完善的基础设施建设是农产品贸易顺利开展的保证。应进一步推动通关协作,增强口岸管理整体效能。优化通关流程,升级建设国际贸易单一窗口,提高通关效率。探索食品、农产品检验检疫和追溯标准国际互认机制,优化鲜活产品检验检疫流程,解决跨境农业合作返销农产品检验检疫准入问题。进一步优化口岸营商环境,实施更高水平跨境贸易与投资便利化措施。

三、保障重要农产品的供应链安全

自新冠疫情2020年在全球暴发以来,全球经济发生了一系列新变化,各国采取了大量的贸易保护的措施进行应对,全球贸易保护措施的数量及种类都出现了大幅度提高(唐宜红、张鹏杨,2020)。各国普遍采取了限制人员流动、减少交通工具往来,加大农产品检验检疫措施的实施等措施,在这种大背景下,全球农业价值链也受到较大的影响。疫情的暴发,既影响到农产品生产端的有效供给,也影响到需求端的农产品及食品的消费,中间的流通环节也受到较大冲击。

(一)实施重点农产品"双循环"发展战略

2020年以后中国在复杂的国际环境下提出了"双循环"发展战略,强调以国内大循环为主,双循环相互促进,形成新的发展格局,以有效应对复杂的国际环境,保障产业链与供应链的安全。保障重点农产品供应链安全,是农业产业安全的重要内容,也是构建农业现代产业体系的基础。2021年5月,农业农村部发布了《关于加快农业全产业链培育发展的指导意见》,提出的总体目标是,基本建成粮棉油糖等重要农产品的全产业链,要求做到"国内生产供应体系安全可控"。因此在中国重点农产品深度参与农业全球价值链的大背景下,还应该加强国内农业价值链的自主循环(何亚莉、杨肃昌,2021),保障农业产业链安全。既要实施高水平对外开放政策,积极参与全球价值链,吸引全球资本及技术等生产要素,更要关注国内农业现代化产业体系的建设。

(二)构建有效的进口预警机制,减少价格波动冲击

疫情发生后,大宗农产品价格出现持续上涨,重点农产品中,大豆、食糖及棉花进口依存度较高,主要是作为加工业的原材料,价格的大幅度波动对整个产业链条都产生较大影响。应借鉴发达国家的成功经验,在全国范围内建立重点农产品价格预警机制,实时监测重点农产品的种植面积、需求、库存、进出口贸易等方面的情况,准确把握市场价格等信息的变化,当出现大的波动时,及早做出预案,尽量减少价格波动的冲击。建立多种价格稳定机制,如参考保障粮食安全的一些较好的做法,建立棉花库存以及价格稳定基金。引导企业有效利用期货和现货两个市场,进行重点农产品的套期保值,规避价格波动风险,同时加强对期货市场运行的监管,打击不法行为,防止出现过度投机和炒作。

(三)促进重点农产品进口来源的多元化

在经贸环境不确定的背景下,必须重视重要农产品的供应链安全。中

国重点农产品进口市场集中度偏高,尽管近年有所改善,但因为重点农产品的生产主要集中于美国、巴西、加拿大、澳大利亚、阿根廷等国家,这些国家是世界主要的粮食、大豆及棉花的产地,也是重点农产品的主要出口国,因此中国的进口必然不能绕开这些国家,这也导致了多数年份中国对这些国家较高的依赖。部分国家的大型农业跨国公司甚至在农产品的价格和贸易中占有垄断地位,它们掌握着国际农产品市场的定价权。较高的进口市场集中度会加剧中国重点农产品进口的依赖程度,从而不利于中国农业进口安全。

随着中国"一带一路"建设的开展,应该引导进口企业积极开拓多元化的进口市场,与一带一路沿线国家(如中亚、南亚、北非、中东欧等地区的国家)建立良好稳定的贸易关系,逐步提高这些国家的进口比重。充分利用自贸协定项下的双边或多边的贸易便利化、贸易自由化的机制设计,减少因政治因素、各种突发事件,以及各国产业政策变更给国内农业产业造成的影响。加强与主要贸易伙伴国的农业合作,探索建立多层次合作机制和平台,创新农产品生产经营运作与进口模式,鼓励和支持各类经营主体参与农业开发经营。

(四) 完善重点农产品储备政策

收储与抛储是国家调控重点农产品市场的重要手段之一。但任何一种政策,若想兼顾农民、加工企业、流通企业、下游企业的所有利益是不现实的。只有正常的市场竞争才能促进他们的共同发展。中国曾经对棉花、食糖等产品实施的临时收储政策,实质上是一项国家临时性的价格支持政策。临时收储的取消,促进了市场价格形成机制的回归。因此国家储备政策应该尽快回归到其应有的调控职能,最终使整个产业和收储制度走上良性循环的发展道路。临时收储是定价收购,采取的是价格固定调控模式。这种模式虽简单明确,但却无法使市场发挥其应有的调节作用,政府完全取代市场职能,结果自然不太好。在这种情况下,需要进一步完善当前的收储及抛储政策,如限定目标价格区间的波动幅度,首先确定一个合理的目标价格区间,如果市场价格超过了该区间范围,则实施收储或抛售等操作,通过收储或抛储让价格上升或下降到正常水平。当前国储面临着巨大的去库存压力,所以去库存过程可能会持续很长时间,抛储是影响和制约农产品价格的一个重要因素,抛储政策则要在保障不打压市场的前提下,随时补充市场资源缺口。而随着国际国内市场一体化进程加快,未来重点农产品储备政策将是一种非常可靠的市场宏观调控手段。所以保证中国重点农产品"储得进、调得出、用得上、确保安全"非常重要。

四、完善重点农产品市场体制，提高农业综合生产能力

21世纪以来，中国重点农产品的市场体制改革在逐步推进，市场化程度也在逐步提高，中国大豆市场已经完全对外放开，棉花、食糖的生产和流通也已经完全市场化，粮食流通市场化改革也在推进。但当前重点农产品生产及流通领域仍然存在一些难点和固有的问题，在改革过程中也出现了一些新的问题。应进一步完善重点农产品的市场体制，推进市场化改革，提高农业综合生产能力。

（一）改善农业生产要素现状

由于中国农产品生产成本近年上升明显，国内生产的优势不断降低，而美国、印度、澳大利亚、非洲等国家和地区的生产成本相对较低，发展潜力大。因此，应该充分评估中国农业生产要素的供给现状，优化要素的配置，提高农业生产效率，尽量缩短国内外生产成本的差距。在生产要素供给方面：劳动力要素成本在不断上升，土地要素供给不足且土地规模难以提升限制农业机械的大规模利用，各种生产资料如种子、化肥等对国际市场的依赖较大。

应改善农业生产要素的供给状况。第一，依托乡村振兴战略的开展，吸引更多的农业人才回归农村，利用先进的经营理念和技术开展农业的生产和经营；第二，提高农业的规模化水平，利用新型农业合作组织，提高农产品生产的统一化、标准化，进而依靠统一采购、统一品种、统一管理、统一销售等，降低生产成本，提高生产效益；第三，重视农业科研的投入及推广，尤其是在一些关键性的环节和领域，如育种、病虫害防治等，加强技术的攻关，为农业的高质量发展提供技术支撑；第四，提高农业科研投资强度，引导社会资本进入农业领域，参与农业项目的投资建设及运营，助力推动农业供给侧结构性改革，尤其在绿色农业发展、高标准农田建设、土壤改良等领域开展投资；第五，加强农业劳动力的培训，提高其综合素质，更好掌握市场规律，有效利用互联网平台进行产品的销售等。

（二）优化重点农产品种植业的区域分布

当前中国粮食生产的区域开始由原来的分散种植发展到集中种植，并逐渐转向优势地区如长江中游地区、晋冀鲁豫地区和东北地区，这些地区也成为中国发展粮食生产最有潜力的地区。大豆生产向优势区域集中的趋势也非常明显，大豆的种植区域集中于东北地区和黄淮海地区。中国三大棉区近年来受自然条件变化及国家政策的影响，棉花种植面积和产量都发生了一些变化，西北内陆棉区尤其是新疆棉花以纤维长、细度细、色泽

白、等级高闻名,已经成为中国最有潜力的棉区。而黄河流域棉区和长江流域棉区的棉花种植面积有逐年缩小的趋势。目前西北内陆棉区的棉花产量已经占到中国棉花总产量的80%以上。糖料作物生产也在逐渐向优势地区集中,如减少甜菜的生产,并向黑龙江及内蒙古集中,扩大甘蔗种植面积,向广西、云南、海南、广东集中。这些重点农产品生产的优势地区,已经基本形成规模化经营,生产的机械化、现代化水平较高,农业生产具有较强的竞争力。在优化农业区域布局的基础上,围绕市场需求的变化,推动重点农产品的绿色化、品牌化、优质化生产,构建农业现代产业体系,建设农业现代产业园区,有效支撑乡村振兴战略的实施。在不具有竞争优势,分散种植且效益不佳的地区可考虑改种其他作物。未来中国产业政策的制定过程中也应该充分考虑到这种发展的趋势。

(三) 培育新型农业生产经营主体

农业生产经营主体主要是解决谁来种地,以及用什么样的方式种地的问题。中国传统农业生产经营的主体特点是,数量众多、规模较小、区域分散、实力薄弱。而美国、欧盟等国家和地区的大农场主往往是职业农民,虽然数量不多但规模较大,能够采用现代化的农业经营管理模式。中国小规模农户生产的农产品很难和国外农产品在世界市场上形成有效竞争。中国当前需要对重点农产品的生产实施规模化经营,鼓励各种类型的专业合作社的发展,把大量分散的农户组织起来,缓解小生产和大市场之间的矛盾。培育种粮大户、专业合作社、家庭农场等新型农业主体,提升各类主体的活力。同时发展各种社会化服务组织,提供种植环节全流程的专业化、社会化服务。这也是提高中国农业产业竞争力的一大重要途径。除此之外,重点农产品生产全程机械化将是未来提高农业生产效率的重要途径。目前,美国、澳大利亚和南美等农业发达国家和地区的农业机械化收获率达到100%,中国目前粮食、大豆等产品机械化的收割率较高,但棉花机械采摘率较低。

五、完善重点农产品的国内支持政策

(一) 完善目标价格补贴政策

2014年开始中国启动了棉花、大豆目标价格改革试点。出台任何一项新的政策,都不可能一步到位,目标价格补贴政策已经实行了一段时间,但还只是试运行,还需要不断调整完善。国家政策制定部门应多做调研,听取第一线的意见,在改革中完善相关细则,更大程度地发挥目标价格补贴的效果,促进中国农业产业的可持续发展。

政府职能部门在执行政策的时候,要做到公平公正,做到价格补贴与农产品质量的挂钩,改变长期以来加工企业及农民不重视农产品质量的倾向。地方行政部门在统计农民种植面积及产量时要认真负责,让每一笔补贴都准确地发放到农民的手中,不要出现漏发少发的现象。检验机构在政策实施中也扮演着重要角色,作为公检机构要认真履行自己的职责,真正让检测报告成为人们对产品质量的认证标准,让下游企业在购买选用时可以以此为依据,避免重复检验,提高生产效率,降低生产成本。棉花目标价格补贴方面,内地补贴与新疆地区的补贴方式有所不同,政府总体的方针是重点保障新疆棉产量,对于内地棉花的种植让其顺应市场发展。这样做的结果就是内地棉花种植面积逐渐减少,棉农纷纷改种其他作物。在国储棉储备量充足的今天,这一问题并不突显,但随着去库存的发展,储备量降到一个合理的水平的时候,这一缺口需要完全靠进口来填补。且内地棉农一旦全部改种其他作物,再想改种回棉花将有较大难度。建议国家在实施目标价格政策时,注重保障内地棉区棉农的利益,避免内地棉花的种植水平下滑过大,在内地推广优质棉的种植,重点提高内地棉花的整体质量。应进一步完善棉花、大豆的目标价格补贴方案,在总结现有经验和实施效果的基础上,尝试在粮食和食糖生产领域引入目标价格制度。

(二)加强绿箱支持措施的使用

目标价格补贴属于 WTO 农业协议中的"黄箱"补贴措施,受中国加入WTO 承诺的总补贴的约束,对生产和贸易会产生一定的扭曲作用。虽然目前中国综合支持量尚未达到承诺的上限,但长期来看,目标价格补贴仍然是一个过渡政策,不可长期大规模使用。

因此,长期来看,重点农产品的国内支持政策应逐渐转到绿箱为主的支持。重视发展农业生产科学技术,提高科研水平,将科研成果转化为生产力。加强农业基础设施建设,改善种植环境,促使农业生产的可持续发展。国家应建立统一的品种管理机制,鼓励适应需求的新品种的培育。严格管理种子市场,注意解决种子在流通过程中的品种混杂、退化以及质量下降等问题。加大高产抗病新品种的培育。在棉花领域推广机采棉的种植,加大对机采棉的科研和加工等方面的政策支持力度,因为机采棉是中国棉花产业未来发展的方向。

(三)积极探索重点农产品的金融及保险支持政策

农业金融支持政策是对农业进行支持与保护的重要支柱,但当前中国农业金融与保险的投资主体仍然以政府为主,其他投资主体严重缺位。其主要原因在于农村金融的服务业主体偏少,供给严重不足,难以满足农村各类经济主体的信贷需求，成为制约中国农业发展的信贷瓶颈。除此之外，自然灾害对农业生产会产生巨大影响，但中国的农业灾害保险体制并不完善，受灾赔偿金额较低。政府应支持对农业的信贷投入，鼓励商业银行及政策性金融机构在农业项目上进行金融创新，并大力完善保险制度，发挥农业保险稳定生产的作用。

可以考虑借鉴美国等发达国家为农民提供的市场营销贷款计划，让种植户以尚未销售的农产品为抵押，向金融机构申请贷款。根据市场上农产品价格的变动情况，贷款者可以选择归还贷款，但如果市场价格低于贷款价格，贷款者无需偿还贷款，抵押给金融机构的产品可以由政府统一出售。也可以借鉴巴西、印度等国家为农民提供的低利率信贷政策，为农民提供信贷支持。

（四）完善信息监测体系

政策的制定需要考虑实际情况，政策的执行也要了解实际。如何才能真正做到实事求是，从实际出发，就要在平时做好信息收集监测任务，需要建立一个完善的信息监测系统。只有从实际出发的政策才能真正解决问题，只有按照实际执行，政策才能得到落实，才能真正起到效果。以目标价格政策为例，政策的执行需要统计农民的种植面积及产量，这将是一个浩大的工程，如果没有平时的信息收集，这一任务是难以完成的。

建立信息监测系统还可以让政府了解市场动态，了解重点农产品供需情况，有利于政府作出正确反应，以宏观调控手段维护市场稳定。也可以对农产品生产经营者提出指导性建议，规避生产经营风险，让农业产业健康持续发展。具体可以通过建立地方信息站，或与农民合作的方式，了解统计各地的种植面积及产量。还可以与气象部门合作，统计气象信息，指导农民预防气象灾害。在市场销售方面，为农民提供市场信息，反映市场需求，做到及时销售。

六、支持种植、加工行业的对外直接投资

当前中国地少、水缺的矛盾正在加剧，保住18亿亩耕地红线的压力越来越大。受农业资源的限制，仅靠国内生产，已无法满足中国重点农产品的消费需求，实施农业"走出去"战略，开发海外农业资源，是保障农业产业安全的重要途径。

（一）充分发挥涉农企业在对外直接投资中的主体作用

企业是对外直接投资的主体，应该充分发挥企业的主导作用。当前，中国农业对外直接投资还处于初级阶段，涉农企业走出去还缺乏实力。很

多涉农企业目前并不具备对外直接投资的最基本的条件,它们自身规模偏小,甚至存在严重的资金不足,缺乏国际化的人才,更缺乏全球化的视野,以及国际化经营能力。可以引导大型农业产业化龙头企业涉足农业领域,开展对外直接投资。同时制定发展战略规划,对国际市场进行深入调研,了解国外的政治环境、经济状况、社会文化环境以及技术环境,从而确定选择投资区域和投资的项目。

涉农企业不仅可以利用境外农业资源,保证农产品进口货源的供给,有效弥补国内资源不足的问题,还可以加强与主要农产品贸易伙伴国的战略合作。通过对外直接投资,增加可控的农产品货源。此外,伴随对外直接投资的,还有农业生产和加工技术、农业技术人才、农业品牌等的输出。境外农业直接投资不仅提高了东道国的农业生产能力,增加农产品的供给,进而改善中国农业安全状况,同时也有助于建立稳定、多元的进口渠道,有效防范重点农产品大量进口带来的风险。

近年来,伴随中国对海外农业的投资和土地租赁稳步增加,也出现了一些问题。如投资领域集中在技术含量低的传统领域,投资目的是利用国外便宜的土地和劳动力资源等,在租赁土地的过程中出现困难。部分国家在涉及土地问题时往往比较敏感,从而容易引发一些不必要的纠纷。建议充分发挥中国企业在技术、资金、人才等方面具有的优势,采取更加灵活的方式,依托项目、技术等,以加工类的龙头企业为核心,带动生产基地建设,进行全产业链投资,并带动国内农业生产资料、机械设备和劳务的输出。

(二)政府加强对涉农企业对外直接投资的政策支持

农业对外直接投资由于投资金额高、回报周期长、不确定因素多,企业会面临较高的投资风险。国家应该加强顶层设计和战略谋划,强化国家外交的支撑作用,制定更高层面的发展战略规划。政府应该出台涉农企业对外直接投资的支持政策,尤其是在金融支持、财政支持和信息支持方面,建立一整套支持体系:建立涉农企业对外直接投资专项基金;建成权威的共享平台与信息交流中心,为涉农对外直接投资企业提供市场信息和投资环境评估,加强对企业及其负责人的培训。

鼓励和引导企业开拓"一带一路"沿线国家市场,特别是非洲、中东、中亚等地区的国家,推动金融资本与产业资本的有效融合,缓解企业在走出去过程中的融资难题。对于从事重点农产品生产,并且生产的产品返销国内时,实施在进口环节免征增值税及关税,放宽进口配额限制。引导和支持企业创出一批有国际竞争力的特色品牌,在境外申请品牌注册和卫生注册,并获得国际质量、环保认证。

（三）建立多层次合作机制和平台

随着中国"一带一路"建设的开展,也为中国农业走出去提供了新的思路。可以加强与中亚五国(土库曼斯坦、吉尔吉斯斯坦、乌兹别克斯坦、塔吉克斯坦、哈萨克斯坦)的农业合作,进行农产品的种植与加工。可以给予政策、信息、资金方面的扶持,推动境外项目落地建设,输出先进农业资源和技术,将中亚作为新疆棉花资源产业链延伸的重要环节。积极推进与境外农业合作发展,加快棉花走出去步伐,探索建立多层次合作机制和平台。创新农产品生产经营运作模式,鼓励和支持各类经营主体参与农业开发经营。创新农业生产经营运作模式,支持各类农业经营主体包括大型种植及加工企业、家庭农场、农业合作组织等参与农业开发经营。

非洲土地资源丰裕,有许多未开发利用的土地,发展空间很大。非洲的马里、布基纳法索、贝宁、科特迪瓦、埃及等国家都是传统的棉花生产国,具有不可替代的成本优势,但是由于长期缺乏资金,棉花种植技术落后,非洲棉花的这些比较优势没有得到有效发挥。一些非洲国家虽然棉花生产的自然条件非常优越,但棉花生产技术落后,对抗自然灾害的能力较弱。创新中非农业合作新模式,不仅可以通过中国政府在非洲援建的农业项目进行,还可以以企业为主体,对非洲国家开展对外农业直接投资,通过具体的农业项目的运作,使非洲国家更快地掌握农业生产新技术和管理经验。发展中非农业合作,还可以采取成立合资公司、向当地派遣技术专家和建立农产品生产示范中心等形式,这些方式能更好地推动当地的发展。

中国在农业新品种、新技术的研发上已经积累了丰富的经验,取得了丰富的成果,形成了有效的科研推广体系。非洲国家、中亚五国、印度等对农业新品种、新技术的需求很大,有许多未开发利用的土地,发展空间很大。可根据这些国家的实际需求、资源禀赋状况、产业基础条件等,共建农业科技园区。以科技园区或者入驻企业为主体,推动农业产业链的上、中、下游企业进行产业集聚发展,产生辐射和引领示范效应。由于部分国家对外国资本直接买地、种地非常敏感,建议做好风险评估,并尽量采取合资或非股权投资等更易于被东道国接受的模式,或者采取向当地派遣技术专家和建立农业生产示范中心等形式,也可以采取以项目、技术、良种等龙头企业带生产基地的方式,发展种植业和加工业,带动国内农业生产资料、机械设备和劳务的输出。

参考文献

［1］ BREDAA G, KISSA M. 2020. Overview of information security standards in the field of special protected industry 4. 0 areas & industrial security ［R］. 13th International Conference Interdisciplinarity in Engineering (INTER‑ENG 2019).

［2］ BROWN L R. 1995. Who will feed China ? Wake up call for a small planet. Washington, DC: Norton & Company. Inc.

［3］ CHOW. 2006. Globalization and China's economic ［J］. Pacific Economic Review, 3.

［4］ CROSSMAN M. 1986. Imports as a cause of injury: the case of the US steel industry ［J］. Journal of International Economic, 20.

［5］ DOROSH P A. 2008. Food price stabilization and food security: the international experience ［J］. Bulletin of Indonesian Economic Studies, 44 (1): 93‑114.

［6］ DRAGUHN W, ASH R. 1999. China's economic security ［R］. St Martins Press, (11): 3‑4.

［7］ ELLISON J N, FRUMKIN J W, STANLEY T W. 1988. Mobilizing U. S. industry: a vanishing option of national security ［M］. Westview press: 64‑69.

［8］ GOVEREH J, JAYNE TS, CHAPOTO A. 2008. Assessment of alternative maize trade and market policy interventions in Zambia ［R］. Working Paper No. 33, Food Security Research Project, Zambia, Lusaka.

［9］ GORUCU S, MURPHY D, YODER A, et al. 2018. National research and extension agenda for agricultural safety and health assessment ［J］. Journal of Agromedicine, 23: 297‑301.

［10］ HU K, LIU J, LI B, et al. 2019. Global research trends in food safety in agriculture and industry from 1991 to 2018: A data-driven analysis ［J］. Trends in Food Science & Technology, 85: 262‑276.

［11］ JOHNSON J. 2002. The United States and world cotton outlook ［R］. Agricultural Outlook Forum.

［12］ KANNAPIRAN C A, FLEMING E M. 1999. Competitiveness and comparative advantage of tree crop smallholdings ［R］. Papua Nes Guinea.

［13］ KRISHNA R. 1997. Antidumping in law and practice ［R］. World Bank Working Paper, No. 1823: 1‑19

［14］ PING H, MA Z H, WANG J H, et al. 2014. Advances in risk assessment of agricultural product quality and safety ［J］. Journal of Food Safety & Quality, 5: 674‑680.

［15］ STIGLITZ J E. 1981. Potential competition may reduce welfare ［J］. American Economic Review,2:65 – 72.

［16］ SHUI S, ESCR. 2003. Cotton market projections by 2010 ［R］. China International Cotton Conferenee:40 – 48.

［17］ TYSZYNSKI H. 1951. World trade in manufactured commodities 1899 – 1950 ［J］. The Manchester School of Economic and Social Studies,9:272 – 304.

［18］ WARR P. 2011. Food security vs. food self-sufficiency:the Indonesian case ［R］. Working Paper No. 2011/04,Economics and Government ANU College of Asia and the Pacific.

［19］ USDA. 2013. Cotton and products annual 2013. GAIN Report Number:PK 1302.

［20］ USDA. 2014. Cotton and wool situation and outlook yearbook,market and trade economics division. Economic Research Service.

［21］ ZHOU Z Y. 2001. Joining WTO and China's food security,association for Chinese economic studies ［R］. News letter,no. 3.

［22］ 陈洪涛,潘素昆.2012.外商直接投资对中国产业安全的影响研究——基于溢出效应视角［J］.中国管理科学,11:300 – 303.

［23］ 陈晓燕.2014.中美棉花生产成本及收益的比较［N］.期货日报.6 月 25 日第 003 版.

［24］ 成刚.2019.数据包络分析方法与 MaxDEA 软件［M］.北京:知识产权出版社:10.

［25］ 程国强.2014.如何更好地利用境外农业资源［J］.中国农经,5:115.

［26］ 戴翔,张二震,张雨.2020.双循环新发展格局与国际合作竞争新优势重塑［J］.国际贸易,11:11 – 17.

［27］ 杜珉.2003.我国棉花安全指标的实证分析［J］.中国棉麻流通经济,4:3 – 5.

［28］ 杜珉.2006.浅析中国棉花产业安全［A］.中国棉花学会 2006 年年会暨第七次代表大会论文汇编［C］.中国棉花学会(6).

［29］ 杜志雄,韩磊.2020.供给侧生产端变化对中国粮食安全的影响研究［J］.中国农村经济,4:2 – 14.

［30］ 段立君、迟薇.2014.我国食糖进口现状及影响因素分析［J］.农业经济,12:125 – 127.

［31］ 范欣欣,田懿行.2013.中国棉花进口滑准税政策及其效果分析［J］.世界农业,5:60 – 64.

［32］ 方芳.1997.外商直接投资对我国产业安全的威胁及对策［J］.上海经济研究,6:35 – 38.

［33］ 冯献,詹玲.2012.中国棉花消费分析及未来展望［J］.农业展望,10:56 – 58.

［34］ 弗里德里希·李斯特.1961.政治经济学的国民体系［M］.北京:商务印书馆:156.

［35］ 傅晓,牛宝俊.2009.国际农产品价格波动的特点、规律与趋势［J］.中国农村经济,5:87 – 96.

［36］ 傅泽强,蔡运龙,杨友孝,戴尔阜.2001.中国粮食安全与耕地资源变化的相关分析［J］.自然资源学报,7.

［37］ 高峰.2006.欧美棉花补贴对我国棉花产业的影响［D］.北京:中国农业科学院.

［38］ 高奇正,刘颖,陈实,蒯昊.2020.农产品短缺点与中国农业对外直接投资——基于开放二元经济模型的分析［J］.国际贸易问题,8:115 – 131.

[39] 高扬.2007.从产业组织结构看中国棉花产业定价权问题[J].价格理论与实践,2:34－37.

[40] 高颖,田维明.2007.中国大豆进口需求分析[J].中国农村经济,5:33－40.

[41] 龚文龙.2007.中国棉花产业安全评价指标体系研究[J].科技创新导报,31:216－217.

[42] 顾益康,袁海平.2010.中国农业安全问题思考[J].农业经济问题,4:53－57.

[43] 关锐捷.2006."洋棉花"涌入对我国棉花产业构成冲击[J].中国棉麻流通经济,4:35－39.

[44] 郭天宝,王云凤,郝庆升.2013.中国大豆进口影响因素的实证分析[J].农业技术经济,11:103－111.

[45] 韩一军.2008.中国农产品贸易发展及趋势分析[J].农业展望,3:26－30.

[46] 何树全,高旻.2014.国内外粮价对我国粮食进出口的影响——兼论我国粮食贸易的"大国效应"[J].世界经济研究,3.

[47] 何维达.2001.中国"入世"后的产业安全问题及其对策[J].经济学动态,11:41－44.

[48] 何维达,何昌.2002.当前中国三大产业安全的初步估算[J].中国工业经济,2:25－31.

[49] 何维达,潘玉璋,吴玉萍.2009.中国石化产业安全分析与定量估算[J].经济与管理研究,3:61－65.

[50] 何秀荣,WAHLT.2002.中国农产品贸易:最近20年的变化[J].中国农村经济,6:9－19.

[51] 何亚莉,杨肃昌.2021."双循环"场景下农业产业链韧性锻铸研究[J].农业经济问题,7:141－152.

[52] 胡靖.1995.中国农业:社会效益与社会价值核算[J].农业经济问题,9:45－49.

[53] 胡军华.2009.中国大豆最后"堡垒"遭进口大豆"攻陷"[N].第一财经日报,3(18).

[54] 黄炳信.1993.中国棉花生产的历史与布局的变迁[J].调研世界,2:10－15.

[55] 黄季焜等.2008.从农业政策干预程度看中国农产品市场与全球市场的整合[J].世界经济,4:11－17.

[56] 黄季焜.2020.中国粮食安全与农业发展:过去和未来[J].中国农业综合开发,11:8－10.

[57] 黄季焜.2021.对近期与中长期中国粮食安全的再认识[J].农业经济问题,1:19－26.

[58] 黄建军.2001.中国的产业安全问题[J].财经科学,6:1－7.

[59] 蒋志敏,李孟刚.2008.外资并购危及中国产业安全[J].瞭望,28:40－41.

[60] 蒋慕东,王思明.2006.二十世纪中国大豆生产及发展动因分析[J].中国农史,8:23－28.

[61] 金培.2006.产业竞争力与产业安全的关系[J].财经界,9:28－30.

[62] 景玉琴.2004.产业安全概念探析[J].当代经济研究,3:29－31.

[63] 景玉琴.2005.开放、保护与产业安全[J].财经问题研究,5:32－37.

[64] 景玉琴.2006.产业安全评价指标体系研究[J].经济学家,2:70－76.

[65] 柯炳生.2005.入世后解决中国棉花生产与价格波动问题的对策[J].中国棉麻流通经济,4:10－11.

[66] 李炳坤. 2002. 加入世贸组织与农业发展对策[J]. 中国农村经济,1:23-28.

[67] 李丹,夏秋,周宏. 2016. 我国玉米进口安全存在威胁吗?——基于市场势力视角的探讨[J]. 燕山大学学报,12:131-136.

[68] 李锋. 2019. 2020年中国和美国棉花生产成本估计及其技术需求分析[J]. 农业科研经济管理,2:1-6.

[69] 李谷成,尹朝静,吴清华. 2015. 农村基础设施建设与农业全要素生产率[J]. 中南财经政法大学学报,1:141-147.

[70] 李孟刚. 2006. 产业安全理论研究[J]. 管理现代化,3:49-52.

[71] 李孟刚. 2012. 产业安全理论研究[M]. 北京:经济科学出版社:71-78.

[72] 李岳云,钟钰,黄军. 2005. 我国农产品贸易逆差成因及诱发因素分析[J]. 国际贸易问题,11:35-39.

[73] 李晓钟,张小蒂. 2004. 粮食进口贸易中"大国效应"的实证分析[J]. 中国农村经济,10:26-32.

[74] 李晓春,王诗玥. 2019. 我国农业技术进步的环境效果研究[J]. 经济研究参考,19:34-48.

[75] 李兆伟,强始学. 2013. 基于生产比较优势的中国农业"走出去"区域选择[J]. 世界农业,8:147-151.

[76] 梁云. 2013. 中国棉花进口贸易研究[D]. 石河子大学.

[77] 刘涵. 2011. 棉花供需形势分析及展望[J]. 中国棉麻流通经济,6:30-32.

[78] 刘建平. 2001. 农业比较利益论[M]. 武汉:华中科技大学出版社:1-12.

[79] 刘乐山. 2002. 中国"入世"后的农业安全问题及其对策[J]. 喀什师范学院学报,1:23-26.

[80] 刘李峰,董运来,李东伟. 2006. 自由化背景下中国棉花贸易的发展现状及展望[J]. 中国棉花,12:2-5.

[81] 刘晶. 2012. 产业安全视角下中国纺织行业贸易失衡及预警机制研究[D]. 中国海洋大学,2012.

[82] 刘萍,柯杨敏. 2016. 国际农产品价格对中国通货膨胀的传递效应[J]. 华南农业大学学报(社会科学版). 2016,2:81-89.

[83] 刘如,陈志. 2020. 新冠肺炎疫情对我国产业供应链的影响与对策[J]. 科技中国,3:31-35.

[84] 卢峰. 2000. 价格干预稳定性绩效——我国棉花行政定价与供求波动关系研究[J]. 管理世界,6:136-145.

[85] 卢锋. 2002. 我国棉花国际贸易"贱卖贵买"现象研究[J]. 经济研究,2:3-9.

[86] 卢锋. 2006. 比较优势结构与开放型棉产业发展——我国棉花贸易政策面临十字路口选择[J]. 管理世界,11:59-69.

[87] 卢锋. 2007. 棉花贸易政策面临十字路口选择[J]. 中国国情国力,2:15-18.

[88] 罗必良. 2020. 疫情高发期的农业发展:新挑战与新思维[J]. 华中农业大学学报,3:1-6.

[89] 罗海兵. 2006. 我国棉花国际贸易对世界棉花价格影响研究[D]. 江西财经大学.

[90] 罗英姿,邢鹏,王凯. 2002. 中国棉花比较优势及国际竞争力的实证分析[J]. 中国农村经济,11:45-50.

[91] 吕晓英,李先德. 2011. 中国大豆进口的长期均衡和短期调整分析[J]. 财贸研究,3:36-42.

［92］马健会.2002.加入 WTO 后影响我国产业安全的八大因素［J］.亚太经济,4:61-
63.

［93］马建蕾.2010.我国农业产业安全形势与对策［J］.宏观经济管理,4:33-35.

［94］马淑萍,王戈,龙熹.2009.中国棉花生产与政策 60 年［J］.中国棉花,9:5-11.

［95］马述忠,王军.2012.我国粮食进口贸易是否存在"大国效应"——基于大豆进口
市场势力的分析［J］.农业经济问题,9.

［96］马祥林等.2012.我国纺织业发展趋势分析［J］.中国纤检,5:38-40.

［97］马晓河等.2009.中国产业安全态势评估、国际借鉴及若干对策建议［J］.改革,4:
5-21.

［98］毛树春.2002.WTO 与中国棉花生产技术进步研究［J］.中国棉花,1:2-9.

［99］毛树春.2014.中国棉花景气报告(2013)［M］.北京:中国农业出版社:134.

［100］毛学峰,刘冬梅,刘靖.2016.中国大规模粮食进口的现状与未来［J］.中国软科
学,1:59-71.

［101］倪洪兴.2010.开放条件下我国农业产业安全问题［J］.农业经济问题,8:55-60.

［102］倪洪兴.2014.我国重要农产品产需与进口战略平衡研究［J］.农业经济问题,12:
18-24.

［103］倪洪兴.2019.开放视角下的我国农业供给侧结构性改革［J］.农业经济问题,2:
9-15.

［104］农业部农业贸易促进中心课题组.2015.近年中国食糖进口特点、原因及对策建
议［J］.农业展望,4:72-75.

［105］欧阳彪,王耀中.2015.开放经济下中国服务业产业安全的测度与评价［J］.湖南
社会科学,3:130-133.

［106］庞守林.2006.中美棉花生产成本结构差异的经营杠杆效应［J］.中国农村经济,
9:45-52.

［107］齐驰名.2020."数说"我国粮食供求形势.中国粮食经济,1:48-51.

［108］钱克明.2012.我国主要农产品供求形势与市场调控的对策建议［J］.农业经济问
题,1:11-14.

［109］邵念荣,付春光.2011.产业安全指标评价体系创新研究［J］.商业时代,1:102-
104.

［110］盛来运.2002.农业及粮食安全问题［J］.统计研究,10:17-20.

［111］史朝兴,秦淑红.2007.中国农产品进口的现状、格局和趋势［J］.经济问题探索,
6:113-116.

［112］帅传敏,程国强,张金隆.2003.中国农产品国际竞争力的估计［J］.管理世界,1:
97-103.

［113］司伟,陶畅.2014.经济发展、城镇化与中国大豆需求增长［J］.中国食物与营养,
2:43-48.

［114］喻佳节,司伟.2020.中国和美国大豆生产成本比较分析［J］.大豆科技,(2):
4-10.

［115］宋洪远.2016.实现粮食供求平衡保障国家粮食安全［J］.南京农业大学学报(社
会科学版),4:1-11.

［116］宋聚国,刘艺卓.2010.进口对我国棉花产业的影响分析［J］.农业技术经济,5:
91-97.

［117］孙丽萍.2014.分析关税配额对我国棉花进口贸易的影响［J］.中国外资,3:144-

145.

[118] 孙瑞华,刘广生.2006.产业安全评价指标体系的构建研究[J].科技进步与对策,5:138-140.

[119] 谭飞燕,张力,李孟刚.2016.低碳经济视角下我国产业安全指标体系构建[J].统计与决策,16:57-60.

[120] 谭晶荣.2007.棉花生产量、贸易量变动与国际棉价波动的实证分析——以棉花主产国和贸易国为例[J].国际贸易问题,7:31-37.

[121] 谭砚文等.2005.中国棉花国际贸易对国际市场棉花价格影响的实证分析[J].中国农村经济,1:56-64.

[122] 谭砚文,温思美.2005.入世前后我国棉花国际贸易影响因素的比较分析[J].国际贸易问题,7:53-55.

[123] 谭砚文,关建波.2014.我国棉花储备调控政策的实施绩效与评价[J].华南农业大学学报(社会科学版),2:69-77.

[124] 谭智心,曹慧,翟雪玲.2014.中国棉花供需结构平衡及发展趋势研究[J].宏观经济研究,1:10-15.

[125] 汪若海.2009.中国棉区的划分与变迁[J].中国棉花,9:12-16.

[126] 王蕾.2014.临时收储落幕棉花"试水"直补[N].中华合作时报,1月21日,第A08版.

[127] 王耀中,欧阳彪.2016.服务业 FDI、技术进步与产业安全——基于分位数回归方法的经验研究[J].湖南大学学报(社会科学版),2:68-72.

[128] 王锐,王新华,杜江.2017.增长背景下我国粮食进口需求及弹性分析:基于主要品种的有界协整分析[J].中央财经大学学报,1:61-69.

[129] 王淑民.1997.美国棉花发展史一瞥[J].中国棉花,6:38.

[130] 王维,高伟凯.2008.基于产业安全的我国外资利用思考[J].财贸经济,12:91-95.

[131] 王小虎,程广燕,周琳等.2018.未来农产品供求调控重点与思路途径[J].农业经济问题,8:107-115.

[132] 王雅鹏.2005.对我国粮食安全路径选择的思考:基于农民增收的分析[J].中国农村经济,3:4-11.

[133] 王瑛.2006.论产业竞争优势与产业安全[J].江汉论坛,6:49-52.

[134] 王永刚.2013.中国高进口依存度农产品的贸易行为及其影响研究[M].北京:经济管理出版社.

[135] 王允贵.1997.产业安全问题与政策建议[J].开放导报,1:27-32.

[136] 王朱莹.2013.棉花收储上演终结者直补政策今年酝酿登场[N].中国证券报,7.22.

[137] 魏浩,赵田园.2019.进口商品价格对国内消费价格的传递效应研究——基于商品分类视角和面板数据的实证分析[J].国际贸易问题,1:32-44.

[138] 温思美,苏国宝.2012.基于 CMS 模型的中国水果出口增长因素分析[J].农业经济问题,9:17-23.

[139] 文俊.2019.进口产品价格波动对我国居民消费价格指数的影响[J].经济论坛,9:101-109.

[140] 吴清华,冯中朝,何红英.2015.农村基础设施对农业生产率的影响:基于要素投入的视角[J].系统工程理论与实践,12:3164-3170.

[141] 吴明隆.2010.结构方程模型——AMOS 的操作与应用[M].重庆:重庆大学出版社:2.

[142] 夏兴园,王瑛.2001.国际投资自由化对中国产业安全的影响[J].中南财经大学学报,2:37－41.

[143] 先恰戈夫 B.K.2003.经济安全—生产·财政·银行[M].北京:中国税务出版社:252－258.

[144] 徐芬,刘宏曼.2017.国农产品进口的自贸区贸易创造和贸易转移效应研究[J].农业经济问题,9:76－84.

[145] 徐芬.2020.我国农产品进口贸易结构分析——基于贸易增长的三元分解[J].中国流通经济,6:96－104.

[146] 徐雪,马凯.2015.未来10年中国食糖形势分析[J].世界农业,7:108－113

[147] 亚当·斯密.1979.国民财富的性质和原因研究[M].北京:商务印书馆:93.

[148] 杨公朴,等.2000.中国汽车产业安全性研究[J].财经研究,1:22－27.

[149] 杨静,刘武兵,刘艺卓.2020.我国农产品进口格局特征及进口多元化分析[J].新疆农垦经济,1:47－53.

[150] 杨莲娜.2012.中国棉花的进口依赖与棉花进口安全[J].财贸研究,2:54－59.

[151] 杨莲娜.2013.中国食糖的进口波动研究——基于进口安全的视角[J].国际经贸探索,3:18－27.

[152] 杨莲娜,田秀华.2014.我国棉花价格与国际市场价差的影响分析——基于棉花产业安全的视角[J].价格理论与实践,5:64－66.

[153] 杨益.2008.当前我国产业安全面临的压力及其应对措施[J].国际贸易,9:4－7.

[154] 姚利民.2003.世贸组织保障措施是新时期贸易保护的新手段[J].国际贸易问题,4:1－4.

[155] 叶前林,段良令,刘海玉,周杰.2021."一带一路"倡议下中国海外农业投资合作的基础、成效、问题与对策[J].国际贸易,4:82－88.

[156] 于邵杰.1993.中国植棉史考证[J].中国农史,2:28－34.

[157] 于新东.1999.产业保护和产业安全的理论分析[J].上海经济研究,11:33－37.

[158] 于新东.2000.中国加入 WTO 后产业保护和产业安全研究及对策[J].学习与探索,2:4－12.

[159] 张碧琼.2003.国际资本扩张与经济安全[J].中国经贸导刊,6:30－31.

[160] 张露,罗必良.2020.贸易风险、农产品竞争与国家农业安全观重构[J].改革,5:25－33.

[161] 张瑞娟,李国祥.2016.全球化视角下中国粮食贸易格局与国家粮食安全[J].国际贸易,12:10－15.

[162] 张淑荣,兰德平.2012.外资并购对我国棉花产业安全的影响分析[J].天津市财贸管理干部学院学报,3:19－21.

[163] 张淑荣,魏秀芬.2011.我国棉花产业安全状况评价[J].农业技术经济,2:92－95.

[164] 张淑荣.2012.我国棉花产业安全的表现、原因及传导机制[J].国际贸易问题,7:37－47.

[165] 张小瑜.2010.国际大宗商品市场发展趋势及中国的应对[J].国际贸易,5:33－35.

[166] 赵广林.2000.经济全球化背景下我国的产业安全[J].南京政治学院学报,2:27－

29.

[167] 赵春晖,宿传义.2013.棉花收储缘何又临困境[J].瞭望,3:14 - 15.

[168] 赵峰,宋学锋,张杰.2018.农业产业链失衡、粮食进口贸易"大国效应"检验与"走出去"战略研究[J].新疆社会科学,2:38 - 46.

[169] 赵广林.2000.经济全球化背景下我国的产业安全[J].南京政治学院学报,2:27 - 29.

[170] 赵世洪.1998.国民产业安全概念初探[J].经济改革与发展,3:15 - 18.

[171] 赵新泉,卫平东,刘文革.2020.新时期主动扩大进口的理论机制及政策建议[J].国际贸易,7:47 - 54.

[172] 赵绪福.2003.浅议中国棉花生产发展问题[J].农业技术经济,6:45 - 48.

[173] 郑燕,丁存振.2019.国际农产品价格对国内农产品价格动态传递效应研究[J].国际贸易问题,8:47 - 64.

[174] 中国农业科学院棉花研究所.1983.中国棉花栽培学[M].上海:上海科学技术出版社.

[175] 钟昌元,吴王平.2013.我国棉花进口贸易政策效应分析[J].农业经济,4:108 - 111.

[176] 钟钰,陈博文,王立鹤,吕新业.2015.我国粮食进口对国际粮价的影响:"大国效应"的验证[J].中国农业大学学报(社会科学版),9.

[177] 钟钰,华树春,靖飞.2005.中国农产品贸易进口波动因素分析[J].南京农业大学学报(社会科学版),4:6 - 10.

[178] 周曙东.2001.中国棉花长期波动的规律及深层次的原因[J].农业经济问题,6:44 - 48.

[179] 周曙东,郑建,卢祥.2019.中美贸易争端对中国主要农业产业部门的影响[J].南京农业大学学报(社会科学版),1:130 - 141.

[180] 祝年贵.2003.利用外资与中国产业安全[J].财经科学,5:111 - 115.

[181] 朱建民,魏大鹏.2011.我国产业安全评价指标体系的再构建与实证研究[J].科研管理,7:146 - 153.

[182] 朱晶,李天祥,臧星月.2021.高水平开放下我国粮食安全的非传统挑战及政策转型[J].农业经济问题,1:27 - 40.

[183] 朱丽萌.2007.中国农产品进出口与农业产业安全预警分析[J].财经科学,6:111 - 115.

[184] 朱再清,刘敏志.2012.我国棉花进口市场集中度与价格弹性的研究[J].国际贸易问题,2:33 - 42.

[185] 朱满德,刘娟伶,刘超.2018.供需驱动抑或价格驱动:中国玉米进口动因研究[J].价格理论与实践,1:90 - 93.

图书在版编目(CIP)数据

产业安全视角下中国重点农产品进口增长研究/杨莲娜
著. —上海:上海三联书店,2022.9
ISBN 978 - 7 - 5426 - 7745 - 7

Ⅰ.①产… Ⅱ.①杨… Ⅲ.①农产品-进口-研究-中国
Ⅳ.①F752.652

中国版本图书馆 CIP 数据核字(2022)第 114403 号

产业安全视角下中国重点农产品进口增长研究

著　　者 / 杨莲娜

责任编辑 / 李　英
装帧设计 / 一本好书
监　　制 / 姚　军
责任校对 / 王凌霄

出版发行 / 上海三联书店
　　　　　 (200030)中国上海市漕溪北路 331 号 A 座 6 楼
邮　　箱 / sdxsanlian@sina.com
邮购电话 / 021 - 22895540
印　　刷 / 上海惠敦印务科技有限公司

版　　次 / 2022 年 9 月第 1 版
印　　次 / 2022 年 9 月第 1 次印刷
开　　本 / 710mm×1000mm　1/16
字　　数 / 350 千字
印　　张 / 17.5
书　　号 / ISBN 978 - 7 - 5426 - 7745 - 7/F·865
定　　价 / 78.00 元

敬启读者,如发现本书有印装质量问题,请与印刷厂联系 021 - 63779028